湛庐 CHEERS

与最聪明的人共同进化

HERE COMES EVERYBODY

Louder Than Words

我们赖以生存的意义

[英]本杰明·伯根
Benjamin K. Bergen 著

宋睿华 王尔山 译

天津出版传媒集团

天津科学技术出版社

上架指导：科技趋势 / 畅销书

Louder than Words by Benjamin K. Bergen.
Copyright © 2012 by Benjamin K. Bergen.
All rights reserved.

本书中文简体字版由作者授权在中华人民共和国境内独家出版发行。未经出版者书面许可，不得以任何方式抄袭、复制或节录本书中的任何部分。

天津市版权登记号：图字 02-2020-154 号

图书在版编目（CIP）数据

我们赖以生存的意义 /（英）本杰明·伯根著；宋睿华，王尔山译 . -- 天津：天津科学技术出版社，2021.5

书名原文：Louder than Words
ISBN 978-7-5576-9156-1

Ⅰ.①我… Ⅱ.①本… ②宋… ③王… Ⅲ.①自然语言－研究 Ⅳ.① H0-0

中国版本图书馆 CIP 数据核字（2021）第 073848 号

我们赖以生存的意义
WOMEN LAIYI SHENGCUN DE YIYI
责任编辑：曹　阳
责任印制：兰　毅

出　　版：	天津出版传媒集团
	天津科学技术出版社
地　　址：	天津市西康路 35 号
邮　　编：	300051
电　　话：	（022）23332377（编辑部）
网　　址：	www.tjkjcbs.com.cn
发　　行：	新华书店经销
印　　刷：	石家庄继文印刷有限公司

开本 710×965　1/16　印张 20.75　字数 307 000
2021 年 5 月第 1 版第 1 次印刷
定价：99.90 元

版权所有，侵权必究
本书法律顾问　北京市盈科律师事务所　崔爽律师
　　　　　　　　　　　　　　　　　　张雅琴律师

献给格尔达
感谢您的网球课

Dedicated with love to Gerda
Thank you for the tennis lessons

推荐序一

所有思考都与我们的身体紧密相连

乔治·莱考夫

世界知名语言学家和认知科学家,"认知语言学之父",
加州大学伯克利分校认知科学和语言学特聘教授,
圣塔菲研究所科学委员会委员

一场革命正在进行,它关乎我们对"何以为人"这一问题的理解。其核心议题不是别的,正是人类心智的本质。

千百年来,身处西方的人们一直把自己看作理性的物种,认为心智能力凌驾于身体的物质属性之上。按照这一传统观念,人的心智不仅抽象、符合逻辑,而且具有不带感情的理智,还可以被有意识地调用,最重要的是它有能力直接适应和代表这个世界。语言在这一关于"何以为人"的传统观念中占有一席特殊位置,被视为天赋特权,作为一套逻辑符号系统内置于人的心智中,流畅地表达外部世界定义的抽象概念。

我就是在以这种方式看待心智、语言和世界的氛围中成长起来的。这场关于人类如何理解自身的革命于20世纪70年代中期兴起,我也躬逢其盛。一些哲学家早就对这种关于心智的传统观念产生了异议,比如梅洛-庞蒂（Merleau-Ponty）和约翰·杜威（John Dewey）。他们认为，人的身体与心智绝对是息息相关的，这与传统的观念差别甚大。我们的大脑进化到足以让我们的身体在这个世界中运转，恰是在与这个物理的、社会性的、知识的世界进行的种种互动中，概念和语言有了意义。基于这一洞见，"具身革命"（Embodiment Revolution）开始了。

这场革命始于由善于分析的认知语言学家所进行的实验性研究，他们发现了适用于海量数据的普遍原则。20世纪80年代，一些计算机科学家、实验心理学家和哲学家开始重视心智的体验问题。接着，到了90年代中期，神经计算模型研究者和实验心理学家陆续投身于对"具身认知"（embodied cognition）的研究，又以实验心理学家更为突出，其中包括许多出色的实验者，比如雷·吉布斯（Ray Gibbs，加州大学圣克鲁兹分校）、拉里·巴萨卢（Larry Barsalou，格拉斯哥大学）、罗尔夫·扎瓦恩（Rolf Zwaan）、亚瑟·格伦伯格（Arthur Glenberg，亚利桑那州立大学）、史蒂芬·科斯林（Stephen Kosslyn，密涅瓦大学、哈佛大学）、玛莎·法拉（Martha Farah，宾夕法尼亚大学）、莱拉·博罗迪茨基（Lera Boroditsky，加州大学圣迭戈分校）、提尼·马特洛克（Teenie Matlock，加州大学默塞德分校）、丹尼尔·卡萨桑托（Daniel Casasanto，康奈尔大学）、弗里德曼·保维穆勒（Friedemann Pulvermüller，柏林自由大学）、约翰·巴尔（John Bargh，耶鲁大学）、诺伯特·施瓦茨（Norbert Schwarz，南加州大学）以及本书作者本杰明·伯根（加州大学圣迭戈分校）。他们通过实验，确凿无疑地证实了具身认知的存在：在大脑内部，思维是由负责视觉、行动和情感的同一套神经结构完成的，如果我们想要赋予语言意义，就要借助"感觉—运动"（sensory-motor）系统和情感系统，这些系统负责定义目标和想象、识别，以及付诸行动。进入21世纪后，越来越多的证据表明：心智与身体密不可分。

具身革命业已证明，我们人性的本质、我们思考以及使用语言的能力，

推荐序一 所有思考都与我们的身体紧密相连

根本就是我们的身体与大脑合作的成果。人类心智的运作方式，从思想的本质到我们理解语言含义的方式，都与身体紧密相连，与我们在这个世界的觉察、感受与行动有关。我们不是冷血的思考机器，生理学为哲学提供了概念基础。

我们已有的或可能会有的每一个想法、我们设定的每一个目标、我们做的每一个决定或判断、我们用于交流的每一个观点，都要用到一套体验系统，而我们也会用这套系统来感知、行动与感受。无论是道德体系或政治意识形态，还是数学或科学理论，其中都没有任何一点是抽象的，无论从哪个方面看都不是，对于语言来说，也同样如此。

《我们赖以生存的意义》是第一本概述了这些精巧的实验证据的书，这些证据不仅数量令人惊叹，而且确切地证明了身体会赋予概念特征，这些概念又被我们称为"心智"的东西所用。这些实验不仅证实了之前的理论和描述，还揭示了具身认知会影响一个人的行为。我们以自己的思考方式为基础来采取行动，具身认知则会改变我们的认知与行为方式。人类作为一种社会性动物有必要重新思考，从根本上说成为人类意味着什么。

《我们赖以生存的意义》是对关于意义的新科学的一次令人叹为观止的精彩综述。伯根准备了一堂生动、迷人甚至可以说很好玩的入门课程，将关于人类心智真正运作方式的心理学实验和大脑研究项目娓娓道来。

本书不仅会证明人类赖以生存的是意义，而且会展示这意义背后的机理。

推荐序二

具身模拟，自然语言实现飞跃的关键

李航
字节跳动人工智能实验室负责人

认知科学家本杰明·伯根所著的 Louder than Words，由人工智能专家宋睿华和作家兼记者王尔山翻译成中文，译名为《我们赖以生存的意义》，并由湛庐隆重出版。在此，谨向两位老师表示祝贺！

具身认知是近20年来兴起的认知科学学说，它认为人的身体是感知和认知的基础，身体的体验对感知和认知起着决定性作用。具身模拟假说（embodied simulation hypothesis）是其中关于语言学的部分，认为语言理解是人在心智中基于自己过去的视觉、听觉、运动等体验进行的模拟。具身模拟假说拥有大量认知科学、脑科学、语言学等学科的实验结果作为支持，已经成为解释人类语言理解机制最具说服力的科学理论，并逐渐对人工智能、语言学、脑科学、心理学、社会学等领域产生了巨大的影响。

伯根教授是具身模拟理论研究的领军人物之一。他面向一般读者总结了具身模拟理论的研究成果，让读者能对整个领域有一个全面深入的了解。本书通过大量的心理学、脑科学、语言学实验结果，论证了人是如何使用视觉、听觉、运动等方面的心智功能进行想象和模拟来理解语言的，并分析了个人体验、文化背景对语言理解的影响，人类理解语言的过程，语法在语言理解过程中的作用，抽象概念理解的特点等重要问题。行文立论严谨，讲解清晰，描述生动。书中讲述的北极熊、会飞的猪、黄色的卡车司机帽等例子都会给读者留下深刻印象。

宋睿华老师在机器人对话和写作方面做出了业界领先的研究成果，王尔山老师是有广泛影响的资深记者，也是多部畅销著作的译者，两位老师可以说是珠联璧合，是本书翻译工作的绝佳人选。本书译文通顺流畅，准确贴切，是一部难得的上乘佳作。

我从事自然语言处理等领域的研究多年，一直关注以乔治·莱考夫为代表的具身认知学派的发展，受其影响颇深。约翰·泰勒（John Taylor）的《语言的范畴化》（*Linguistic Categorization*）、莱考夫的《女人、火与危险事物》（*Women, Fire, and Dangerous Things*）、莱考夫与马克·约翰逊（Mark Johnson）合著的《我们赖以生存的隐喻》（*Metaphors We Live by*）等书都曾使我产生顿开茅塞之感，对我都产生了重大影响。阅读本书，又让我对人的语言和认知的本质产生了更为深刻的认识。书中介绍的很多理论及其解释都耐人寻味，发人深思。相信也会为我今后的工作提供参考依据，加深知识，增强见解，带来灵感。

自然语言处理是研究和开发在计算机上实现人的语言理解能力和生成能力的人工智能领域。具身模拟理论给我们的最大启示是：自然语言处理需要结合视觉、听觉、运动处理机制才能实现更好的机器翻译、知识问答、语言对话、写作支持等应用。目前为止，人工智能的研究都是在视觉、听觉、运动、语言等不同的子领域中相对独立地进行的。现在人工智能的各个领域都在使用深度学习技术，方法都是相通的，这同人的认知处理机制的基本原理

推荐序二　具身模拟，自然语言实现飞跃的关键

相似而处理信息不同有异曲同工之处。可以预见，基于视觉、听觉、运动、语言等多模态的深度学习将是未来自然语言处理的核心技术。

具身模拟理论的一个假设是：人对语言的理解离不开身体与外界环境的互动，只有通过身体的视觉、听觉、运动等方面的经验积累才能实现对语言的理解，因此，有人认为脱离身体的语言理解是不可能实现的。在我看来：人工智能或自然语言处理的终极目标不应该是模仿人类，而应该是为人类提供有用的工具。从这个意义上来说，我们没有必要完全复制人类的语言理解过程，实际上，参考人类的处理机制，实现接近人类的语言处理能力应该就已足矣。

总之，这是一本值得阅读的好书。我特别向在人工智能、语言学、脑科学、心理学、社会学等领域工作的人们强烈推荐，相信这本书会给大家带来很多启发和帮助。

译者序

期待具身模拟假说带来自然语言理解的飞跃

我并不是认知科学领域的研究者，能遇到这本书有些偶然的缘分。2017年5月湛庐出版了人类历史上第一本完全由人工智能算法创作的诗歌集——《阳光失了玻璃窗》，很幸运我的团队为它贡献了核心算法，我也从那时起正式进入自然语言理解领域。

自然语言理解领域有着悠久的历史和让人抓狂又着迷的难度。2012年以来，深度学习算法先后给计算机视觉、听觉和机器翻译领域带来了质的飞跃，大家都在期待自然语言理解领域的那一跃。沈向洋博士更是用"得语言者得天下"这样有趣的说法来佐证这个领域的重要性。

起步之初，我向李航博士请教过一些关于语言的问题。比如，什么是理解，如何评价一个人工智能程序是否理解了语言。他曾向我推荐过几本他读过之后觉得很受启发的语言学和认知学方面的著作，包括史蒂芬·平克（Steven Pinker）的《语言本能》（这本书的中文版也已由湛庐策划出版）、莱考夫和约翰逊合著的《我们赖以生存的隐喻》以及本书。这些书带我进入了一个神奇的语言世界。

据说人们在收到别人推荐的书单时，通常会收藏起来，或者趁当时那股劲头下单买回来，然后就没有然后了，我的书架上也有很多这样的书。回想起来，我能把李航博士推荐给我的书认真读起来，除了因为我对他的敬仰，还有一个原因是，我的团队每个暑期都会组织"共读一本书"的活动。2019年暑期，我决定一起读 *Louder than Words*，大家的热情都很高，这跟作者的写法有关：每一章，作者都会从一个故事入手，有时会有一种在看奇闻逸事的错觉，然后从中引出一个大家都会感到好奇的问题，再把科学家是怎么找到解决这一问题的线索的历程娓娓道来。那些科学实验总是在我们迫切地想要知道"后来怎么样了"的时候出现，巧妙的方法和翔实的结论让人叹为观止。

不妨思考一下，你是如何了解字词和句子的含义的？又是如何填补它们之间存在的"缝隙"的？你是如何做到这一切的？这就是意义的秘密，也是本书探讨的主要内容。

近来，我一直在重读这本书，因为其中很多内容正好与我要研究的课题相关，细读这本书会对我的研究大有裨益。2019年，当我和李航博士再次见面时，我给他看了我们完成的自动生成故事板的结果，其算法的核心想法正是基于这本书里所介绍的具身模拟假说。

以《画饼充饥》的故事为例，它讲述了这样一个故事：

> 很久以前，有个小男孩在森林里迷了路，他走了好久，又累又饿，很想吃妈妈做的饼，可这时候他回不去呀！于是他就在地上画了一个大大的饼，还在饼上点上芝麻。小男孩一直看着，好像自己已经吃上了大饼，于是他就不觉得饿了，并重新站起来，沿着小路往前走。没过多久，小男孩的爸妈找到了他，他们一起回到家，吃上了真正的香喷喷的饼。

译者序　期待具身模拟假说带来自然语言理解的飞跃

借用本书作者的写作手法，这里，我请你暂时停下来，回想一下你在阅读前面这段文字时到底发生了什么，你是如何理解它的。你把目光聚焦在每一个方块字上，这些方块字组成了词，然后，你认出一些熟悉的词，比如"男孩""森林""迷路""饼"。这一切看起来非常直截了当，自然语言处理中的分词模块也能做到。但接下来你认出了这些词是什么，并开始理解它们蕴含的意义。你知道它们分别指的是哪一类物体、动作或事件。这些句子描述的画面开始变得生动起来：你似乎看到了那个男孩在森林里无助的神情；读到他饿了，你的胃似乎也会有一点不舒服；读到他在地上画饼的时候，你的手指似乎也忍不住想要去画。接下来，是更加不可思议的部分：你在继续深入的时候会补上一些从未在句子里明确提到过的细节。例如，想要去画饼的时候，你会不自觉地画出一个圆，吃大饼的时候是用手拿着而不是用筷子。这就是作者所说的具身模拟：

> 也许，我们对语言的理解，就是通过在我们的脑海中进行模拟，感受这些语言所描述的事物若换成我们自己亲身去体验是怎样的。

我们借由人们描述电影的数据，对计算机来说，这些数据可以类比为我们个人以往的体验。接下来，算法通过文字和视觉的双重匹配得到了 9 幅图片来对应《画饼充饥》的故事（见图 0-1）。

结果令人惊喜，它们所展示的画面能很好地与《画饼充饥》的故事匹配。例如，第 1 幅图看起来的确是一个人走在森林中；而第 2 幅图真的很像妈妈端来的香喷喷的食物；第 6 幅图是一个人蹲在地上吃东西，手中恰好握着一张饼；第 8 幅图是由"小男孩的爸妈找到了他"这句话检索而来的，我们从这幅图中可以看到一个男孩抚摸着父母的脸，面带哭泣的表情，这是非常典型的重逢场景，虽然检索词中没有提到哭泣，但算法得出的画面却"脑补"出了这样的细节。

图 0-1　2019 年发表于 ACM 国际多媒体技术大会（ACM MM）的论文 *Neural Storyboard Artist: Visualizing Stories with Coherent Image Sequences* 中为《画饼充饥》检索出的故事板

对体验的模拟不只适用于图像，如果我们能模拟文字表达的概念之间的关系、典型的生活对话场景以及人的三观，又会如何呢？我们把时间投入在了对话和其他文本生成的任务上，例如，我们的算法可以生成这样的比喻："爱情像脂肪，是点点滴滴的积累"；也可以根据一句内容简述生成一小段台词（见表 0-1 中的例子）；还可以控制对话中人工智能的三观，不只是对简单事物的观点，甚至可以模拟人的爱情观（见表 0-2 中的例子）。

表 0-1　2020 年发表于国际计算语言学会议（ACL）的论文 *ScriptWriter: Narrative-Guided Script Generation* 中提出的算法所生成的一段台词

输入的内容简述	我不喜欢你，请你不要再纠缠我
输入的第一句	走开！
生成的第一句	闭嘴！对我女友尊重点。
生成的第二句	你想证明什么？
生成的第三句	不干你的事！
生成的第四句	放开她！

表 0-2 2019 年发表于国际网络搜索和数据挖掘会议（WSDM）的论文 *Attitude Detection for One-Round Conversation: Jointly Extracting Target-Polarity Pairs* 中提出的算法可以控制人工智能的三观，来塑造不同的性格

用户	你喜欢咖啡吗？
人工智能 A	咖啡太苦了。
人工智能 B	拿铁不错呢。
用户	你相信爱情吗？
人工智能 A	我不想谈恋爱。
人工智能 B	我突然想谈恋爱了。
用户	异地恋太不靠谱了！
人工智能 A	异地恋很不稳定啊，呵呵，要三思啊！
人工智能 B	我支持异地恋。

　　近年来，我留意到，计算机从业者多年来对文字、语音、图形、图像等模态的单独研究有一种融合的趋势，也许会带来下一个自然语言处理领域的重大突破，因为人类的小孩就是在同时接收多种信息的基础上学习语言的。希望在未来人工智能的研究中，本书所述的具身模拟假说可以给研究者及大众带来一些启发。

扫码下载"湛庐阅读"App，
搜索"我们赖以生存的意义"，
看宋睿华教授如何解读影响我们的思考和行为的机制。

目录

推荐序一　所有思考都与我们的身体紧密相连 -Ⅲ

乔治·莱考夫
世界知名语言学家和认知科学家，"认知语言学之父"，
加州大学伯克利分校认知科学和语言学特聘教授，
圣塔菲研究所科学委员会委员

推荐序二　具身模拟，自然语言实现飞跃的关键 -Ⅶ

李航
字节跳动人工智能实验室负责人

译者序　期待具身模拟假说带来自然语言理解的飞跃 -Ⅺ

01 北极熊的鼻子
具身模拟，正在让我们持续制造意义 -001

持续制造意义，我们正无意识地徜徉于字词的海洋 -005

思想语言：传统的意义理论 -008

具身模拟：关于意义的新科学 -012

说到"会飞的猪"，你会想到什么 -019

意义始终与我们的亲身经历密切相关 -023

02 把注意力集中在球上
默想，以无意识模拟想象 -025

派基效应，心理意象可能干扰或加强我们的实际感知 -030
心理旋转，视觉与想象重合度的角度差异 -034
激发声音，激发我们的听觉想象 -037
想象触手可及 -040
记忆，重新经历你曾见过的情景和你做过的动作 -044
具身模拟，无意识、无目的而且无处不在的东西 -046
模拟小测试：大猩猩有鼻子吗 -050
反思默想练习，本质上是一套感知反馈机制 -051

03 别想那只大象
心智之眼，视觉与理解密不可分 -053

引人注目的抽象思维 -055
"是什么"与"在哪里"，理解可见事物的"语言" -057
不得不想的"大象" -059
屋里那只大象 -065
宛若身临其境 -071

04 超越巅峰
多模态视角，超越沉浸式体验者视角 -079

镜像神经元，猴子的"做"与"见" -083
兼容与否，运动模拟的取舍 -086
格拉斯帕龙和其他神奇玩具 -090
协调身体其他部位的一致，快速思考的秘密 -093

目录

05 不止字词那么简单
语法，让我们不假思索地将信息整合到一起 -101

句子如植物 -104
再论句子如植物：持有物转交，语法是意义的支撑 -107
语法如何调节我们的模拟视角 -119
语法决定了模拟焦点的最终结果 -126
语法告诉我们的事 -129

06 时光飞逝如箭，果蝇喜欢香蕉？
小结模拟，还原符合事实的正确意义 -131

跟语言打交道不可能永远如此简单 -135
递进模拟，而非轻易开始模拟 -137
一字之差，便可以迅速锁定动机 -149
小结模拟，最终对细节进行模拟 -151
与事实不符的模拟先启动，与事实相符的模拟随后启动 -153
奔跑的意义 -160

07 冰球选手知道什么
不同的经历，不同的认知意义源头 -165

经历是我们创建意义的关键前提 -168
有人更喜欢"看"，有人更喜欢"读" -177
当我们各有一套认知风格时，沟通更易卡壳 -189

08 失落于翻译
语言文化，要认识一种语言就要用这种语言表达 -191

这是"蹲"的意思 -195
猫的皮肤，狗的卷毛 -199
语言是一种文化因素 -201
为说话"切割"世界，为说话"恰当地"思考 -205
用一门语言思考 -209

09 不断敲进你的脑袋
隐喻模拟，为意义赋予意义 -213

理解，以隐喻的方式 -216
隐喻说法越深入人心，就越少激活运动系统 -224
想要理解隐喻模拟，必须搭建具身模拟 -227
抽象地说话 -229
脱离语言的隐喻？ -232
语言在变化 -236
很多打开的窗 -242

10 当我们把猪的翅膀捆起来时
植入干扰，具身模拟究竟是否有效 -243

对具身模拟进行干扰 -248
物理干扰 -254
具身模拟是功能性的，但它是必要的还是充分的？ -259
具身模拟的六大功能 -263

目录

11 创造像我们一样聪明的机器
自然语言，不做模拟也可以继续制造意义 -267
从形式年代到意义年代 -271
理解意义，我们拥有独一无二的遗传学禀赋 -273
数学与语言的一致性 -276
沟通是为了什么 -278

后记 为什么你做不到边从100倒数到1，边记住一个新电话号码 -283
致谢 -287
注释 -291

LOUDER
THAN WORDS

01

北极熊的鼻子

具身模拟，
正在让我们持续制造意义

01 北极熊的鼻子

北极熊爱吃海豹肉，而且爱吃新鲜的。因此，对于一头北极熊来说，学会活捉海豹是非常重要的。若是在陆地上捕猎，北极熊常常会像猫一样跟踪自己的猎物，肚皮贴地快速前行，直到足够逼近，这才一跃而起，伸出爪子，露出獠牙。北极熊几乎可以完美地将自己隐身于冰天雪地的环境中，视觉欠发达的海豹在这方面显然落了下风，但海豹也有它的优势，那就是动作很快。

19世纪遇到过北极熊的水手们都说，他们发现北极熊会做一件非常聪明的事来提高自己活捉一头海豹的胜算。[1] 根据他们的说法，当北极熊悄然逼近自己的猎物时，它们会用爪子遮住自己的鼻头，这会让它们变得更不易被察觉。也就是说，北极熊会捂住自己的鼻子。

我第一次读到关于北极熊的这种"天才行为"的说法时就感到眼前一亮。[2] 难道这家伙具有"思维灵活性"（mental flexibility），使它可以预见自己在别人眼里的模样，然后巧妙地找到隐藏自己的窍门？又或者，这种遮掩鼻子的行为只不过是进化中的一个意外，但却恰好给北极熊带来了一项生存优势，于是，经过漫长岁月的自然选择，最终成了北极熊的一种天赋？

毫无疑问，关于这种富有魅力的哺乳动物，我们有很多故事可讲，但这并不是一本关于北极熊的书，而是一本关于你的书，说得更具体一点，这是一本关于你如何理解语言的书。因此，想象一下：当你打开这本书并开始阅读第一段文字时，你都做了什么？你把目光聚焦在每一个字上，这些字又组成了词，你认出了一些熟悉的词，比如"熊"和"海豹"，或者"捕猎"和"雪"。这一切看起来非常简单，一套经过精心编写的软件或一只训练有素的鹦鹉也能做到这样的事情，但接下来你就要开始做一些有点深度的事情了。一旦你认出了这些词是什么，你就会开始寻找它们蕴含的意义。你知道其中的名词指的是哪一类动物或物体，也知道其中的动词指的是哪一类动作和事件，但你不会止步于字词，你会解读由这些字词组成的句子，而这些句子，我几乎可以肯定你之前根本没有见过，除非这不是你第一次阅读本书。于是，在你的脑海中，那些句子描述的画面变得生动起来：一头北极熊正肚皮贴地，蹑手蹑脚地爬过雪地，一边机智而又看起来有点诡异地用爪子捂住自己的鼻子。如果，你想象得再深入一些，你甚至可以在自己的脑海中通过心智之眼"看"到发生在北极的这一幕。

然而，接下来才是真正让人感到不可思议的部分：随着你的继续深入，你会补上那些从未在句子里明确提到的细节。我是怎么知道的？你看，就像你肯定已经推理出来的那样，北极熊之所以遮掩它们黑色的鼻头，是因为它们全身覆盖着厚厚的白色皮毛，爪子也不例外，单单鼻子不是，而它们生活在冰雪覆盖之地，四周也几乎是白茫茫一片。请注意，关键来了：我前面可没有提到过颜色。只要你回头去看本章的第一个段落，你就会发现，雪和北极熊是白色的，以及北极熊的鼻头是黑色的，这两点完全是隐含的，文中并没有明确提到，是你为这一场景"涂"上了颜色。这样做是合理的，因为，如果没有了颜色，这个故事根本就说不通：关于北极熊为什么要捂住鼻子，并不存在其他显而易见的理由。①

你是怎么做到这一切的？对于一页纸上的各种字以及人类在语言交流过

---

① 此处作者的意思是：北极熊在捕猎过程中之所以要捂鼻子，是因为它知道只有鼻子是黑色的，捂住鼻子才能更好地伪装自己，提高捕猎成功率。而如果不考虑颜色这一因素，北极熊没有理由要在捕猎过程中捂鼻子。——编者注

程中使用的丰富多彩的语气助词，比如"嗯""啊"之类的词，你是如何解读它们并理解其意义的呢？你是如何通过对字词和句子的含义的理解来填补它们之间存在的"缝隙"的呢？更进一步，你又是如何做到你刚才所做的这一切的呢？这就是意义的秘密，事实上也是这本书要探讨的内容。

持续制造意义，我们正无意识地徜徉于字词的海洋

制造意义可能是我们人类做的最为重要的事情之一。首先，这事我们几乎一刻不停地在做。我们就像是徜徉在字词的海洋里，每天都会听到或读到成千上万的字词，通过某种方式，我们可以理解其中的绝大部分。我们理解它们指代的人是谁，还有它们描述的情况是什么样的，我们甚至可以猜测出对方并没有提到的事，并能够给予恰当的回应。我们在持续地、不知疲倦地、自主地制造着意义。最不可思议的恐怕就是：我们几乎不会留意到自己在做什么。虽然在我们的大脑内部确实存在着多种深层、迅速且复杂的活动，但就我们的感受而言，只有流畅的理解过程这一项。

对于人类而言，制造意义这件事不仅经常发生，而且至关重要。我们用语言来理解这个世界，也常常用语言与他人进行互动，比如发令、告知、恳求以及建立社交纽带。有时候，只需三言两语就能改变我们的想法、我们的婚姻状态，甚至是我们的信仰。语言还影响着我们的身份，对于人类这一物种，最强大、最有说服力的工具就是语言。有了语言，我们可以与他人交流自己的想法，向他人介绍自己的身份，反之，我们就会彼此隔绝，我们将不会有小说、历史，也不会有科学。因此，从这个角度来看，理解意义是如何运作的，就是理解我们"何以为人"的一个部分。

可以说，人类不但不简单，而且是独一无二的，因为没有任何其他动物可以像人类这样使用语言，当然了，在一些动物身上也是能找到类似的表现的。比如，我们的语速很快，而且可以使用十分复杂的句式，但斑胸草雀唱

起歌来无论在速度还是复杂程度上都与我们旗鼓相当。又比如，我们可以滔滔不绝地说个不停，但即使是一个热衷发表冗长演讲的参议员也比不上座头鲸，座头鲸的歌声可以持续好几个小时，绵延不绝。此外，虽然人类用新的方式组词造句的能力看起来很独特，但我们也已经在蜜蜂身上看到了类似的做法，只不过规模相对有限而已。蜜蜂会通过跳舞来传递消息，它们能够用不同的舞步组合表达的内容包括食物源的方位、质量和距离等。

人类语言的独特之处在于：我们几乎可以用语言传达我们想要表达的任何信息，这一点让人类语言跟宇宙已知的其他自然界中存在的交流方式区别开来。一只蜜蜂可以来回摆动它的腹部，跳舞跳到累瘫在地，但它的舞蹈天然只能用来表达某些既定的信息，其他什么也做不了，比如，它不能说"天气看起来要转晴了"；它也不能告诉其他同类自己"昨晚睡得很香"，或是它对接下来这个周末充满期待，因为它与绣球花有一场香艳的"约会"。

与所有其他动物的沟通系统相比较来说，人类的语言是开放式的。我们可以谈论存在的事物，比如口齿不清的总统候选人或很瘦的模特；也可以谈论不存在的事物，比如火星上的人类学家或植物僵尸。而且，在大多数情况下，其他人都可以理解我们到底在说什么，至少那些跟我们说同一种语言且认知系统正常的人是可以轻松做到这一点的，然而，没有任何其他动物可以做到这一点。由于这种层次的意义制造专属于我们人类这一物种，因此，若能弄清楚这到底是怎么发生的，可以帮我们进一步了解究竟是什么将我们与其他动物区别开来。

与此同时，关于意义的科学研究还有其他一些更现实的理由。想象一下，假如计算机能够完全听懂你说的话（比如智能助手 Siri 或超级计算机沃森），或者可以自动把一种人类语言翻译成另一种，《星际迷航》(*Star Trek*) 所构建的未来中少了这些东西可就说不过去了。此外，理解意义是怎样运作的还能帮助我们改进外语的教学方式，以及研究出治疗脑部创伤患者所急需的疗法或技术，修复他们解读或说出有意义的语言的能力。

基于上述这些理由，纵观人类历史，在科学和哲学领域中，关于语言的研究一直处在备受重视的特殊地位。千百年来，哲学家们一直在探讨：什么是我们人类独有，而那些舌头没那么利索的类人物种全都没有的？我们究竟进化出了一种什么样的认知能力，让我们得以理解、欣赏和解读十四行诗与歌曲、规劝与解释、报纸与小说？有好几个学术领域专门在研究语言的不同方面，从关于语言本身的研究，到传播学、语义学、心理语言学、认知语言学以及神经语言学等。得益于这些领域的研究，现在，关于句子的语法、人们是怎么说话的，以及如何教一门外语才是最好的，我们都积累了相当丰富的知识。

但是，我们依然回答不了其中最重要的一个问题：意义到底是如何运作的？语言对我们来说很重要，是因为它负责承载意义，使我们可以将自己脑海中浮现的渴望、意图和经历转化成信号，然后穿过一定的空间距离，在另一个人的头脑中得以再现。我们学习一门语言并不是为了造一个语法完全正确的句子，而是为了交流。我们读小说并不是因为书上的字词看起来很吸引人，而是因为好的作品会使栩栩如生的画面源源不断地涌现在你的眼前。然而，即便如此，也没有人真正知道意义是如何运作的，无论是普通读者还是语言学家都一样。

直到最近，这一局面才总算有所改观，因为我们进入了认知科学的时代。如果出生得再早一些，我们可能会发现一片"新大陆"，如果出生得再晚一些，这一领域可能已经灿若星河。然而此刻，在人类历史的这个时间点上，那辽阔深邃而亟待探索的最迷人的领域恰是人类自己的大脑——心智的寄居地，因此，包括我在内的一些认知科学家，开始把注意力转向意义。在过去这10年中，一些关键的实验进展使意义迅速上了认知科学领域的"热搜"，通过精确测量被试的反应时间、眼部活动和手部动作，加上大脑成像和其他一些最先进的工具,我们得以仔细考察正在进行交流的人类,来获得一些重要的实验数据。现在我们可以检视头脑深处,把关于意义的研究放在语言和心智研究的中心,这是它应有的位置。通过这些新的工具,我们得以窥探意义发生的瞬间,其结果是革命性的,意义的运作方式比我们之前设想的还要更丰富、更复杂,也更个性化。

本书讲述的就是我们目前已有的发现。

思想语言:传统的意义理论

千百年来,科学家和哲学家一直在努力探索意义的运作方式,但好的答案仍然远远没有找到,因为其研究难度比研究语言的其他方面都要高出许多。以英语为例,关于人们如何发音、如何感知单词,以及为什么句子里的单词要以一定的顺序排列这些问题,语言学和心理学这两个领域都取得了巨大的进展。这些都是语言上可以直接测量的方面,比如,当一个人说话的时候,舌头与软腭接触而发出字母 k 的爆破音,我们可以准确地分辨出来。但是研究意义就相对困难得多,因为与意义相关的整个过程几乎完全是在我们的头脑内部完成的。这就导致我们无法进行直接的观察,且不能度量、计数或称重,因此,想要将科学上的常见方法用在这里简直难于登天。诚然,了解意义的运作方式可以带来相当可观或者说非常诱人的潜在回报,但纵观人类历史的多数时期,人们对于这项研究几乎是无从下手。所以,请别期望太高,关于意义的科学研究目前才刚刚起步。

然而,即使缺乏确切的实验性证据,关于意义是如何运作的理论已经建立,并且得到了蓬勃的发展。近年来,大部分语言学家、哲学家和认知心理学家陆续着眼于一个特定的故事,这与你对意义的直觉感受可能没什么太大的区别。当你在日常生活中开始思考意义,很可能你正在思考的就是某个特定的词有什么含义。这个词可能来自你的母语,比如,对于以英语为母语的读者，obdurate 是什么意思？什么是 necrophagia？或者，什么是 epicaracy？[①]这个单词也可能来自另外一种语言，比如德语中那个看起来长得吓人的单词 Geschwindigkeitsbegrenzung 是什么意思？答案是"限速"。一般来说，你最有可能注意到意义，就是在你思考定义的时候。这也正是传统意义理论的起点：**词语具有意义，这一意义看上去就像是已经存在于你头脑中的定义。**

如果意义就是这样运作的，接下来会发生什么？仔细想想，具有定义性质的意义可能包括两个完全不同的部分。首先是定义本身，也就是关于这个词表示什么意义的一段描述，这是用某种特定的语言清晰表述的，目的是要为这意义提供一个可供使用的描述。其次，还有第二个部分，但这个部分是隐含的，指代的是真实世界中的某种事物。因此，"限速"（或者你更愿意直接上面那个长得吓人的德语单词）指的是真实生活中存在的某一事物，这跟你是否具备有关限速的知识没有关系。无论你是否知道某处设置了速度限制，是否知道"限速"究竟指什么，只要你开车超过标志牌上限定的时速，你就会被警察拦下来。因此，对于一个词，你头脑中存在的定义即"心智定义"（mental definition），与这个词所指代的现实事物，就是组成这个词的意义的两个至关重要的部分。

许多哲学家都想当然地认为：这两个组成部分就构成了意义的全部内容。[3]千百年来，他们一直在争论到底哪一个部分来得更重要一些，是头脑中的定义还是这些定义所指代的现实事物。但是，对于我们的目标，即了解人们如何理解而言，最重要的问题是：像这样一个关于意义的定义性理论，怎么就能解释我们如何使用语言？在我们的头脑中真的存在一些这样的心智定义吗？如果有，它们是从哪里来的？我们是怎样利用它们来规划一组词的排序，从而使其变成一句话的呢？我们又是如何利用它们来理解别人说的话的呢？

---

① 这 3 个单词分别意为"顽固的""吃尸体的癖好""幸灾乐祸"。——译者注

问题就是从这里开始变得有点复杂。可以假定，就像任何一个定义一样，存在于你头脑中的心智定义应该也能用某种语言清晰表达，但具体是用哪一种语言呢？你的第一反应可能是，应该是用自己的母语吧！于是，英语单词用英语定义，德语单词用德语定义。然而，当你这样推理下去，就会遇到问题：如果英语单词在你的头脑中要用其他一些英语单词进行定义，那你又怎么理解其他这些单词的定义？于是你掉进了一个循环。我们可以用一个日常生活中可能会发生的真实场景来描述这个问题，希望有助于你的理解[4]：

假设你说英语且不懂日语，但此刻你正在东京的一个火车站。你遇到一个标志牌，想知道上面写了什么，于是你拿出词典，试图查找那些字符，可是你突然发现，你以为自己买的是一本日英双语词典，没想到错买成了一本日语词典，这下糟了，因为词典用不上了，你在标志牌上看到一个弯曲的字符，上面还有一道水平线，外加几个点，你想在字典里找到它，但是很遗憾，这个字符是用一串更长的字符来定义的，那个长长的字符串你也不认识。你当然可以同样查到那些字符，但结果还是一样，你会找到更多不认识的字符。

上述场景中的这个问题与前面提到的你用母语表达你头脑中的定义而跌入的循环是一样的。用特定语言表述的定义对你来说没有任何意义，除非你已经掌握了这门语言。以 polar bear 这个英语单词为例，如果说理解的过程是要在你的头脑中激活 polar bear 的英语定义："a large, white, carnivorous bear that inhabits arctic regions"（一种大型的白色食肉熊科动物，生活在北极地区），这根本就行不通，因为，如果你说并不懂英语，那么对你来说，这个定义并不会比你一开始读到的 polar bear 来得更有意义。

解决这个问题的一个办法是：假设在我们的头脑中还有另外一套系统，可以让我们不使用英语或其他语言，来对我们的观念和想法进行编码和推理。这样一种存在于我们头脑中的"语言"需要包括一些真实语言也会具有的很多特性：它要有能力指代现实世界中存在的事物，以及描述属性、关系、动作、事件等，我们用来思考和理解语言的一切方面都要包括在内。换句话说，我们可能在用一种类似"思想语言"（language of thought）的东西来思考，也有人将其称为心理语言（mentalese）。[5] 简单来说，"思想语言假说"（language of thought hypothesis）是指：真实语言中的字词和句子，其意义就是在我们的头脑内部用这样一种另外存在的思想语言来清晰构建的。按照这一思路，思想语言应该很像一种真实语言，有词语，意为它所对应的事物，并且可以组词成句，但与真实语言不同的是：思想语言不仅听不到，也看不到。

这就是说，在思想语言中，有一个词表示"限速"，有一个词表示"幸灾乐祸"，还有一个词表示"北极熊"……以此类推，为理解一种真实语言，比如英语或中文，我们要先把听到或读到的词翻译为思想语言。这样一来，思想语言假说就把我们头脑中的定义从"自参照循环"（self-referential circle）中解脱出来，这就像是将人类寻找意义的能力比作使用一本双语词典，而不是使用一本单语种词典。假如你说英语，而你带到东京火车站的是一本日英词典，你就有可能通过查阅词典来理解标志牌上的字符，因为这本词典能够将这些字符翻译为你已经掌握的语言。与此相仿，思想语言假说认为：对于我们已经知道的每一个词，我们都在自己的头脑中为它设立了一个条目，可以清晰地用思想语言来描述它的定义。这是当下我们关于意义与心智已经达成的最重要、也最有影响力的思想之一。

即使思想语言可以把我们从用一些词定义另一些词的怪圈中解脱出来，它也只是让我们在通往意义之路走到半途而已，因为它并未涉及意义的定义理论的另一半，即思想语言中的词所指代的世界中的事物。根据思想语言假说，思想语言中的词是通过一种符号关系与这个世界进行关联的。比方说，当你读到"北极熊"这个词时，你就会把它翻译成思想语言中的某个词，我们暂且把它叫作"9us&"（顺便提一句，思想语言中的词本来就是读不出来的），它通过世上存在的一组事物获得意义，而这组事物就是定义北极熊的那些事物。于是，类似"北极熊几乎可以完美地将自己隐身于周遭的冰天雪地中"这样一个句子就有了意义，因为它描述了世界中的一种情况，关于一种事物（指代"北极熊"的符号）在做一些动作（指代"隐身"的符号），从而让它与另外某种事物（指代"冰天雪地"这种环境的符号）变得浑然一体。

经过漫长岁月的考验，思想语言假说渐渐成为关于意义运作方式的一种最广为人接受的观点。根据这一观点，词语之所以对我们来说有意义，是因为我们在自己的头脑中用思想语言给它们下了定义，而这些定义又跟真实世界中的事物是一一对应的。

具身模拟：关于意义的新科学

如果我们仔细审视一下思想语言假说这一理论，就会发现其中存在的一些漏洞。最关键的一个漏洞是：它其实并没有解决关于意义的定义理论的固有问题，只不过把这问题的出现时间推迟了一步。跟前面提到的"用来定义一个英语单词的英语定义怎样才能有意义"这个问题一样，摆在思想语言假说面前的一大问题就是：**我们怎么知道思想语言中的单词各有什么意义？这些单词是用什么语言定义的？怎么通过在思想语言中激活一个句子来创造意义，我们又是怎么理解思想语言的呢？**

研究上述问题的一种方法是借助思想实验"中文房间"（Chinese Room argument）的一个版本。[6] 假设你坐在一个密闭的房间，房间有两道门缝，偶尔会有人从其中一道门缝塞进来一张卡片，上面写的是中文，同时假设你对中文一窍不通，而你的任务就是从一本书里查找这些汉字。在这本书上，在你要查的每个汉字旁边，都有另外一些汉字，然后，你要在另一张卡片上写下这些字，并从另一道门缝传出去。因为你并不懂中文，所以你对这张卡片上写了什么其实也是一无所知，但房间外面的人是懂中文的，当他们看到卡片上的内容之后，就会认定房间里一定有一个精通中文的人，因为卡片上出现了用中文组织的句子，并且这些句子精确地回应了他们之前塞进房间的那个字条上的内容。当然了，这必须先满足一个前提：你用于寻找答案的这本书是经过一番精心设计的。那么问题来了：这就可以证明你懂中文么？我猜你也会认同：这其实并不能证明你懂中文。对于为解释意义如何运作而存在的思想语言，我们同样可以用上这一推理：在这个例子里，汉字就好比思想语言的单词，仅仅是正确地识别并组织排列了某种语言的字符并不足以制造意义，哪怕这些字符确实指代存在于真实世界的事物，自然也就无法证明你是否理解某一事物。

这是思想语言假说的一个大问题。然而，如果你想得更深入一些，就会发现这一假说存在更多漏洞。举个例子：思想语言是从哪里来的？如果这属于后天习得的某种东西，那我们就不可能通过我们的母语来学习它，因为这会导致我们陷入另一个相悖的循环：如果我们需要用思想语言来理解英语，那我们怎么可能又以英语为基础学习思想语言？但是，假如思想语言不能通过某种语言习得，这就意味着，如果真有思想语言这种东西，它应该在我们开始学习语言之前就已经存在于我们的头脑中了。换句话说，为了学会单词"北极熊"，我们必须已经掌握了思想语言中用于表示"北极熊"的字符。这同时意味着，以其他语言为母语的人们，也都要先具有同样的基础概念："一头北极熊（思想语言字符）就是一头北极熊（英语单词）就是一头北极熊（其他语言字符）"。这样一些说法当然非常值得质疑。

即使是思想语言假说的最大优势——思想语言字符的简洁性，也是付出巨大代价才获得的。思想语言字符能够承载丰富多彩的意义，这种观点听上去很强大，也很有吸引力，因为那些字符足够精简。字符就是指针，能够确切描述它们所指代的世间万物。比如，要理解英语单词 polar bear，就要用到思想语言中的相应字符"9us&"，它指代存在于真实世界的北极熊；要理解英语单词 dog（狗），就要用到另一个思想语言字符，随便假设一下，比如THX1138。但这些字符若要做到如此简洁，唯一的方式就是舍弃绝大部分细节。以北极熊为例，你可能已经了解了很多关于它的细节，比如它们的颜色、行动方式，以及你有多么害怕与它们狭路相逢，还有它们在冬日假期可能喜欢喝点什么"饮料"，等等。这可是相当大的信息量，然而我们这里说的北极熊，尚且属于你不那么了解的事物。设想一下，对于你更加熟悉的事物，比如狗，你了解的信息量就更庞大了。你可能知道它们长什么样，考虑到狗的丰富品种和不同的年龄这两大变量；你还可能知道它们的气味大概是怎样的，这当然也充满丰富的变化，主要取决于狗身体的湿度以及最近有没有在气味强烈的鱼堆里打滚等；你还知道它们是如何从狼进化而来的、可以被训练来拉雪橇、喜欢别人抚摸它们尾巴上面的部位。但在思想语言里，分别用于指定"北极熊"和"狗"所属类别的词应该是一样的简单，舍弃了上述所有这些具体且丰富多彩的细节知识。思想语言中用于表示"狗"的字符，可不是我们常见的或是希望在自己生日那天收到的某个特定品种小狗的集合。相反，它只是一个符号，指代世上某个种类的事物——狗，仅此而已。这就说到思想语言假说的关键了：思想语言的字符说到底就是一些符号而已，意义非常简洁、符合逻辑、富有效率。结果就是：这套意义理论没有任何地方可以用来安放细节。

显然，从思想语言字符的角度来思考意义存在某种局限性。但直到不久前，思想语言假说依然是我们可以拥有的最佳选择，虽然这一理论并不完美，但我们还没有找到正确的实验性证据来揭露意义的真相。

随着时间的流逝，至少有一些人渐渐意识到：皇帝哪怕不是完全一丝不挂，也已经在不经意间露出了几个敏感部位。[①] 早在20世纪70年代，就已

---

① 此处作者引用了丹麦童话作家安徒生的著名童话《皇帝的新装》。作者想表达的是：即使关于意义的运作机制像皇帝的新装那样虚无缥缈，相关的科学家也已经发现了其中的一些端倪。——编者注

经有认知心理学家、哲学家以及语言学家开始琢磨，意义是不是全然不同于思想语言的另外一种东西。他们认为，意义可能与我们通过自己的身体获得的真实生活经历紧密地交织在一起，而不是像抽象符号那么简单。一场名为"具身化"（embodiment）的自我意识运动逐渐形成，它代表的是这样一种观点：**意义不是从我们的亲身经历中提炼出来的，而是始终与我们的亲身经历密切相关。**对人类来说，"狗"这个词可能具有深入而丰富的意义，这与人们亲身跟狗打交道的方式有关，包括它们看上去、闻起来和摸上去是什么样的，但北极熊的意义就完全不同了，因为很多人可能没有类似的与北极熊直接接触的经历。假如意义的基础是我们每个人在特定情况下有过的各种亲身经历，那么意义就可能是相当个性化的：不同的人，不同的文化，都会有不同的意义。进入20世纪末期，随着"具身化"发展成为一门真正跨学科的研究课题，它在语言学、哲学和认知心理学等领域中相继找到了立足点：在语言学领域，主要表现在加州大学伯克利分校的语言学家乔治·莱考夫等学者的研究[7]；在哲学领域，主要表现在俄勒冈大学的哲学家马克·约翰逊等学者的研究[8]；在认知心理学领域，主要始于加州大学伯克利分校的心理学家埃莉诺·罗什（Eleanor Rosch）的早期研究[9]。

具身化这种观点很有吸引力，但与此同时，它也缺失了一些东西，主要是缺少一个机制。思想语言尽管存在这样或那样的局限性，却是一个具体的主张，一类可能的关于意义的运行机制，相比之下具身化则更像是一个想法、一个原理。总体来说，它可能是正确的，但也很难说，因为它并不必然转化为某种具体的主张，也无法阐明意义在人的头脑中是如何实时发生的。因此，它就被闲置了，也没能取代思想语言假说，成为新一代关于意义的认知科学的主流理论。

接着，有人灵机一动，提出了一套新的关于意义的理论。

是谁第一个提出这一理论的，已无从考证。20世纪90年代中期，至少有三个研究团队聚焦在这同一套理论。第一个是认知心理学家拉里·巴萨卢与他在美国佐治亚州埃默里大学的学生们[10]；第二个是意大利帕尔马大学的一个神经科学家团队[11]；第三个是伯克利国际计算机科学研究所的一个认知科学家团队，当时我作为研究生在这一研究所工作[12]。很显然我们都意识到了什么，并产生了一个新想法，这就是具身模拟假说，该假说的提出将使"具身化"这一概念变得扎实且牢靠，足以跟思想语言假说相抗衡。简单说来，我们可以这样理解具身模拟假说：

> 我们对语言的理解，就是通过在我们的脑海中进行模拟，感受这些语言所描述的事物若换成我们自己亲身去体验会是怎样的。

现在，我们对这一假说稍做展开：在脑海中模拟某一事物，这指的究竟是什么。我们一直在模拟：在你想象父母的面容，或是将脑海里的心智之眼聚焦在刚刚打坏的一局牌上时，你做的就是模拟。当你在想象声音而其实你的耳边万籁俱寂时，你做的也是模拟，不管你想的是一首经典歌曲的低音线，还是轮胎在急刹车时发出的刺耳的声音。你还能模拟出草莓如果浇上绵密泡沫的奶油会是什么味道，还有新鲜的薰衣草会有怎样的香气。

除此之外，你还能模拟动作。设想你在打开自家前门的时候向哪一边转动门把手，你应该能够栩栩如生地模拟出自己的手长什么样子，但你肯定不会止步于此。你有办法虚拟地感觉到用合适的方式转动自己的手会是怎样的感觉：先要用足够的力道抓住门把手，以形成必要的摩擦，然后，从腕部用力转动你的手，可能是顺时针方向，也可能是逆时针方向，接着门把手开始跟随你的手转动起来。如果你是滑雪爱好者，你不仅可以想象出从高处俯瞰一条雪道的样子，还能想象自己怎样来回变换重心的位置，从而完成一个接一个的画龙滑行。

关键是，在以上所有这些例子里，你一直是在有意识、有目的地进行模拟，这叫"心理意象"（mental imagery）。有关模拟的想法比这还要深入许多，就像一座冰山，通过有意识地回想，就像你在前文所做那样，你可以看见这冰山的一角，那是有目的、有意识的想象，但还有许多类似的大脑进程是在你看不见、也觉察不了的情况下，在你清醒或熟睡的时候悄悄进行的。模拟是创造感知与动作的"心智体验"（mental experience），而这些感知和动作实际上并未发生。也就是说，当你进行模拟时，你好像看见了，而其实你的眼前并没有那个画面，或者说你好像做了一个动作，而其实自己是一动不动的。只要我们清醒地知道这些模拟在发生，那么，从质感上讲，我们对于这些模拟的体验就跟真的感知一样，我们模拟颜色时就像真的看见一样，我们模拟动作时也好像我们真的做了一样。具身模拟假说认为：具身模拟动用的大脑部位，就是我们大脑专门用于跟世界直接打交道的相同部位。**当我们模拟观察，我们用的就是大脑中用来观察事物的部位；当我们模拟做动作，大脑中用来指挥肌肉运动的部位也跟着活跃起来。**这就是说，模拟的意思就是在我们的脑海中创造出先前经历的回响，将大脑在先前感知和运动经历的活跃模式，以强度有所减弱的共鸣形式再现出来。我们用自己的大脑模拟感知与动作，但真正的感知与动作并没有发生。

在语言的研究之外，人们还在完成许多任务时用到模拟，从记住事实到列出物体的属性，再到编排一场舞蹈，无所不包，这些行为用到具身模拟是有充分理由的。比如，通过想象我们最后一次看见钥匙的位置，我们能够更容易回想起来自己究竟把钥匙放在了哪里；通过想象给汽车加油的画面，我们更容易确认汽车的油箱到底位于汽车的哪一侧；通过想象每个动作具体是如何做到的，我们更容易创造出一套全新的动作。通过具身模拟来彩排，甚至可以帮助人们把一些重复性的任务做得更好，比如篮球的罚球以及保龄球的投球。总而言之，在生活的方方面面我们都会用到模拟。

如此看来，具身模拟假说并不算是多么大的一个进步。它猜想的是，语言与其他认知功能相仿，也取决于具身模拟。当我们听到或读到一个句子时，我们就会模拟自己看见了句子中描绘的画面或者在做句子中描绘的动作。我们的模拟需要用到我们的运动和感知系统，也许还包括大脑中的其他系统，比如专门负责感情的系统。举例来说，设想你可能在读到前文中一个句子的时候做过的模拟：

若是在陆地上捕猎，北极熊常常会像猫一样跟踪自己的猎物，肚皮贴地快速前行，直到足够逼近，这才一跃而起，伸出爪子，露出獠牙。

按照具身模拟假说，为了理解这句话是什么意思，你会在大脑中激活视觉系统，创建一段虚拟的视觉经历，主题是北极熊捕猎的过程看上去可能是怎样的。你还需要用到听觉系统，虚拟地去听一头北极熊在冰天雪地中滑行时会发出什么样的声音。你甚至会用到运动系统，就是专门负责控制动作的那个系统，去模拟北极熊的那一系列动作，从快速前行、跃起、伸展双臂一直到对着猎物一口咬下去是怎样一种感觉。也就是说，我们会通过为自己创造经历从而让自己也有机会体验的方式制造意义，而这一过程如果成功了，我们就能在脑海中构建出说话者（在本例中就是句子的作者）有目的地描述的画面。按照具身模拟假说，意义不只是抽象的心理符号，还是一种创作过程，人们通过这一过程在自己的脑海中透过心智之眼构建虚拟体验，这就是具身模拟。

如果这种观点是正确的，那么意义就是跟我们一开始提到的那个定义模型完全不同的某种新事物。假如意义是基于真实世界的经历——每个人各自做过的具体动作和感知经历，那就很有可能在不同个体、不同文化之间，意义会表现出极强的个性化，比如北极熊对我的意义与北极熊对你的意义，就有可能南辕北辙。还不只这样：如果我们用于理解的大脑部位，就是我们用于感知和完成具体动作的部位，那么制造意义的过程就是动态的和建设性的，进而，理解意义的过程就不是激活正确的符号那么简单了，而应该是为描述指定场景而动态地构建正确的心智体验。

还有，如果我们确实通过模拟画面、声音和动作来制造意义，那就意味着我们对意义的感知能力是基于其他系统的，而这些其他系统的进化目的更多的是完成感知和运动的任务。这反过来也意味着：**人类所特有的语言能力其实在很大程度上是以人类与其他物种共有的系统为基础建立起来的。**

当然了，我们有其他的方式使用这些感知和运动系统，我们知道这一点，因为其他动物并不具备像我们这样使用模拟的能力。回到北极熊的例子，我其实有一个坏消息要告诉你：自从最初的那些水手提到北极熊会捂鼻子以来，有很多人前赴后继地对北极熊进行了观察，有的在动物园，有的在野外，但尽管人们说得绘声绘色，结果却是后来基本上就没有发现任何新的证据，表明北极熊当真存在这样一种捂鼻子的行为。[13] 抱歉让你失望了，但这里其实有一个更值得深思的问题：跟人类不同，北极熊大概无法模拟出自己在即将成为其盘中餐的猎物眼里长什么样。开放式模拟这种能力更像是专属于人类的特权，而熊类难以奢求，而且并不只有语言是这样，在我们需要用到开动脑筋完成的所有任务时全都如此。你可以模拟出用一只手捂住鼻子，自己大概会变成什么样，同样，你可以轻而易举地模拟出自己若有两个脑袋或右腿换成一根弹簧高跷，是一种什么样的情景。如果模拟是我们的语言能力变得如此与众不同的关键，那么，弄清楚我们怎样运用模拟就有助于我们进一步了解：是什么让我们人类变得独一无二？我们是什么样的物种？我们又是如何进化成现在这个样子的？

说到"会飞的猪"，你会想到什么

具身模拟假说的一大创新在于：它认为意义是我们在头脑中构建的，其基础是我们过往的经历，这也是这一假说与思想语言假说的一个区别。假如意义当真是在我们的头脑中生成的，那么，我们就应该有能力以此理解真实存在的事物，比如北极熊，以及并不存在的事物，比如"会飞的猪"。因此，弄清楚我们对语言中提及的但实际上并不存在的事物的理解方式，将有助于我们窥探意义到底是如何运作的。

就以"会飞的猪"这个短语为例。我敢打赌，"会飞的猪"在你看来其实具有相当丰富的意义，哪怕你还来不及开动脑筋细细琢磨。这些年来，我随口问过很多人，"会飞的猪"在他们看来有什么意义。[①] 当然，我这一调查并不科学，我要不要提问主要取决于当时对方有没有空，或者手里的酒杯有没有酒，但是，我们还是可以从调查结果中获得一些信息：只要听说或看到"会飞的猪"这个短语，无论出于什么意图或目的，多数人都会联想到一种动物，它看上去就像长了翅膀的猪。美国作家约翰·斯坦贝克（John Steinbeck）也想象过这么一种带翅膀的猪，并且给它取名为"皮加索斯"（Pigasus）[②]。他甚至把这头飞猪用作自己的私人印章。你想象出来的那头飞猪是什么样的呢？是不是也有一对翅膀，外形就像鸟儿的翅膀那样，而不是有3只、7只或12只翅膀？而且，你不用想就知道这对翅膀应该长在飞猪身上哪个部位——当然是对称地长在肩胛骨外侧。不过，虽然在大多数人的想象中，飞猪的翅膀应该跟鸟儿的类似，但除此之外，它还是应该具备一些猪的特征，比如猪特有的猪鼻子，还有猪蹄子，而不是鸟的喙和爪子。

上述的例子中有几个关键点值得我们留意。

第一，"会飞的猪"这个短语看上去对每个人而言都意味着某种东西，这一点很重要，因为世上根本就不存在什么会飞的猪。事实上，"会飞的猪"

[①] 在大学当教授的一个好处就是：大家通常不会对你的提问感到多么意外，哪怕你问的是一头会飞的猪长了几只翅膀。

[②] 其英文与希腊神话里的飞马珀加索斯（Pegasus）只有一个字母的差别。——译者注

的意义，有一部分恰恰就在于它并不存在。这就意味着：由于思想语言理论主张意义指代的是世上真实事物之间的关系，结果导致这一理论变成只有在其指代非真实存在的事物（比如会飞的猪）的时候才能成立。这是不是有点搞笑？

第二，大多数人在理解"会飞的猪"这个短语的时候，其过程很可能跟心理意象非常相似。你可以问问自己，你是否也在脑海中透过心智之眼见到了关于一头会飞的猪的视觉想象，而且看上去栩栩如生，具有丰富的细节？当然了，有意识地进行视觉想象只是我们运用模拟的一种方式，你还可以在不假思索的情况下进行模拟，但只要出现了想象的"烟"，就可能存在模拟的"火"。如果你跟多数人差不多，那么，当你模拟一头会飞的猪，你可能会在自己的脑海中看见它的猪鼻子和翅膀。你可能还会看见一些其他细节，比如颜色或质感，你甚至可能看见这头猪在空中飞翔。说到唤起我们可以有意识调用的视觉细节，"会飞的猪"这个短语并不是唯一的特例。相反，这样的例子在语言当中随处可见，不管语言描述的事物纯属凭空想象，比如会飞的猪，还是平淡无奇，比如无花果，又或是介于两者之间的事物，比如北极熊的鼻子，都一样。

第三，先给你提个醒，这一点我并不认为你能自发地想到，因为我也是做了大量研究之后才开始有所觉察。其实，"会飞的猪"这个短语并没有在每个人心里唤起某种一致的"飞猪"的形象。比如，有些人认为：这猪不是用翅膀来飞的，而是具备了某种超能力。如果你想到的飞猪是这一种，我们暂且称其为"超能猪"，那么它可能披着一件斗篷，也许还穿着一件亮色的弹力紧身衣，胸前印有某种标志，看上去就像一条神气的卷起来的猪尾巴，又或是一片香煎培根。然而重点在于：超能猪飞起来的姿态和动作跟那些带翅膀的飞猪并不一样。带翅膀的飞猪起飞以后就要把4条腿收拢在身体下方，紧靠自己的肚皮或悬在肚皮下方；而超能猪却相反，它会将两只前腿向前伸展，就像超人那样（见图1-1）。

图 1-1 带翅膀的飞猪（左）与超能猪（右）的艺术想象图

我要在此声明：我也认同，带翅膀的飞猪与超能猪的不同特征并没有多大的科学价值，也不涉及重大的公共利益，只不过这两个例子确实为我们考察人类如何理解意义提供了一些线索。我们对语言进行应对式的模拟，但每个人实际完成的模拟可能是千差万别的。你可能会自动想象出超能猪，也可能会先想到比超能猪平凡很多的带翅膀的飞猪。

我们不仅会对"会飞的猪"这个短语有各自不同的想象，在各种不同的只言片语上，我们也会如此。比如，说到一只正在汪汪叫的狗，你想到的可能是一只凶猛的大型杜宾犬，也可能是一只娇小而喜欢尖叫的吉娃娃。若是看到"折磨人的设施"这个短语，你可能想到重金属乐队"铁娘子"（Iron Maiden），也可能想到你常去的健身房新到的那台跑步机。相同的词语对于不同的人来说可能指向不同的事物，这一点很重要，因为它表明：**我们会用各自独特的心智资源来构建意义**。我们的经历、期待和兴趣可以说是千差万别，所以，我们在听到语言时，会用自己的"个性调色盘"来给这些词语的意义"上色"。

第四，"会飞的猪"向我们展示了我们是怎样运用自己的视觉系统去理解语言的，又何以做得如此富有创意与建设性。我们可以运用此前有过的感知（比如猪大概长什么样）与动作（比如飞翔），得出一个与这两者都不同的新组合。"会飞的猪"这个短语具体有什么意义，取决于我们在构建其意义时调用了哪些独特的经历加以糅合，因为我们很可能从来没有在真实世界见过任何对应于会飞的猪的事物，除非你在 20 世纪 70 年代平克·弗洛伊德（Pink Floyd）的演唱会待了很久——他们喜欢在演唱会现场用飞猪模样的气球作为道具。

"会飞的猪"可能是一个相对极端的案例，但即使语言指向真实世界中存在的一种事物，且属于日常范畴的类型，你依然需要富有创意地建立一种模拟。以"黄色卡车司机帽"这个的短语为例，当然了，世上确实存在黄色卡车司机帽这么一种东西，你可能还见过，可能是因为当时一见倾心而从此对它念念不忘。但是，除非你对一顶特定的黄色卡车司机帽存有一段特别的印象，不然，你看到这一寻常词语之后唤起的用于对它进行解读的心理意象，就一定是你临场搭建的：把你对黄色卡车司机帽这一事物的"心理表征"（mental representation）跟"黄色"这种视觉效果结合起来。而各种词语一旦被组合起来，不管这个新组合指定的事物是否当真存在于现实世界中，语言的使用者都会在自己的脑海中将这些单词对应的心理表征进行相应的组合。

意义始终与我们的亲身经历密切相关

接下来，我们要将具身模拟这一假说放在"显微镜"下进行严谨的考察。要怎么做呢？科学的价值在于可观察，并且可以重复观察，从而对预言进行证实或证伪，但就如我此前所说，"意义"并不准备迎合这一原则，因为我们难以对其进行观察。所以，怎么办呢？对这一状况感到为难的你，就像是回到了 2000 年前后的认知科学领域的现场。当时，关于模拟与意义的新想法灵光乍现，令人振奋、可能称得上划时代，但我们还不知道如何检验这一想法。

然后，转机出现了：几乎在同一时间，一小批勇于开拓的科学家着手研发实验工具，用以对具身模拟假说进行实证研究。他们在被试面前放映图片、让他们抓取各种外形设计奇异的旋钮、将他们送进功能性核磁共振成像（fMRI）扫描仪①，还用高速摄像机跟踪他们的眼部运动。以上这些做法有的彻底碰了壁，但有些取得了成功，并一举将"意义"送上认知科学的头条位置。这些成功做法为我们提供了工具，让我们得以在意义生成现场对人类的行为进行详细的考察。

在本书接下来的 10 章里，我们会对揭示"意义"是如何运作的这一令人振奋的新科学进行一次巡礼。想要在关于这一问题的研究上取得进展，我们首先要来看看在没有用到语言时我们怎样进行模拟，例如，纯然想象假设的情形或回忆过往的经历。通过"观察"保龄球选手想象如何投球，以及实力雄厚的记忆高手如何记住随机摆放的牌堆，我们会发现大家是怎样通过模拟自己正在想象的画面、声音和动作来进行思考的。然后，我们将这份洞察用于语言，具体而言就是检视一些证据，这些证据显示了我们在听说或看到关于画面、声音和动作的语言之际也会做同样的事。接着，我们会对细节进行考察，主要包括：我们是如何理解那些能用语言描述但却无法被看见或听见的事物的，比如思想和时间；一个句子的语法会对读者理解句子的意义产生什么样的影响；意义在不同的文化中会存在什么样的区别；我们又是如何基于各自不同的经历而对同一个字词或句子形成不同的理解的。

以上这些问题的答案解释了人们是如何理解语言的，也就是如何充分调用可供调用的不同的认知系统，来为自己听到的字词创建一个理解的。换句话说，这是一个关于你如何对事物进行理解的故事，也是一个关于你如何给自己想象中的个性化的飞猪赋予"生命"的故事，还是一个关于你如何弄明白北极熊为什么要捂住自己的鼻子的故事。

---

① 功能性核磁共振扫描仪是一种可以监测大脑的血流活动的工具，可以间接告诉我们：当我们要求被试做某些事情时，相应的会有哪些神经元变得活跃起来。——编者注

LOUDER THAN WORDS

02

把注意力集中在球上

默想，
以无意识模拟想象

1991 年，巴里·邦兹（Barry Bonds）在匹兹堡棒球队当外野手。他是一名敏捷而又富有活力的选手，但从体格上看并没有什么威慑力。邦兹身高 185 厘米，体重 84 公斤，跟他老爸差不多，老人家年轻时也是一名职业球员。1993 年，邦兹搬到旧金山，为巨人队效力，这期间发生了一件事：他的个头变大了。在接下来的 10 年中，他的体重增加了接近 1/4。这可不是以啤酒肚隆起为特征的中年发福，他身上增加的全是肌肉。往日那个相当苗条的外野手蜕变成了体重超过 100 公斤、虎背熊腰的攻击型球员。这对他的球场表现大有帮助：1991—2001 年，他打出的全垒打数目增加了将近两倍，2001 年，他以 73 个全垒打的成绩刷新了联赛纪录，并创造了该项赛事有史以来最佳年度进攻纪录。

究其原因，可能是加利福尼亚州的阳光对邦兹大有益处；也可能是食物里的某种东西，比如他可能发现了球芽甘蓝和鳄梨具有促进肌肉生长的特性，而他以前并不知道这一点。但更有可能的是，他发现了合成代谢类固醇，至少这是当下一个普遍的共识。

使用类固醇可能产生多种令人烦恼的副作用，比如长粉刺、胸部变大（不分男女）以及睾丸缩小（只对男性），而且使用类固醇属于违法行为。但就是有些运动员愿意使用，哪怕这会危害他们的身体和职业生涯。因为类固醇能让运动员训练得更卖力，而后恢复得更快。[1]一般来说，你练得越多，你的表现就有可能变得更好，比如，要想打出更多的全垒打，你得先打上一吨的球；要想提高网球发球水平，那就先发几千个球再说；要想成为出色的保龄球玩家，也一样，挽起袖子开练吧！正所谓工多艺熟，熟能生巧。

邦兹可能就是这样迈出了第一步，并且确实见效了。不过，几乎在同一时期，有些教练决定另辟蹊径，他们相信自己找到的这个新方法有助于提高棒球选手的击球水平、完善高尔夫球选手的轻击成绩，却不会产生令人懊恼的副作用，比如身体某些部位变大或变小。

自20世纪80年代开始，就有一些教练开始琢磨，能不能通过一种并不包含任何身体训练的方法，帮助不同项目的选手完善他们的运动技能。这些教练的动机很简单：实地训练是有局限的，其中一点就是成本很高，你要先找一块场地，比如一处球馆，还要配备用于训练的设施和教练等。更要命的是，选手可能会由于过度训练而导致身体的关键部位受伤，比如肌肉和关节。因此，这些教练也是灵机一动：如果让选手少参加一些实地训练，改为将这些时间用于在脑海里像过电影一样默想自己在场上的表现，会有什么效果？也就是说，默想如何罚任意球，而不是真的罚球，会不会有助于选手在球场上取得更好的任意球成绩？默想一次完美的投球动作，能否帮助选手在下次上场时击倒更多的保龄球？

于是教练们找来一些网球、保龄球和篮球选手，让他们暂且放下正在进行的发球或投球练习。对于篮球选手则更夸张，教练会让这些篮球选手直接在更衣室就地躺下，然后，让他们做同一件事：默想。

起先选手们都表示强烈反对。毕竟，你怎么能指望不通过实地练习就切实提高自己的发球或任意球成绩？如果你想开得一手好球，将那个很小的绿色网球打过一道不足一米高的球网，命中差不多20米开外发球区的一个死角，那么，只要你是个头脑清醒的人，大概都会拿起球拍对准目标开始练习。

但出人意料的是，这种默想居然奏效了。花时间进行默想的选手开出了更多好球、击倒了更多保龄球，或是投进了更多的罚球。[2] 最起码，那些成功默想到自己如何调动身体做一连串动作从而达成这些改善目标的选手做到了。如果他们想的是关于保龄球的击球动作，那么，与没有这么想的时候相比，他们确实更有可能取得更好的成绩。但是，如果他们默想的是自己如何把高尔夫球开到了沟里去，那么，他们的球场表现也会变糟。[3]

现在，默想已经成为体育心理学的一个标准的组成部分。当然，它暂时还不能取代合成代谢类固醇，因为现在还不清楚：邦兹如果没有使用它，还能不能将自己的全垒打潜力发挥得淋漓尽致。但默想确实管用，这一点是毋庸置疑的。那么，为什么在脑海里像过电影一般默想怎样用某种特定方式调动你的身体，你就真的能够在日后的赛场上更容易做出相同的动作？我们将会在本章给出答案，道理其实相当简单：当我们开始默想自己的动作，并有意识、有目的地启动心理意象时，我们就是在调用大脑深处那些用于实际操控身体完成相应动作的部位。比如，当我们开始默想在网球场上准备开球时腿部应该有什么动作时，我们大脑中负责控制腿部运动的部位就会变得活跃起来；当我们默想自己手持篮球时，相应地，我们大脑中负责控制手部动作的部位也会忙碌起来。因此，不管你认为这应该叫作"心理意象"、"可视化默想"（visualization）还是"心理彩排"（mental rehearsal），想象怎样做一件事对于完善你的运动技能的确非常有效。这是因为，在很大程度上，当你开始想象，你的大脑所做的工作就跟你在现场练习时所做的工作是一样的。诚然，与现场练习相比，我们确实失去了某些可能也很有用的东西，比如对手的反应以及通过实际动作形成的条件反射，但在另一方面，我们节约了成本，减少了对身体造成的压力。重点是，至少从我们大脑的反应来看，想象一个动作跟现场做这个动作是非常接近的。

我们将在本章看到：关于想象的这一解释在应用到许多其他心智活动时也是成立的。积极想象或者说可视化默想一个动作，就会调用大脑中用于在现实世界中操控这些想象动作的部位，这是心智的一个普遍属性。我们还会将大脑内部的动作和感知系统用于记忆，当回忆某个事件时，我们会重构当时的感觉、场景以及声音，这就再次用到大脑的相应部位，这些部位的首要职责就是让我们在当时非常直接地感知或参与到那些事件中去。与此相仿，当思考物质的属性并试图判断某个物体是否具有这种特定的属性时，我们也会用视觉系统建构一个心理表征，比如说当思考北极熊的鼻子是什么颜色时，我们能够想象出北极熊的脸。这一切都证明，我们可以利用大脑中主要负责移动身体或感知世界的部位来做很多其他事情。

现在看来，这些探索想象功能的教练可能是碰巧用上了认知心理学家研究了很长时间的一个课题。起先，心理学家主要着眼于"视觉想象"（visual imagery），也就是在脑海中透过心智之眼"看"到的画面，这就来到我们要讲的故事的起点：20世纪初，来自康奈尔大学一个实验室的发现。

派基效应，心理意象可能干扰或加强我们的实际感知

1910年，美国有位名叫C. W. 派基（C. W. Perky）的富有创新精神的年轻心理学家，使用了一种当时尚属新颖的技术做实验，这项技术能够将物体图像通过胶片投射到一面空白的墙上。后来，这项技术很快就催生出电影这一新发明，给娱乐行业带来了一场革命。让人没想到的是，它给我们关于心智的研究带来了同样巨大的影响。

当时派基想了解的是：当人们开始进行心理想象时，大脑中发生了什么？人们是怎样像变魔术一样主动地、有意识地将实际上并不存在于眼前的

东西的图像一个一个变出来的。[4]她的做法是让被试面对一面白墙并想象自己看见了某种物体，比如一根香蕉或一片树叶，与此同时，在被试不知情的情况下，派基开始将要求他们想象的事物的图像投影在墙上。一开始这个图像非常模糊，被试无法将其辨认出来，然后，派基慢慢地调高亮度，画面也变得越来越清晰。派基发现，许多被试会认为这是他们自己想象出来的香蕉或树叶，而没有意识到其实那是出现在墙上的一个投影画面。派基知道投影效果是清晰的，因为那些没有被要求做这种想象的其他被试能够很容易看到黄色的香蕉或绿色的树叶。

派基的实验显示：**在头脑中构建心理意象这种做法，可能会干扰人们对真实世界的实际感知。**这就是所谓的"派基效应"（Perky effect），在我们的日常生活中，也有很多这方面的例子。比如，在你做白日梦的时候：你在这个过程中是完全清醒的，你的眼睛也是睁着的，但你就是可以想象自己出现在另外一个地方，做着另外一件事，看到其实并不在你眼前的事物。也许你正失望地想象着冰箱里的存货，不知道如何才能用半瓶肉末外加一瓶番茄酱变出一桌丰盛的晚餐；或者，你在想象，当你告诉老板你刚赢了大乐透，马上就要辞职并搬家去夏威夷时，老板的脸上会出现什么样的表情。在你做这些想象的时候，哪怕你的眼睛是睁开的，你对自己身边的现实世界却多少有点视而不见。如果你当时在一间教室里，你可能看不到黑板上写了什么；如果你正在开车，你可能看不到旁边的其他车辆，还有道路上的各种标志（你就这样一不小心错过了正确的出口）。以上这些例子都表明：**想象会干扰视觉。**

当然，关于派基效应的研究并没有止步于1910年的这一发现。一些近期的研究对于想象可能如何与视觉形成相互影响有了新的发现。例如：你正在想象的东西具体是什么，可能会影响这一想象是否对你的视觉形成干扰。[5]假设你请某人盯着一台电脑屏幕正中央，并开始想象字母T，与此同时，你在电脑屏幕正中央打出一个字母T或一个字母H，你会发现，相比之下，对方更难准确辨认出屏幕上显示的字母 H 而不是字母 T。反之亦然，你可以请对方想象字母 H，然后重复上面的步骤，其更容易辨认出的是显示在屏幕上的字母 H，而更难辨认出的则是字母 T。这会对我们的日常生活带来什么影响呢？举个例子：假设你正在找你新买的红色手机，偏偏你有点心不在焉，大脑里出现的心理意象是之前那台黑色的旧手机。由于你的大脑里浮现的心理意象是一台黑手机，于是，你要发现你那台红色的新手机就变得不那么容易了，甚至很有可能你会对它视而不见，但只要你想起来你有一台红色的新手机，之前那个关于黑色旧手机的心理意象就会停止对你的干扰，你便会在见到红色新手机那一刻一眼将它认出来。

这个故事还有更复杂的版本，因为影响你的想象干扰你的视觉的因素，并不只有你想象的内容，还有你想象的这一切发生在哪里。[6] 假设你坐在电脑屏幕前面，有人请你开始想象一个东西，就以字母 I 为例好了，然后，会有一个星号 * 出现在屏幕上的某个位置，你的任务是一看见这个星号就按一下指定的按钮。根据派基效应，与没在想象字母 I 的时候相比，你在想象字母 I 的时候应该会感到要在电脑屏幕上一眼看出星号变得更难，因为字母 I 和星号 * 看上去完全不同。但结果表明：派基效应只适用于你想象字母 I 的位置跟星号 * 出现的位置是一致的情形。也就是说，如果我们让你在电脑屏幕上半部分想象一个字母 I，那么，当星号 * 出现在电脑屏幕上半部分的时候，你会感到其辨认难度加大了。但只要换个位置，比如，让你想象这个字母 I 出现在电脑屏幕的上半部分，而星号 * 出现在电脑屏幕的下半部分，那么，你看出这个星号 * 的反应速度就跟完全没有进行想象的时候一样快。

这一系列受派基启发的研究显示，尽管视觉想象有时候会干扰视觉，影响你观察不同事物出现在同一位置时的反应速度，但有时这种想象也能对视觉产生加强作用。[7] 当你想象的物体与实际出现的物体是一致的，并且是在同一位置，外形和大小也差不多，那么你会比没在想象时更快认出你面前的这个物体。如果你能准确地想象出你那台崭新的红色手机的样子，然后睁大眼睛四下张望，那么你会比没动用想象时更快从现实环境中看到它。

为什么想象与感知之间会存在相互影响？有以下两种可能。

- 第一种可能是：视觉想象与视觉感知（也就是亲眼所见）可能是由大脑的同一部位负责的，因而就可能产生干扰，因为我们现在已经知道，我们不能同时用大脑的同一个部位做两件不同的事。这是一个很有意思的想法——我们用来实现"看"这个功能的视觉系统，实际上我们也用它来想象在脑海中用心智之眼去"看"。

- 第二种可能是：我们的视觉想象和视觉感知这两种能力，是由两个紧密联系但完全不同的系统实现的。于是，当它们聚焦于同一个问题时，能力就会得到加强；而如果两者没有同步，表现就会打折扣。

我们在找不到手机的时候，自然不会在意为什么大脑要让我们对摆在面前的手机视而不见，但对于想要了解心理意象的运作方式的人，这问题就会让他们感到耿耿于怀。

幸运的是，派基在她最初的研究报告中提到了第二个发现，有助于我们分清楚这两种可能性。当派基请被试描述自己关于香蕉或树叶的心理意象时，他们描述的都是他们想象的东西，从外形到放置方式都符合她投影在屏幕上的画面，然而令人吃惊的是，他们都说自己根本就没看到屏幕上有东西！如果屏幕上是一个垂直放置且有点细长的黄色阴影，并且在这之前已经请被试开始想象一根香蕉，那么，他们描述自己想到的香蕉就是直立的；如果换一个水平放置的黄色阴影，就可能导致被试想象出一根平放着的香蕉。换句话说，哪怕被试说自己并没有看见投影在屏幕上的香蕉，他们还是将自己在屏幕上真实"看见"

033

的东西，整合到了他们正在构建的心理意象中。

后来的一些研究以更雄辩的方式揭示了人们是如何将自己的所想与所见结合起来的。在其中的一项实验中，被试被要求注视一块屏幕，然后想象纽约的天际线，[8]这时，研究者在屏幕上打出一个很浅的红色圆圈，因为这个投影很浅（派基效应足够强），所以被试表示没有看见那个红圈，但有的被试就会说他们搭建的心理意象正是纽约在日落时分的画面。

这些研究结果表明：**我们会将看见的东西与我们在大脑中构建的视觉想象混为一谈，或者将两者整合**。理解这一事实的最简单方式就是：大脑用于完成视觉想象和视觉感知的系统并非只是有所联系这么简单。要想将视觉与想象混为一谈，让人们以为自己亲眼所见的只不过是想象，那么，我们大脑中分管这两项截然不同功能的系统应该至少存在一定程度上的重合。在本章的后续部分我们会依据大脑成像研究，来具体了解看与想象之间存在多大的重合，以及控制这两种功能的部位具体位于大脑的什么位置。[9]

心理旋转，视觉与想象重合度的角度差异

若用于想象和感知静态物体（如香蕉和树叶）的大脑系统是相同的，那么很有可能，我们同样也会用这些系统来想象和感知运动的物体。认知心理学中有一项经典研究，以相当具有说服力的方式展示了这一点。[10] 仔细观察图 2-1 中的每一对物体，它们要么是同一个物体，只是放置角度不同；要么就是两个不同物体，且恰好互为镜像。你的任务就是尽快确认，它们究竟是同一物体，还是互为镜像的两个不同物体。

所以，A 项的两个物体是相同的，但放置角度不同，还是说互为镜像？B 项和 C 项又如何？如果你想知道答案，可以查阅书后的注释。[11]

你可以花一点时间回想一下，你是怎么得出答案的。心理学家从这一实验以及其他一些类似实验中发现：不管目标是字母[12]还是复杂的形状[13]，人们用于确认同一物体放在不同角度的时间，会随这两个物体放置角度的差异大小呈线性增长。这就是说，如果两个物体的放置角度相差40度，而你用了2秒做判断，那么，当两个物体的角度差距增大到60度时，你的用时将会变成3秒；如果两个物体的角度差距进一步拉大到80度，可以预见你要花4秒才能完成任务，以此类推。关于这一发现的最佳解释，也是大多数被试被问到他们如何分辨这些物体时的直觉回答，就是你会通过想象来旋转其中一个物体，看它是否跟另一个一样。你在脑海通过想象进行的这种翻转，称为"心理旋转"（mental rotation），是以一个恒定速度进行的，每秒转过若干角度。因此，你要花更长的时间才能通过想象翻转更大的角度，这种现象就变得合理了。

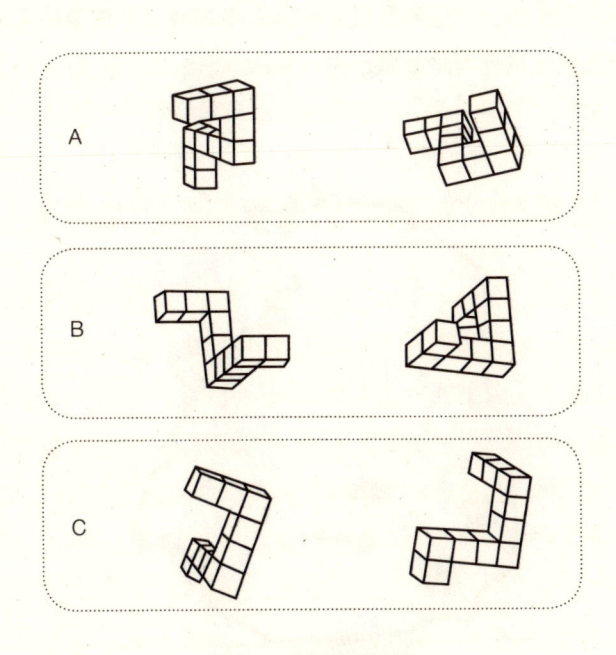

图 2-1　心理旋转示例

关于感知的动作与想象的动作还有另一个类比。假设你坐在一架直升机上，俯瞰下面一个小岛，这小岛看上去可能就像图 2-2 这样。你看见一所小房子、一口水井、几棵树，还有荒草丛、沙滩和湖泊，也许还有一些其他的地标性景物。打个比方，假如你先聚焦在南边这所小房子，然后想要回头打量这口水井，那你几乎不费吹灰之力就能把视线从前一个目标转到后一个目标，与此形成对比的是将你的视线从小房子这边收回来，然后望向北边远处的荒草丛就要花点时间了，因此你要转移视线的距离越长，你花费的时间就越多，就跟想象翻转角度一样，距离与时间呈正相关，运动距离越长，所需的时间也成比例递增。因此，假设你现在看的不是这个小岛，而仅仅是回忆这个小岛，在你的脑海中进行扫视。如果你先将注意力聚焦在其中一个地标性景物上，比如，还是选那所小房子好了，再把目光转向那口水井，你会发现，这比转向荒草丛快一些——事实上，在脑海深处转移视线，转移距离与用时也是呈正相关的。[14] 也就是说，在脑海中扫视一个想象的画面，从功能上讲就像是在现实世界对这个画面进行扫视一样。

图 2-2　想象与实际感知遵循同样的规则

这一切意味着，你在想象中感知动作，跟你在现实世界里感知动作是一样的，在真实世界要花更长时间才能做到的事，在你的大脑中也要花更长时间才能做到。由于想象的运动跟真实的运动如此相似，因此，想象的运动就变得大有用处了。举例来说，假设你计划来一次横穿这个小岛的徒步旅行，途中要在几个关键地点打卡。这时候，如果你可以先想象两条不同路径，你就能对每一条路径大概要花多长时间有一个相当准确的估计，那么，等你真正迈步出发，这个做法就能为你节约时间——心理意象通过让你的大脑来徒步进而为你节约了时间。

激发声音，激发我们的听觉想象

神经科学家早在一个多世纪以前就已经知道，特定的大脑区域负责特定的认知任务。19 世纪后期的颅相学家相信：不仅人的灵魂或者说精神的不同层面位于大脑的不同区域，而且，人的头骨外形本身就是一种尺度，它显示大脑中这些不同区域的发育情况，因此也能用于度量人的心理倾向。[15] 后面这一点已经被证明并不成立，我们并不能从大脑的外形来对大脑做判断，但这第一点是有道理的：**大脑的不同区域确实各有不同的擅长功能。**

关于这一点，最令人感到震惊的证明莫过于神经外科医生怀尔德·潘菲尔德（Wilder Penfield）的研究。潘菲尔德的合作对象是饱受严重癫痫症折磨的患者，癫痫症发作不仅会损害患者的身心健康，也会让他们的家人非常痛苦。潘菲尔德从 20 世纪 30 年代率先开始的这一疗法不仅令人大开眼界，也叫人闻之色变——他会先通过外科手术的方式打开患者的大脑（见图 2-3），该患者的代号是 D. F.。[16] 然后，潘菲尔德开始寻找病变区域，就是出现问题并导致癫痫症发作的区域，做法是对不同区域有针对性地施加微弱的电击。因为他要确认大脑不同区域具体负责什么任务，所以必须确保患者在手术过程中保持清醒，因此，在这整个过程，要对患者进行局部麻醉。潘菲尔德会对某个区域施加电击，如图2-3中标注的区域，然后观察患者的反应。

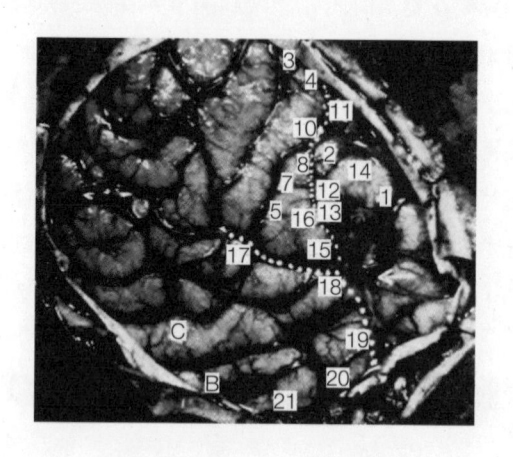

图2-3 患者D.F.外露的大脑

潘菲尔德发现，每一个患者的大脑同一区域产生的反应是一样的，无一例外。举例来说：刺激图中竖直方向虚线的右侧区域，比如标记为11、2、12和13的这些区域，就会引起患者身体相应部位的抽搐或移动，他因此发现了负责向身体的肌肉发送电信号的"运动皮层"（motor cortex）。若刺激虚线的左侧区域，比如标记为10、8和16的区域，就会引起患者在身体不同位置感到刺痛或麻木，这就是"体感皮层"（somato-sensory cortex），大脑在这里收集来自皮肤和肌肉的感觉信息。

但最出人意料的情形可能是发生在潘菲尔德向区域21和区域18之间的位置（图中横向虚线的下方）进行电击的时候，当他问患者D.F.有什么感觉，患者说自己听到了音乐，并且不是平常的音乐，而是一支乐队在演奏一部作品，而且听得如此真切，就好像当时正在听广播一样。每次潘菲尔德停止电击而后再来一次，D.F.都会听到同一部作品，相同的节奏，从相同的位置开始。其他患者在位于大脑颞叶（temporal lobe）的同一区域受到刺激的时候也有类似的听觉体验，只不过不同患者听到的作品也不同，潘菲尔德因此发现了大脑深处这个专门负责听觉的区域。当我们听到真实的声音时，信号就会传到这个区域，而当这个区域受到电流刺激时，我们就会再现曾经的听觉体验。

值得庆幸的是，对于想要了解"听觉想象"（auditory imagery）如何运作的读者，我们现在可以通过不那么激进的做法来实现这一目标。比如，一项近期研究采用了一个很有想法的方式，[17]研究人员让被试先听一些音乐片段，比如滚石乐队（Rolling Stones）的《心满意足》（*Satisfaction*），或动画片《粉红豹》（*The Pink Panther*）的主题曲，与此同时，研究者用一台fMRI扫描仪扫描被试大脑的血流。这让研究者得以分辨，在被试听音乐的时候，具体是大脑的哪些区域在活跃。但是，研究者感兴趣的不是人们如何听，而是如何想象听，这就需要另外做一点文章：研究者在音乐里嵌入一些短的静默片段，每个为2～5秒。若你也有听着收音机开车穿过隧道的经验，就会知道，当你听着早已熟悉的歌曲时，如果音乐突然中断，你确实可以在自己的脑海中透过"心智之耳"继续"听"到那首歌，尽管当时收音机因为信号不好正在刺啦刺啦地响。研究者对被试在静默时刻的大脑活动监测结果发现：大脑内部负责听的区域，就跟你可能从潘菲尔德的发现里猜测出的那样，包括了患者D. F. 受到电击以后创造一段音乐想象体验的区域（图2-3中的区域18和区域21）。

在这个负责听的系统里，具体都有哪些区域在静默时刻保持活跃，就取决于被试对这段音乐的熟悉程度，以及这段音乐是否有歌词。跟你用大脑内部并不相同但紧密联系的区域去听不同类型的声音一样，你也用大脑的不同区域去想象声音。近年来，其他一些研究用更直接的技术重复了这一发现。当被试得到详细指引，要去想象某种具体的声音，大脑内部负责听的区域就会被再度激活。[18] 由此可以得出结论：**我们用以想象声音的大脑区域，就是负责倾听真实声音的那些区域。**

想象触手可及

现在我们已经知道，负责视觉与听觉的大脑系统，也分别用在对视觉与听觉的想象。那么，我们的动作又是怎么一回事呢？以你经常在做的一些动作为例，你有多了解这些动作？比如，当你用一支铅笔写字，你会用到无名指来握笔吗？在你继续往下读之前，先确定一个答案。接下来是另一个问题：你开门的时候会向哪一边转动钥匙？也是先确定一个答案再往下看。

若你跟多数人一样，那么，你回答这两个问题的方式不外乎以下两种：一是用手比画，假装此刻手里确实拿着一支铅笔或转动一把钥匙，直到你看见和感知到你要的答案为止。也就是说，你可能会将你在想的动作做出来。但你也可能手上刚好没空，比如正在拿着这本书，或干脆就是偷懒，不想动，于是，你没有动用自己的手和胳膊上的肌肉，而只是凭空想象自己正拿着一支铅笔或掏出一把钥匙。换句话说，你可能是在构建"运动想象"（motor imagery）。虽然我们很难描述一个运动想象是怎样的，但大多数人对视觉想象都有很好的直观感受，好到只要我看到或听到"会飞的猪"，我们就可以立马让这东西跃然纸上。但相比之下关于运动的想象就很难概括，因为它们跟任何具体的事物都不像，这就是我会问你铅笔和钥匙的原因。有人说动作想象在他们看来就像是想象要用到的肌肉真的受到了某种刺激；也有人说无论他们想要移动或停止，都会感到某种精神上的不舒服；还有人说这更像"体觉想象"（somato-sensory imagery）而不是动作想象。体觉想象是对身体感觉的一种内在再现，其中身体感觉包括当你的皮肤受到挤压时，或你的肌肉在运动或绷紧时的感觉，等等。但是，所有这些有意识的经历全都源于运动想象。

与听觉想象主要由负责听觉的大脑系统完成一样，运动想象也是由指挥身体运动的大脑系统负责，关于这种观点最具说服力的证明，有一部分来自脑成像研究。在这项研究中，被试要先学做一个特定动作，比如将一只手除大拇指以外的 4 个手指按某种顺序依次按压大拇指（比如食指—中指—无名指—小指—食指—中指—无名指—小指），再学习在想象中做这个动作，但身体保持不动。然后，再让被试进入一台脑成像设备，比如 fMRI 扫描仪，先做动作，再用想象做这个动作。研究者以特定的控制任务为基准，比如让被试想象自己正在注视一处熟悉的风景，从而找出在上述活动过程中显著变得更活跃的大脑区域。他们发现，做动作与想象做动作一样，都会用到负责向肌肉发送信号以推动肌肉完成相应动作的关键区域——初级运动皮层（primary motor cortex）（见图 2-4）。有一点可能不会让人感到意外，那就是在做动作的时候该区域的活跃水平显得更强一些，超过想象做动作的时候，因此，从某种程度上来说：**想象就像是真正行动的一道浅淡的"影子"。**[19]

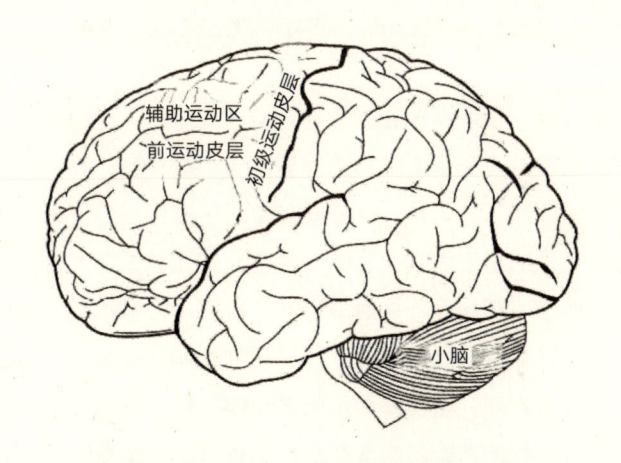

图 2-4　参与运动控制的区域居于大脑的左半球

重点在于，初级运动皮层不是均匀分布的，而是按照拓扑方式依身体的部位组织的。从本质上讲，就好比你的大脑表面有一张身体地图。其中最引人注目的一点，是身体各部位在运动皮层的代表区域不成比例：你越能精细控制的部位，在运动皮层中所占的面积也就会越大。图 2-5 是这一组织分布的一种艺术再现。如图所示，手、眉、嘴以及喉在运动皮层占据的区域，其比例远超这几个部位在身体中的实际占比。

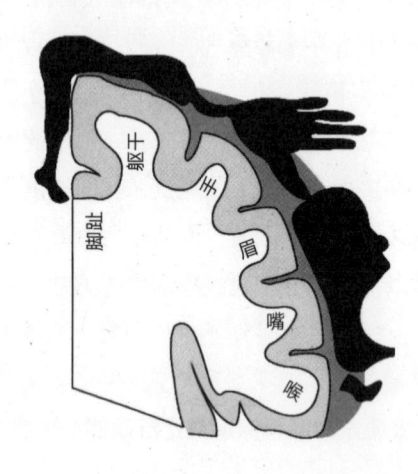

图 2-5 初级运动皮层中各身体组织分布的艺术再现

实践表明，这一根据身体各部位分布的运动皮层，对脑成像研究大有帮助。如果我们请被试在一台大脑扫描仪里完成运动想象，我们就能看到，运动皮层上因此活跃起来的区域，恰好就是专门负责控制身体相关部位完成被试正在想象的动作的那个区域。其中一项研究是让被试在大脑扫描仪里先屈伸以放松自己的手、脚和舌，从而使研究者得以一一标示每个被试的运动皮层。然后，他们让被试只用想象完成这一系列相同的动作。[20] 和前面提到的研究一样，研究者发现：做动作和想象做动作一样，都会让初级运动皮层活跃起来，但令人感到惊奇的新发现在于，这种活跃是跟身体部位相关的。也就是说，当被试想象屈伸自己的脚，他们的运动皮层顶部区域就被激活，而这个区域恰恰就是用来控制脚部动作的区域！当他们想象自己活动手或舌，相应的运动皮层的中部或下部也会随之活跃起来。

暂且回到之前的问题：你可能已经体会到了，当你试图确定自己开门时是向左边还是右边转动钥匙时，你要同时让自己保持一动不动并不容易。那么，有没有可能，这两项研究的结果其实并非源于对相关动作的想象，而是来自被试无意间做出的真实动作？也许，当被试按要求只用想象来做动作的时候，他们实际上不小心动了自己的手、脚或舌。为解答这一非常合理的疑问，另有一项研究用反馈来确认被试是否一动不动。[21] 研究者先让被试握拳，然后松开，每次一秒，反复做，再让被试只用想象来做这个动作。研究者想出了一个非常机智的办法，来确保被试在生动地想象自己握拳再放开的时候手是完全没有动的。他们用到了一种叫"肌电图"（electromyography）的技术，简单来说就是读取肌肉电活动的数据：先将一些电极接在被试的手上，在被试真实做动作的时候给他们看自己的肌电图读数。于是，被试可以在自己想象"握拳"这个动作的时候，通过肌电图波动情况切实看到自己控制握拳的肌肉有没有动作，哪怕是轻微的动作。借助这种反馈，被试可以训练自己在没有动到手部肌肉的前提下想象自己正在握拳。等被试做得足够熟练后，研究者就会用 fMRI 扫描仪来确定，当被试真的握拳时会用到大脑的哪些区域，当他们想象握拳时又要用到哪些区域。研究者发现：有三个关键区域是重合的，更重要的是，想象做动作跟真的做动作一样，都要用到大脑中负责控制动作的主要区域。这一结果表明：**运动想象需要用到运动皮层，哪怕被试确实一动不动**。

看到这里，你可能会问："假如我们在想象做动作的时候要用到真实做这些动作所需的相同的运动神经元，那么，为什么我们每一次想象做动作的时候并没有引发身体相应部位的运动呢？"对于这个问题，有一点可以肯定，那就是我们在做动作想象的时候，运动神经元的活跃水平总是比不上真实做这些动作的水平。因而，在你想象做动作的时候，你向肌肉发送的信号相对较弱，于是你在此时不小心当真动起来的可能性也比较低。但与此同时，关于想象和行动的区别，前述最后一项研究有一个令人好奇的发现。大脑内部与运动相关的一些区域，在被试完成想象和运动这两种任务的时候都被激活，这些区域不仅包括主要的运动皮层，还包括其他用于组织较高层次运动控制的区域，比如前运动皮层（premotor cortex）和辅助运动区

（supplementary motor area）。由此得出实际运动与想象运动的一个区别：位于大脑后下方的小脑只在实际做动作时活跃，若只是想象做动作就不活跃。这一点很重要，因为小脑对动作的协调大有用处（尽管其具体功能仍有争议）。由以上内容，我们可以得知：想象运动与真实运动的区别就在于小脑没有变得活跃起来，这就导致真实动作没法执行到位，于是其他负责运动的区域就能用于想象做动作，而又不至于当真把身体相关部位活动起来。

记忆，重新经历你曾见过的情景和你做过的动作

由于想象以我们一直用于日常感知与行动的大脑机制为基础，因此具有一定的可信度。事实证明，这一点极其有用，这可不只能够提升你的高尔夫球轻击技术这么简单。很久以前，古希腊人就已发现一个天才的做法，可以将想象实用起来。他们喜欢讲故事，很长、很长的故事，荷马就是一个例子。他们也喜欢历史、辩论和哲学，但实际上，在古希腊，大多数人要么不认字，要么不会写，即使是受过教育的人，也并不都认为这就足以让自己进行公开演讲。现在假设你想做一次语惊四座的演讲，主题是"为什么说以太是五大基本元素之一"。作为古希腊人，你不可能先将演讲稿存进一台iPad，然后带着它云游四方，而背着一堆图表出门也很麻烦。这就意味着，古希腊人必须先找到一个办法，使自己能在没有任何可视化辅助工具的前提下记住一大堆东西。

古希腊人最成功的一种记忆创新，我们称之为"轨迹记忆法"（the method of loci），与《荷马史诗》那样的鸿篇巨制或古代物理学论文相比，它的工作原理要简单得多。假设你要记住下面这10个词，包括它们的排列顺序：

水，画，刀，森林，心脏，咖啡，船，鼻子，收音机，钥匙

你当然可以通过死记硬背的方式来记下这组词，直到滚瓜烂熟、倒背如流。这大概是可行的，就是要花点儿力气。而轨迹记忆法则另辟蹊径，效果也更好：你可以先想象一个熟悉的环境，比如你自己的家，你家里有很多不同的位置，比如前门、厨房、卧室、壁橱等，你大概可以想象，假如自己处在家里的各个位置上，会是怎样的画面。接下来，想象你沿着一个既定的路线从你家里走过，在每一个特别的位置上依次见到上述词表中的每一个物品，比如，想象你在门口看见一杯水，然后，穿过客厅，看见一幅图画①，接着来到起居室，你看见桌上有一把刀……以此类推。只要你对这个地方非常熟悉，你选的这条路线也很容易预判，并可以很真切地回想出来，而且物体之间的联系和它们的位置都安排得很清晰，那么，你就能够只通过想象在脑海里再走这同一路径，来相当轻松地按照上面给定的顺序记起这组词。

当然了，假如你要记住的事物比一组词更加抽象，你就要为其中每一个重要部分构建一个画面。轨迹记忆法作为一个案例，非常清晰地表明了心理意象对于记忆事情可能大有帮助。[22]事实证明，这种方法相当有效，当今世界最了不起的记忆高手也在用它的不同改编版本出战世界记忆冠军赛——比拼记住无用信息的"奥运会"。[23]轨迹记忆法之所以行之有效，原因就在于想象是有迹可循的。想象画面的原理跟实际感知是一样的，因为当你开始回想物体、地点、事件时，你就是在重新经历那些你曾经见过的情景、做过的动作，并且，这时的你，用的恰是当时负责让你看见这些情景、做出这些动作的同一组大脑系统。

---

① 给你提个醒：你想象的物体越是栩栩如生，你对它越有感情，甚至耸人听闻，就越有助于你记住它们。

具身模拟，无意识、无目的而且无处不在的东西

想象不仅有用，而且具有启发意义，但同时，这也是一种相当特别的认知能力。想象是有目的的，只要你愿意，你就可以立即张开想象的翅膀，想象也是有意识的，与你的大脑做的绝大多数事情相反。想象有点像是一种细分能力，不属于你需要频繁开动脑筋去做的日常任务，比如思考概念、做出推理、记住事情等。这样说来，心理意象能在多大程度上代表人类心智的普遍运作方式呢？的确，在有意识、有目的地想象可见事物的时候，人们会用到自己的视觉系统，但若只是单纯想起这些事物而完全没有打算动用想象又会发生什么情况？是的，人们可以借助想象记住一大堆东西，但若只是想要记住自己把钥匙放哪儿了呢？是否存在一种无意识、无目的而又无处不在的类似想象的东西？

简单来说，有的。

既然我们刚才只提到了记忆，现在就从记忆说起。当你回忆事情时，哪怕当时你没有刻意、也没有意识到要动用心理意象，你依然会再度启动相同的大脑回路，就是那些你之前用以给画面、声音、气味和触感进行编码并将其存储在记忆里的大脑回路。我们是通过脑成像研究得知这一点的。

在一项研究中，研究人员让被试记住 20 个词，每一个词都附带一段声音或一张图片，并使用 fMRI 扫描仪记录被试的大脑活动。[24] 比如，有人可能要在记住"奶牛"这个词外加奶牛的声音，再记住"公鸡"这个词外加一张公鸡的图片，而另一个人则要记住相反的组合。第二天，被试进入 fMRI 扫描仪，研究者再次向他们展示这些词，但这次不带声音或图片。被试每看到一个词，如果记得这个词附带的声音或图片，就按机器上的一个按钮。这项实验的目的首先是要观测大脑在记起声音或图片的时候都有

02 把注意力集中在球上

哪些区域变得活跃,看看人们在回忆声音或图片时大脑内部变得活跃的区域,是否跟负责实际听到或看到这些刺激物的区域相同。于是,为了定位大脑这些区域,在被试进入 fMRI 扫描仪之后,研究者给他们播放了所有的声音和图片。研究者要探究的问题是:在大脑内部,人们用来听见声音、看见图片的区域,是否就是人们用来回忆声音或图片的相同区域?

结果让人大开眼界,正如你从图 2-6 的大脑图像所见,在每一张图像上,大脑的后部均位于图像底部。左侧 3 张图标示了在感知过程中变得活跃的大脑区域,其中图像 a 和 c 的暗色斑点就是在图片感知过程变得活跃的区域,你可以看到它们集中在大脑的后部,在主要负责视觉功能的枕叶（occipital lobe）上。第一行和第二行的两张图片分别显示位于大脑同一位置不同深度的情况。图像 e 的浅色斑块是在声音感知过程中变得活跃的部位,主要集中在大脑两侧的颞叶（temporal lobe）上。总之,左侧图像主要显示的是在真实感知过程中变得活跃的区域,而右侧的图像则是发生在回忆过程中的情形。对比这两组图,你会发现:右侧图像上的大脑活跃区域,属于左侧完成相应任务的大脑活跃区域的一部分。也就是说,**回忆图片用的是实际用于观察图片的大脑区域,记起声音也要用到实际用于倾听声音的大脑区域**。并且,这一现象在仅仅要求被试回忆自己是否听到一段声音或看见一张图片的时候就发生了,当时被试根本没有被要求展开心理意象。

跟回忆画面和声音会启动负责相同感知任务的大脑区域一样,回忆动作也能激活负责完成这些动作的大脑区域。一项名为"正电子发射断层扫描技术"（Positron Emission Tomography,PET）的研究清楚地揭示了这一点,并提供了另一种脑成像的方式。[25] 当进入 PET 扫描仪时,被试会听到一些关于动作的描述,比如握拳,然后需要按描述完成动作。第二轮,他们会听到一个动词,以"握拳"为例这个动词就是"握",他们要说出接下来的那个名词,在这里就是"拳"。脑成像数据显示,当被试做动作的时候,有一

047

组大脑区域有针对性地活跃起来,如图 2-7 左侧图像,在大脑靠顶部有一大片活跃区域。在这个区域的后部,图像偏左侧,就是负责侦测身体的触感和运动的体感皮层。在这个小暗团前部就是运动皮层,负责向身体肌肉发送电信号,激发肌肉活动起来,这一点我们之前讨论过。而在回忆过程中,如右侧图像所示,这同一个小暗团也有一部分区域活跃起来。你还会看到,有几个活跃的"小岛"散布在这个区域的前面和后面,这些区域主要负责协调身体动作。于是我们可以推断:在做动作和回忆动作这两个过程中,变得活跃的大脑区域是非常相似的。

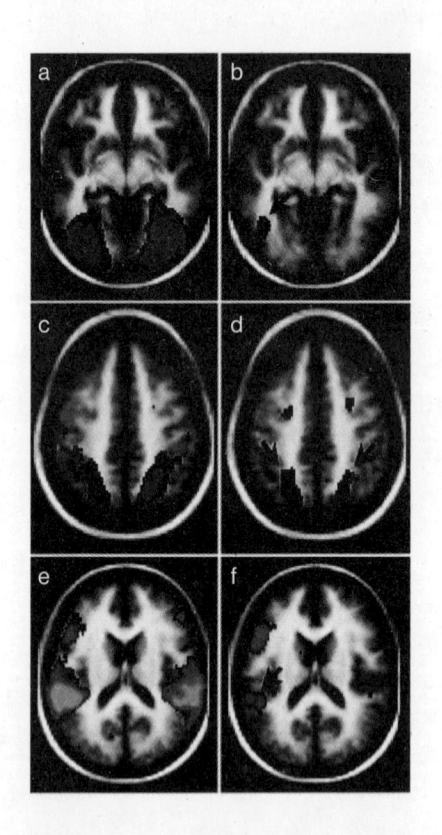

图 2-6　真实感知过程(左)与回忆过程(右)中的大脑活跃区域对比

02 把注意力集中在球上

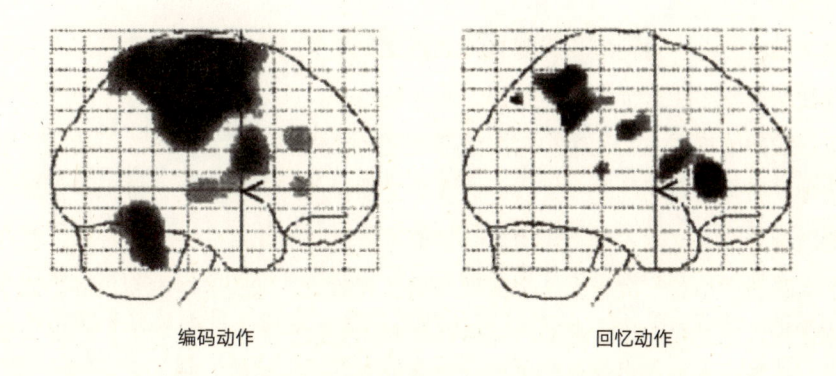

编码动作　　　　　　　　　　回忆动作

图 2-7　大脑中编码动作与回忆动作激活的不同区域对比

值得注意的一点在于，这些研究显示：回忆如一个词是否跟一张图片或一段声音一起出现，或是一个动词后面跟的是哪个名词这样的事情，会用到大脑负责感知和运动的系统。这一点很重要，因为这表明了大脑系统在认知功能上的重复使用可能不限于有目的、有意识的心理意象，相反，这可能是心智如何运作的一个组织原则。

这就是具身模拟假说的依据。我们的许多思维能力都要归功于模拟，像变魔术一样在脑海里变出一个画面，就是有意识、有目的地调用具身模拟的方式之一，但像记忆以及我们接下来要讨论的其他行为，还要用到"心理模拟"（mental simulation）。后者的完成方式更具隐蔽性，以至于我们甚至可能不知道自己正在进行这种心理模拟。原因在于，跟大脑的其他多数活动一样，具身模拟不一定是有目的的，也不一定可以让我们进行有意识的反思，但无论如何，我们总是可以通过一些科学实验工具将其揭示出来，其中的一些工具已经为我们展现了具身模拟在想象过程中发挥的作用。因此具身模拟假说引出了一个相当清晰而又可以检验的预测：**在除了想象与回忆的其他认知行为上，人们应该也是用感知和运动系统进行模拟，来再现由感知和运动系统控制的真实经历。**

049

模拟小测试：大猩猩有鼻子吗

我们可以对上述的预测进行检验，做法是借助其他一般性的认知任务，研究被试是否同样用到了模拟。比如，人类认知能力的一个关键组成部分是我们了解关于物体的一些信息，我们不仅知道它们长什么样、可以怎样使用它们，而且，我们通常也知道它们具有什么属性。认知心理学实验考察此类问题的一个常用方法，就是让被试判断某些特定物体是否具有某些特定属性。比如，大猩猩有没有鼻子？小马有没有鬃毛？这时，很可能发生的情况是：为回答类似的问题，你要用自己的视觉系统心理模拟出这个物体，再用具身模拟来寻找答案。并且，你可能是在完全无目的、无意识的情况下这么做的。

可以用一个聪明的办法来确认我们是不是当真采用了这一策略。如果我们确实用到了具身模拟来侦测大猩猩的鼻子或小马的鬃毛，那么，这一属性越容易被视觉觉察，我们也就越容易判断该物体是否具有这一属性。什么样的属性易于被视觉觉察呢？最明显的一个属性当然是尺寸。在一个物体中占有较大尺寸的属性，比如大猩猩的脸，当然要比一个较小尺寸的属性，比如大猩猩的鼻子，更容易被看见，因此，如果被试确定大猩猩有脸比确定大猩猩有鼻子来得容易，就证明，我们做出各自判断的方式跟视觉相仿。

有一项研究要求被试对或大或小的一些物体的部位做判断，测量内容包括他们花了多长时间进行判断以及他们的判断的准确度。[26]恰如具身模拟假说预测的那样，物体部位的大小尺寸构成足够强的提示，让我们可以预计被试要花多长时间才能做出判断。在其他条件一致的情况下，被试对较大的部位，比如面部，能够做出更快也更准确的判断，而对于较小的部位，比如鼻子，情况则相反。

这里还有另一个证据。假定现在你又被叫去判断某些物体是否具有一些特定属性。比如，你会看到一对单词，如"blender-loud"（搅拌机 - 很吵），然后判断第二个单词是不是第一个单词的一种属性。这时，什么因素可能会影响你做判断的时间长短？有一项研究是这样猜想的：假如思考物体的属性确实要动用具体与这些属性相关的认知系统，比如判断搅拌机是否很吵的过程就包括了做听觉模拟，那么，如果你已经在回想那声音，那么你就应该可以更快地就这一问题给出肯定的判断。[27] 检验这一猜想的做法是这样的：研究者做了一个物体与属性配对表，在这个表格上出现的每一种属性只跟声音、视觉、味道、气味、触感或运动控制这6个"模态"（modality）其中之一相关。并且他们对这些单词对的出现顺序做了一点文章：对于一部分被试，他们看到"blender-loud"之后，会继续看到来自相同模态的单词对，比如"leaves-rustling"（树叶 - 轻响），它们都跟声音有关。另一部分被试会看到来自不同模态的词对，比如"cranberries-tart"（小红莓 - 微酸），其中应用的是"味道"这个模态。研究者要测量被试在这两种情况下做判断的时间长短，观察后续一对单词如果来自相同模态或不同模态，被试的反应会有什么区别。结果表明：如果被试刚判断完搅拌机确实很吵就被问到小红莓是不是微酸的（不同模态），那么与被问到树叶是不是会轻响（相同模态）相比，前者就要花更长的时间。

因此，即使是日常的思维活动，比如判断大猩猩有没有鼻子、搅拌机是不是很吵，似乎都要动用大脑中专门负责不同感知与行动模式的特定区域。看来模拟真是无处不在！

反思默想练习，本质上是一套感知反馈机制

现在，让我们回到起点。这时，再来审视运动员仅通过头脑进行练习就能取得显著成效这个事实，应该就不会显得那么令人吃惊了。我们用来思考保龄球投球动作或高尔夫球轻击动作的心理机制，就是我们实际用于完成这些动作以及获得这些动作做得如何的感知反馈机制。当你想象自己在打保龄

球时，大脑会通过某种方式让你认为你真的在打保龄球。这不仅可以解释，为什么我们能通过想象练习来提高选手的赛场成绩，还能解释，为什么只有想象正确的做法才有机会取得进步，若是想象错误的做法就会导致成绩变得更糟。与记忆和属性确认等我们有理由感到自豪的复杂认知能力一样，想象这种能力也是从较老版本的大脑系统不断进化与完善而来的，是想象让我们得以认识世界并且有所作为。

这当然没什么值得大惊小怪的。进化过程从很多方面来看，就像一个小修小补的"修补匠"，只不过同时也是我们已知的最棒的生物学修补匠，但它同时也可能变成一个很蹩脚的修补匠，假如它放弃自己花了千百万年才逐步完善的一套完整的视觉系统，以及花了更长时间才建立起来的运动和听觉系统，而决定回到原点，另起炉灶搭建一套独立的、专门用于想象看、听和行动的全新机制。可以说，将对于视觉、听觉和运动的想象用于其他认知功能，是对效率的追求、突变的限制以及生态学要求这几方面共同作用所产生的一个必然结果：既然感知和行动系统已经成形，自然选择怎么舍得不以此为基础，来建立一套适用于其他认知功能，并与这些已有系统有机结合的其他系统呢？

LOUDER THAN WORDS

03

别想那只大象

心智之眼，
视觉与理解密不可分

与很多动物一样，人类更加倚重通过眼睛收集关于世界的各种信息。狗更多地依赖于气味；通过回声进行定位的蝙蝠依赖于声音；而人类就像善于捕猎的飞禽和采蜜的蜜蜂一样，以视觉作为首选感官。我们将视觉置于其他感官之上，给予最高的重视。如果你小时候参加过夏令营，你可能玩过一个游戏，其中包括你要选择自愿放弃一种感官，几乎可以肯定，你不会选择失去视觉。视觉是我们收集信息、了解世界的主要方式，因此，与其他感官相比，视觉与我们头脑的内在活动联系最为紧密也是理所当然的。我们甚至会直接将视觉概念编码到我们的语言中：当我们谈论以及理解意义时，我们实际上常常会用到类似于视觉的说法。比如我们会说，"你看出来我这是什么意思了吧""这个观点现在已经显而易见了吧""我们再仔细看看这个题目"，等等。恰如我们即将看到（又来了！）的那样，视觉与理解密不可分。

引人注目的抽象思维

人类有一项非凡的能力，那就是抽象思维。在很久以前，有些人就已经明确地预见到，民主可能是一个好制度；另外一些人理解了超限数[①]是怎么回事；还有一些人弄明白了怎样把音符排列组合，来让其他人产生一些特定

---

① 超限数：大于所有有限数、但仍不必定绝对无限的基数或序数。——编者注

的感受。但是，尽管具有很强的概念化潜能，我们在多数时候的脑力活动水平却相当低。纵观我们的日常生活，无论是我们想的或聊的，大都很普通，都是我们可以看到或触摸到的。我们会问，"你是不是觉得牛奶放了一晚就开始发黄了？"；我们会一本正经地讨论，在我们住处的哪一边最适合埋葬我们挚爱的宠物蛇。我们还会聊尼古拉斯·凯奇（Nicolas Cage）的某部电影里精彩的汽车追逐戏，就是他把一辆四驱车开上了金门大桥顶上然后一跃而下那一场，你一定要看。至于为什么我们要花那么多宝贵的时间来聊这些无聊的话题，比如变质的牛奶或者虚构的汽车追逐戏，这大概可以再写一本书。回到我们现在讨论的话题，以上这些例子可以证明我们确实花了很多时间讨论可见的事物，这些可能是我们当下所见的，可能是我们以前见过的，也可能是我们即将会见到的事物。

而且，我们在这方面已经相当拿手。只需寥寥数语，我就可以向你传达宛如油画一般色彩缤纷的视觉信息。比如，我告诉你："牛奶被忘在桌子上放了一晚上。"如果你和我一样，生活在相对暖和的气候环境中，你就会知道牛奶可能会呈现出一种很特别的黄色。再比如，我跟你说："我觉得我们应该把宠物蛇埋在牵牛花旁边。"你马上就能清楚地知道，我准备开挖的那个洞大概有多大、长什么样。最后再举一个例子，如果我说"北极熊几乎与它所在的冰天雪地浑然一体"，你也能想出这庞然大物有哪些部分可能会在那种环境中凸显出来。在以上这些例子中，令人感到不可思议的是：当你听完那些句子后，你能明确地知道牛奶和北极熊的大致颜色，还有宠物蛇坟墓的大小，哪怕你听到的句子根本就没有具体提到这些信息。这可能就是语言最重要的特征，对于我们想聊的任意一个话题，只需要一组有限的、不连续的字符，我们就可以表达出非常丰富且微妙的细节。我们是怎么做到的呢？

一个可能性正是具身模拟。我们不但用自己的视觉系统去观察现实世界中可见的事物，还会用它来心理模拟不在眼前的事物。我们用视觉模拟来完成某些特定的、更高级的认知功能，比如回忆和归纳。于是，也许可以合理假设：我们可能还会用视觉系统来理解关于可见事物的语言。比如，为理解类似"牛奶被忘在桌子上放了一晚上"这样一个句子，你可能会先构建一个桌面的视觉表征，可能是某种特定的，也可能是一般性的，上面放了一个装有牛奶的容器，里面的牛奶呈现出了与放置时间长短相符的颜色。而当你听到"我觉得我们应该把宠物蛇埋在牵牛花旁边"这句话时，你大概就会在脑海中模拟一个蛇的坟墓，具有某种特定的大小和外形，可能正在挖掘中，就在花圃旁边的土地上。这就是说，按照具身模拟假说，在上述的每一个例子里，当你听到一个句子，里面包含可见的事物，你就会启动具身模拟，来模拟这个句子描述的情形，并且，你所使用的恰恰是大脑的视觉系统。[1]

"是什么"与"在哪里"，理解可见事物的"语言"

当你睁开双眼，信号就会从位于头部前方的眼睛一路深入，直抵大脑后部一个专用于视觉处理的特定区域——初级视觉皮层（primary visual cortex）。如图 3-1 所示，初级视觉皮层是大脑右侧远端那个深色区域，该区域包含的神经元用于辨认你眼前所见事物的基本视觉特征，比如一个画面的点或线，再将这些信息传递给大脑其他区域，由后者做进一步的处理。激活沿两个分开的途径进行：一是辨认你见到的物体究竟是什么——"什么"路径（"What" pathway）；二是辨认这一物体具体处于什么方位——"哪里"路径（"Where" pathway）。"什么"路径是一组大脑系统，负责计算处于你视野范围内的物体的视觉属性，包括形状、颜色等，这一路径向下前方延伸，覆盖大脑的颞叶，如图 3-1 中下方的箭头所示。相比之下，"哪里"路径是从初级视觉皮层向上前方延伸并进入顶叶皮层，如图 3-1 中上方箭头所示，这里包含了空间地图，可以分辨物体究竟处于什么方位，以及正向什么方向移动。

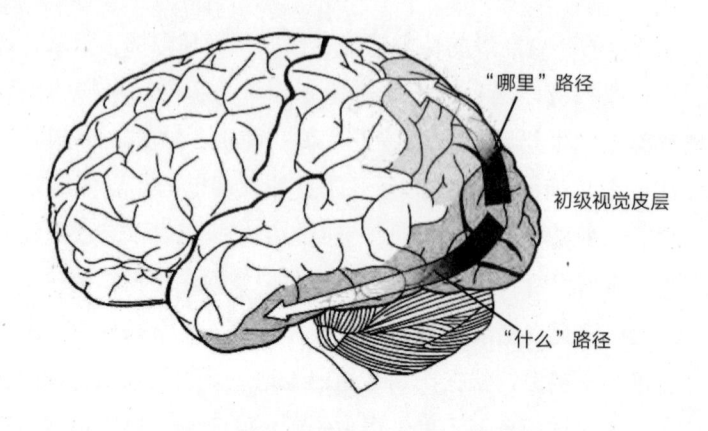

图 3-1 "什么"路径与"哪里"路径示意图

举例而言，假设你正在开车，而且相当专心，这时，前方有一阵风把一顶黄色的卡车司机帽从马路右边一路吹到左边。下面非常粗略地解释一下你是怎样"看"这顶黄色卡车司机帽的：首先，来自太阳的光子从那顶黄色卡车司机帽上反射出去，进入你的眼睛，击中位于你的视网膜上的特定神经元，即专门负责侦测光的视杆和视锥细胞，接着，这些神经元发出信号，经过好几个中转站，一直来到大脑后部，进入初级视觉皮层。在这里，有专门的神经元用于分辨具有特定方向的线条：假如这顶帽子当时是顶部朝上的，那么，负责识别定义帽子基部的水平线和定义帽檐顶部的近似平行线的神经元就会活跃起来。然后，信号继续沿"什么"路径传导，这里的神经元有的负责分辨颜色，这时就会判断帽子是黄色的；有的负责分辨物体，这时就会认出这是一顶卡车司机帽。与此同时，"哪里"路径也在并行处理来自初级视觉皮层的信号。于是，专门用于辨认接近地面的物体的神经元，以及专门用于辨认物体从右向左移动的神经元，全都活跃起来了。

当然，以上只是关于你在观察的时候怎样运用自己的大脑的一个非常粗略的概述。那么，当你仅仅是在理解语言中提到的可以被看见的物体时，又会发生什么情况，你会不会用到视觉系统的前述两个路径来模拟这些物体呢？当你在听语言描述的物体时，你会不会用到"什么"路径？而当你试图解读关于动作的语句时，又会不会用到"哪里"路径？

不得不想的"大象"

这和《别想那只大象》①一书中描述的很像。² 事实上，如果让我们不去想某件事，这是一个相当有难度的要求。尽管试试看，你能不能不去想一只大象？一只也不可以。一般来说，大多数人都会不由自主地在自己的脑海中透过心智之眼看见一只长了一对象牙的庞然大物。不管我们如何竭尽全力，不管我们的决心多么坚定，我们就是没办法把那只大耳朵哺乳动物的心理意象从脑海中赶出去。好像只要我们听见某个事物的名字，就一定会在脑海里创造出关于此物的一个视觉表征。

最起码，从直觉上看就像是这么回事，但我们应该对完全依赖于直觉的做法保持警惕。我们对很多事情的直觉后来都被证明是错误的。比如，你关于一把锁的工作原理的直觉，不管你是怎么想的，真相就是跟你想的不太一样；或是关于自己开车是否足够严谨的直觉，我们常常可能是不够严谨的。我们想要看到的是，源于实践经验的证据足以证明：只要一提到某个物体，我们就会在脑海中唤起一个相应的视觉模拟。认知心理学家罗尔夫·扎瓦恩做了一系列精炼的实验，来探究事实到底是不是这样。³ 他从一项简单的观察入手：当物体处于不同的指向时，它们看上去的样子是不同的。以一枚钉子为例，当它被敲进地面时，它就会指向下方，跟它被敲进墙壁的样子不一样。因此，扎瓦恩提出的问题是：在我们听到描述类似钉子这样一些物体的

---

① 认知语言学之父乔治·莱考夫的著作《别想那只大象》旨在阐明这样一个观点："隐喻"和"框架"是控制话语权的两大利器，熟练应用隐喻和框架能够让我们在话语权角力中抢占高地，还可以让我们变得不那么容易被操弄和煽动。该书全新改版后的中文简体字版已由湛庐策划，浙江人民出版社 2020 年出版。——编者注

句子，且句子里包含了关于指向的提示时，我们会不会在脑海中自动为它们构建一个附带指向方位的心理意象？

在扎瓦恩和他的学生们设计的实验里，被试需要先看一个句子，例如"木匠正用锤子把钉子敲进地面"，或者"木匠正用锤子把钉子敲在墙上"，然后，就在被试看完每一个句子之后，显示屏会立即显示出一个物体的画面，比如一枚钉子或一头大象。被试的任务是：尽快确认之前看到那句话有没有提到此刻在显示屏上出现的物体。有时候，这个物体（比如大象）并没有出现在句子里，但在所有重点考察的例子里，标的物体（比如钉子）都有被提及，这时正确答案应该是"有"。研究者要控制的变量是：每次提到图片的时候，要么描述物体的指向与图片显示的情况相符，要么与图片不相符。这就意味着，在看到一个句子说钉子正被敲进地面之后，被试将要看到的图片中可能有一枚指向下方的钉子，也可能这枚钉子指向其他位置，比如侧面。相反，在看到钉子正被敲在墙上这样的表述之后，被试可能看到的图片要么与这句话相符，即钉子确实指向侧面，要么不相符，即钉子指向其他方位（见图 3-2）。实验结果跟扎瓦恩在事前的预测完全一致：**当句子描述的物体与图片中的物体具有同一指向时，被试的反应最快。**

为什么对于特定物体，只要其在句子和图片里的指向相同，我们的反应就会变得更快一点？一个相当合理的解释是：当我们看到句子时，我们就会在脑海中构建一个包含视觉细节在内的心理模拟。如果我们稍后看到的图片与这一具身模拟的视觉细节（在这个实验里就是指物体的指向）相符，那么我们就能更快做出判断，因为这时我们眼前所见与我们脑中所想更接近。但如果被试的具身模拟，即其视觉细节（如物体的指向）与他们稍后在图片里看见的不一样，他们就要多花一点时间才能判断这两者到底是不是同一物体。时至今日，人们已经用不同的变量做了十几组类似的研究，证实了我们最初的直觉判断：**人们在听到或读到描述某个物体的语言时，就会在脑海里构建这一物体的视觉模拟。**

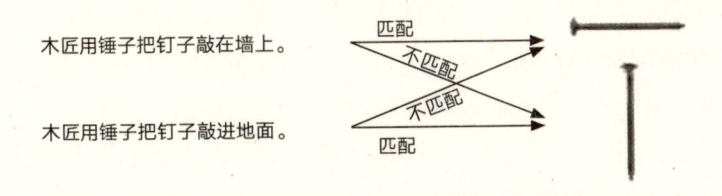

图 3-2 扎瓦恩探究人们如何构建心理意象的实验

关于钉子指向的这些细节是怎么进入我们的具身模拟的？我们怎么知道应该模拟钉子指向下方还是水平方向？有趣的是，在扎瓦恩的实验里，被试读到的句子并不一定包含关于指向的详细说明：在前面提到的句子里，关于钉子的指向不是由"钉子"这个词确定的，这一点贯穿所有的句子。这个指向也不是单由"地面"或"墙上"这两个词就可以确定的，甚至就连这两个词之一与"钉子"之间的联系也确定不了。你可以自己验证这一点：设想一下，在以下这两个句子中，钉子分别都有什么指向。

- 木匠用锤子把钉子敲进地面。

- 木匠把钉子放在地面上。

先看第一个句子，多数情况下，钉子应该是指向下方的，但在第二个句子中，钉子很可能是水平指向，当然了，你也可以坚持认为钉子是指向上方的。但关键在于：你对类似这样的句子做反应时构建的具身模拟，是这个句子包含的几个部分的叠加。以前面提到的实验为例，每个句子中包括至少两个名词（"钉子"与"地面"）、一个动词（"敲"或"放"），以及一个用于表示关系的前置词（"到……里"或"在……上"）[①]。要想确定这枚钉子的具体指向，就必须围绕句子描述的情形构建一个相当复杂的模型，用上全部这

[①] 此处前置词即为介词，括号中的"到……里""在……上"在原文中分别为"in to"和"on"。——编者注

些语言片段，外加你对钉子、地面和墙壁的了解。换句话说，要在给定的条件下了解钉子具体指向哪个方向，你唯一的做法就是动用自己丰富的生活常识，从中查询句子里提到的各种不同事物通常是怎样相互作用的。

当然了，你在读到或听到句子时会心理模拟的视觉细节，并不仅限于物体的指向这一项。如果一个句子暗示一个物体具有某种特定的外形，你就会心理表征它具有这种外形。比如，"护林员看见鹰在巢里"这句话就可能暗示鹰的翅膀是收拢的，而如果我们听见的句子是"护林员看见鹰在天上"，那么，认定鹰当时翅膀是张开的就变得很合理，这是基于物理学和其他一些相关学科进行的简单推理（见图 3-3）。

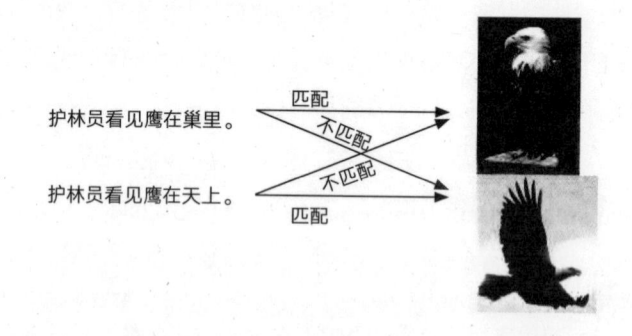

图 3-3　证明我们在理解语言时会对其中的细节构建具身模拟的实验

扎瓦恩和他的学生们做了另一个实验，这一次，他们将研究侧重点从物体的指向变化改为外形的变化。[4] 其他条件与前面提到的钉子实验相似，也是每个句子都会提到一个物体，其中暗含一种外形，被试先读一个句子，再来判断句子里是否提到某个物体。这个实验的结果就跟位置实验一样，当句子暗含的物体外形与图片显示的物体外形一致时，被试确认图片里的情形也出现在句子里的速度就更快。换句话说，如果一个句子暗示一个物体有某种特定的外形，我们就会在构建这一物体的心理表征之际带上这种隐含外形，就像我们会同时想象出物体的隐含位置一样。

这两项研究的结果似乎是在暗示：**我们在理解句子时会自动为句中提到的物体构建带有可感知细节的具身模拟**。但想要真正得出这一结论，我们还必须解决关于这一结论的一个合理的疑问：设想你就是上述实验里的被试，你知道你的任务是读一组句子，然后判断接下来出现的图片是否包含前一个句子提到的物体。因为你知道这一要求，所以你可能会有意识地构建关于你读到的这些物体的心理意象，而这可能跟你在真实世界里处理语言时的做法有相当大的区别。也就是说，这一结果可能与实验任务的要求有关，而这些要求与你日常使用语言时面对的要求并不一样。

扎瓦恩和他的学生们针对这一问题做了一个跟进实验，采用的句子同样拿物体的外形做文章（就跟前面提到的关于"鹰"的句子一样），但任务稍微有所调整。[5]这一次，被试要判断的不是图片里是否出现了前一个句子提到的物体，而只是在看见每一个物体的时候说出这个物体的名字，就这么简单。这就意味着，对于被试而言，不需要再关注句子与图片之间是否存在明显的关系，因此，读到句子以后构建详尽的具身模拟这一做法，对他们完成新任务而言变得毫无用处。没想到，尽管如此，结果还是一样：被试在图片显示的物体外形与前面句子所提到的外形相符时，能够更快地说出物体的名字。这就证明：我们就是会心理模拟物体的视觉细节，哪怕实验任务并没有引导我们这么做也一样。看起来，人们在理解语言时会很自然地为自己读到或听到的事物构建具身模拟。

有可能出现在我们的具身模拟中的物体属性，并不仅限于指向和外形这两项。我们在现实世界里感知物体，很大程度上是通过它们的颜色来感知的。那么，我们在理解语言之际构建的具身模拟是黑白的还是彩色的？这个问题的答案乍一看似乎应该非常明显：当你想象一顶黄色的卡车司机帽，你的脑海中就会浮现出类似黄色的主观体验，看上去就像你在现实世界里见过的黄色一样。但事实表明：颜色其实是相对靠不住的一项视觉属性，无论对辨识或想象来说都一样。婴儿在一岁以前无法通过颜色来分辨物体，比他们能用外形分辨物体要晚得多。[6] 并且，即使掌握了通过颜色来对物体进行分辨的能力，我们作为成年人，对颜色的记忆从准确性来说也跟我们对外形的记忆有很大的差距[7]。与觉察外形或指向的变化相比，要想觉察颜色的变化，我们必须看得更仔细才能做到。[8]

不过，尽管有这样或那样的不利因素，颜色依然有机会"潜入"我们所做的具身模拟中，哪怕只是稍纵即逝。一项关于颜色的研究采用了句子－图片匹配法。[9] 被试先读一个隐含物体具有某种特定颜色的句子，例如，"约翰看了一眼盘子里的牛排"，这句话就暗示牛排是熟的，因此应该呈现棕色；而对于另一个句子，"约翰看了一眼屠夫屋里的牛排"，则暗示这牛排是生的，因此应该是红色的。在关键的测试里，被试接下来就会看到带有相同物体的一张图片，其颜色可能符合或不符合句子里暗含的颜色。这就是说，图片中的牛排可能是红色的，也可能是棕色的。与前面的实验一样，这种做法再次制造了一种相互影响。令人感到奇怪的是，实验的结果却变成：如果句子和图片的颜色相符，被试的反应反而变慢了，这跟前面只要外形和指向相符就会出现较快反应的情形截然相反。至于为什么会出现相反的结果，一个解释是：也许，我们在处理句子时，只会短暂地对颜色进行心理模拟，然后就压制颜色而专注于表征外形和位置，这就可能导致，接下来出现的图片假如颜色与句子相符反而会让我们的反应变慢。必须指出的是：这一效应并不意味着我们不会模拟颜色。如果假设上述效应并不存在，即对于包含不同颜色的图片，不管前一个句子是什么内容，被试的反应从时间来看没有任何差别，那我们倒是可以做出这样一个推论。尽管存在这些复杂性，这项研究还是证明：当一个句子提到一个物体时，我们就会心理模拟这一物体的颜色，哪怕只是非常短暂的那么一下。

所有这些研究指向同一个结论：**每当听说或读到关于物体的句子时，我们就会开始在脑海里心理模拟这些物体。**回到我们最初讨论的问题：如果你克制不住自己，而非要在不让你想象一只大象的时候想起一只大象，那不是你的错，因为这只是理解语言的一个自发的过程。

屋里那只大象

我们一直在探讨的视觉属性，比如一个物体的指向、外形和颜色，全是大脑在"什么"路径上要考虑的属性。但我们常常也会用在某一特定位置或向某一特定方向移动来描述物体。比如，有人对你说，"有一只大象在房间里"，你会不会在自己脑海中模拟大象的模样以及它的位置？所以，一个更宽泛的问题在于，我们在对某一物体进行具身模拟时，是否也会同时模拟该物体的位置和运动状态？这是两个要用"哪里"路径来计算的特征。

我们先看最简单的情形。物体往往会出现在特定的位置，比如，正常情况下，青草应该在你脚下，天花板应该在你头顶，因此，在你听说代表这些物体的词时，你知道在什么地方可以找到它们。一个小水坑、一朵云、一个只容一人进出的检修孔盖子，都有公认的位置（依次为：下、上、下）。于是，我们应该思考的是，提到诸如这些物体的语言会不会在我们的视觉系统中调用"哪里"路径？

我们在实验室做了一项研究来探讨这一问题，基于前一章介绍的派基效应——我们在想象物体的同时很难感知出现在眼前同一位置的物体。在我们的研究里，我们给被试听一些预先录制好的简单句子，比如"天空暗下来"或"草叶闪着光"。[10] 这些句子的特点在于其中的名词是一个带有公认位置信息的物体（比如"天空"或"草叶"），而动词（比如"暗下来"或"闪着光"）并不包含任何提示名词所指代物体的位置或运动的信息。就在被试听见每一个句子之后不久（只隔了 0.2 秒），他们就会在电脑屏幕上看见一个形状，可能是一个圆形，也可能是一个正方形，他们必须判断自己看见的到底是圆形还是正方形，然后尽快按下对应的按钮来反馈他们的答案。这个形状本身也只在屏幕上持续 0.2 秒，因此，这项任务的难度相当高。虽然被试以为我们感兴趣的是圆形和正方形这些外形特征，但其实我们准备操纵的细节是外形的另一个特征，即它们出现在屏幕上的方位。在我们着重考察的句子里，外形可能出现在屏幕上半部分，也可能出现在下半部分，但永远是水平居中。我们想要探究的是：当我们的大脑开始处理一个句子，而这个句子描述的是公认位于上方的物体（比如"天空"或"云朵"）时，我们感知位于屏幕上半部分的物体的速度会不会受到影响，以及，与之相反，如果句子描述的是一个公认位于较低方位的物体（比如"草叶"或"小水坑"），会不会影响我们看出位于屏幕下半部分的物体的速度。

实验的结果出人意料。当人们从句子里听到的物体与随后出现的外形恰好在同一方位时，人们明显要花更长的时间（多花费约 30 毫秒[①]），才能分辨那到底是圆形还是正方形。你可能觉得这跟直觉相反：为什么听完一个描述位于视野上半部分的物体的句子，我们就要用更长时间，才能辨别同样出现在屏幕上半部分的物体究竟是圆形还是正方形？既然两者在相同的方位，难道不是应该更快看出来吗？事实上答案就是否定的。回想一下我们是怎么做视觉模拟的，我们用的恰恰就是大脑中负责视觉的区域。当你心理模拟正常情况下会出现在你头顶的物体时，你就会用到视觉系统里专门负责头顶视野的区域，而你不能用大脑同一区域同时做两件不同的事情，也就是说，要用表征空间某个特定区域的同一组神经元，来同时模拟一朵云以及辨认眼前出现的处于上方的物体究竟是圆形还是正方形，这难度相当大。我们的这项研究表明：派基效应不仅在人们按具体要求去想象物体时起作用，就像派基最初的研究已经证明的那样，这一效应还会出现在人们只是听见描述物体的语言之际。这项研究还证明：人们在听到语言时激活的具身模拟，会将这些物体呈现在它们公认的方位上。

这时，你可能会提出异议：即使这对具有公认方位的物体确实行之有

[①] 1 秒 =1 000 毫秒。——编者注

效,但还有许多物体是会四处移动的,并不存在公认的方位,这一结论仍然奏效吗?例如,我们就不太清楚,一头驴通常应该出现在哪里,类似的还有玻璃杯、石头、烟斗等。但是,如果我们在句子里用到这些名词的时候带上指示方向的动词,比如"攀登"或"落下",读者就能推断出这些物体最终会出现在的具体位置。这就让我们想到一个问题:听到类似"玻璃杯掉下来"这样一个句子,会不会让人们心理模拟这一物体出现在自己想象的视野的下半部分?与此相仿,听到"一头驴在攀登"这样的句子,人们会不会把对其的心理意象定格在视野的上半部分?

我们做了另一个实验来研究这个问题。[11] 这一次,我们继续给被试听预先录制好的句子,但其中的名词(比如"驴"或"玻璃杯")并不天然带有上或下的公认位置,而是由动词(比如"攀登"或"落下")来暗示一个方位。我们预测,如果这些句子里的动词可以让被试在脑海里模拟出这些物体的方位,哪怕这些物体没有公认的方位,那么我们也应该能够看到相同的派基效应。也就是说,我们预测,如果一个物体出现的方位,跟被试刚刚听到的句子描述的物体所处的方位一致,那么,他们就要花更长时间才能分辨那个物体到底是圆形还是正方形。这恰恰就是我们得到的实验结果:当句子描述的物体与需要分辨外形的物体在同一方位时,被试的反应时间就会出现显著的延迟,慢了大约40毫秒。这表明:当我们听到一个并不具有公认方位的物体时,我们依然会就其方位做具身模拟,这个方位是通过动态地将句子里的所有片段组合起来获得的。

关于语言如何促使我们进行视觉模拟,一些最激动人心的证据来自眼动追踪研究——一种数据收集技术,借助高速摄影机外加专业数据分析软件,监测被试在完成某项任务时具体在朝哪里看。[12] 通过眼睛的运动来测量被试到底在想些什么,这一做法的主要好处在于:不管你是怎么想的,眼睛的运动在多数情况下是不受意识控制的。事实上,我们对自己的眼睛运动的直觉常常很不准确。比如,你觉得在你读这一页文字的时候,你的眼睛是怎么移动的？许多人相信自己的眼睛是跟着文字一行一行接着看下去，但是，早在18世纪时研究者就已经发现，当我们阅读的时候，还有在做几乎所有事情的时候，我们的眼睛其实在做跳跃式的运动，或称扫视，而且跳个没完。在我们醒着的多数时间，我们的眼睛一直在从一个不动点跳到另一个不动点，速度可以高达每秒跳过十几个点，这主要取决于我们所关注的出现在我们身边的有趣的事物是什么。眼睛的移动不仅不受我们主观意识的控制，而且根本就是无法被意识控制，因为有太多的运动发生在太短的时间，而且运动的幅度也太小。这就导致，由于眼睛的运动在多数时候是无目的的，而且与注意力方向是如此紧密相关，因此眼动追踪就能在很大程度上帮助我们了解视觉系统到底在做什么。关于语言，眼动追踪可以回答的最明显问题就是：与我们感知现实世界的真实事物相比，当我们在理解关于空间描述的句子时，视觉系统要做的事情是不是一样的？

认知科学家迈克尔·斯派维（Michael Spivey）借助一个应用了机智的迷惑性设计的实验，率先试图解答这个问题。[13] 斯派维必须克服的难点在于：尽管自然的眼睛运动不受意识的控制，但由于被试知道自己的眼睛正受到监测，因而变得小心谨慎起来，这还是会对眼睛的运动产生一定的影响。因此，为确保被试不去猜想实验的目的，避免他们有意识地影响自己眼睛的运动，斯派维请被试参加了一项假实验：在这项实验里，被试被告知要按指令在桌面移动一些物体，这时研究者会用一台眼动追踪仪跟踪他们的视线。然后，在实验的"休息时间"，被试调转椅子，改为面向一个白色屏幕而坐，此时研究者会告诉被试，眼动追踪设备已经关闭，接下来他们要听两个小故事。被试不知道的是：真正的实验现在才开始。[14] 就在他们开始听故事的时候，他们的眼睛运动实际上正被记录下来。同时，在这些故事里描述的画面，假如你是在真实世界看到，就必然会包括朝某个方向扫视过去的动作。这个实验的一个基准故事并不包含任何运动，相比之下，其他故事则有可能涉及向上、向下、向左或向右的眼睛运动。例如，对比下面列出的向上和向下的两个故事。

向上的故事：

想象你正站在一栋 40 层高的公寓楼对面，中间隔了一条街。楼底下有一个穿着一身蓝衣服的门卫。在 10 楼，有一个女人正往窗外晾衣服。在 20 楼，两个年轻人站在消防通道里抽烟。在最顶楼，两个人正在尖叫。

向下的故事：

想象你站在一道峡谷的顶部。有几个人正在你对面远处的岩壁上准备用一根绳子滑落到谷底。第一个人刚下降了 3 米就被绳子拉回到岩壁上。她又跳了一次，这一次下降了差不多 4 米。接着，她又跳了一次，又下降 4 米多。然后是最后一跳，2 米多，这时她就在谷底着陆了。

斯派维猜想，如果被试一边听这些故事一边心理模拟上述场景，来理解这些故事，那么，他们就应该按照故事描述的场景来移动自己的目光。也就是说，听到向上的故事时，他们的眼睛应该出现更多的向上移动，听到向下的故事就会导致眼睛更多的向下移动，而这恰恰就是他们从实验中观测到的结果。与其他方向相比，被试的眼睛会更显著地随着故事描述的方向移动。对这一发现的最佳解释就是：当我们在处理或者理解发生在特定方位的故事时，我们会为相关物体构建处于相同方位的具身模拟，我们的视线也会随之被牵引过去。

瑞典的一组研究者做了进一步研究，拓展了这一发现。[15] 他们让被试观看风景画上的物体，并跟踪其看图片时眼睛的运动，接着，研究者拿走图片，请被试轮流描述他们刚才看见了什么，同时继续监测被试眼睛的运动。而且，被试在听别人描述的时候，他们的眼睛运动也会受到监测。结果，研究者发现，当被试听到或说到风景画的某个具体部分时，他们的眼睛也会转向当时这个部分出现的位置，只不过此刻那里早已变成空白的屏幕。研究者感觉这么做仿佛还不够，于是甚至在完全黑暗的环境中重复了这一实验的复述与聆听环节，结果监测到了相同的眼睛运动模式。

若被试听到的是正在运动的物体，又会发生什么情况？我们是否也会构建动态模拟，就好像我们亲眼看见这些物体在空间中运动一样？最早研究这个问题的是丹尼尔·理查森（Daniel Richardson）和他的同事，他们设计了一个派基效应实验，跟前面描述的实验差不多，地点也在康奈尔大学——派基发现派基效应的地方，真是机缘巧合。[16] 在这个实验里，被试先听一组句子，这些句子描述的要么是垂直运动（比如"大力士举起了杠铃"），要么是水平运动（比如"矿工推车"）。然后，他们会看到一个外形，可能是圆形，也可能是正方形，他们的任务是尽快按下与这些外形相对应的按钮，就像前面我们讲过的实验一样。不过，在这个实验里，那个外形出现在显示屏上的位置，不再仅是在上半部分和下半部分之间二选其一，还可能出现在左边或右边。

研究者推测，假如被试要理解句子就必须构建完整运动路径的心理表征，比如从高到低或从左到右，那么，只要后面出现的这个外形沿着相同的轴（上下或左右）出现在显示屏上，他们感知这个外形的速度就会被拖慢。也就是说，"大力士举起了杠铃"这句话会让被试看出外形出现在显示屏上半部分或下半部分的速度变慢，但看出它出现在左边或右边的速度就会更快。相反，"矿工推车"这句话会让被试看出外形出现在左边或右边的速度变慢，而让他们看出外形出现在上半部分或下半部分的速度变快。实验得出的结果恰恰就是这样。

不过，尽管这个结果可能暗示，我们在理解句子时也会心理表征被描述运动的发生路径，但也可能存在其他解释。比如，可能当听到一个描述向上运动的句子时，我们就会心理表征这一路径的一个静态模拟，类似我们会在动画片里看到用来描述运动轨迹的运动线。为了检验我们在语言理解过程中用到的视觉模拟是否确实具有动态性，看看我们是否真的会在脑海中演示自己听到的关于动作的描述，扎瓦恩和他的同事们想到了一个非常聪明的方法。[17]他们让被试听一组句子，这些句子描述了一个球要么正在向观察者移动，要么正在远离观察者，比如"投手把垒球投给你"，反过来就是"你把垒球投向投手"。每听完一个句子，被试会看到两张按顺序呈现的图片，每一张在显示屏上都会停留半秒。在这两张图片上的物体，要么就是和句子中提到的相同（比如一个垒球），要么就是不同的物体（比如一个垒球和一个西瓜），被试要尽快判断，在这两张图片上有没有出现前面句子中提到的物体。研究者真正感兴趣的不是两张图片不同的情形，而是两张图片的内容其实相同的情形，他们在这里做了一点手脚。他们的做法是：第二张图片上的物体跟第一张一样，只不过稍微比第一张放大或缩小了一点。由于这两张图片是一前一后出现的，于是，从被试的角度来看就会形成一种错觉：好像画面上的物体正在靠近自己（如果第二张图片变大），或远离自己（如果第二张图片变小）。研究者推测，如果我们听到的句子描述了正在靠近或远离我们的物体，而我们为理解这个句子又要先给这一运动做动态的具身模拟，那么，这种模拟应该可以让我们更快认出看上去正向同一方向运动的物体。实验结果恰恰就是这样，尽管被试在两种情形下反应时间的差别很小，平均只有21毫秒，但这已经足够显著，且与预测的方向完全相符：当画面上那个球的"运动"（其实源于错觉）与句子描述的运动一致时，被试会有更敏捷的反应。

我们在理解语言的过程中运用"哪里"路径，可以确保当我们想到一只大象的时候，我们不仅可以模拟出它的外貌，还能模拟出它在哪里、正在做什么。更宽泛地说，对意义的理解，看来至少有一部分发生在脑海的心智之眼中。

宛若身临其境

人们在理解字词时产生的这些视觉体验，究竟是怎样完美地组合到一处的？我们可以想到几种不同的可能性。

- 第一，我们在心理层面模拟的事物，比如前面提过的钉子、牛排或大象，是我们通过上帝视角看到的。这是有可能的，因为我们知道，视觉系统存在一些与视角毫无关系的神经元——视角独立神经元（viewpoint-invariant neurons），它们对特定物体的感知并不基于任何特定的视角。[18] 也许这才是我们用于理解语言的那部分视觉系统。也许对于我们看见的那枚钉子，我们脑海中的心智之眼看到的是其全貌，并不仅仅局限于当时朝向我们的那一面。

- 第二，也许我们构建的具身模拟，实际上的确采取了一种特定的视角，而并不会依据句子所描述的特定细节。众所周知，我们通常会从所谓的典型视角（canonical perspective）启动对物体的心理表征，而我们启动的具身模拟，可能说到底就是将我们对每个物体从各自的典型视角所见按顺序连接起来。

- 第三，还有一个更激进的可能性：如果理解语言在一定程度上就跟亲临现场体验句子所描述的事件差不多，会发生什么？若是这样，你应该是从一个特定的视角看见这些物体和事件，而这个特定的视角取决于句子的细节和上下文。这一视角也被称为沉浸式体验者（immersed experiencer）视角。

这些可能性哪一个是正确的呢？你可能认为沉浸式体验者视角更有道理，持这种观点的人不在少数。事实上，这种观点得到了一批研究者的支持，只不过他们的支持有时候比较隐晦。[19] 但问题是，全部这三种可能性（上帝视角、典型视角以及沉浸式体验者视角），可以说都能从我们到目前为止提及的研究中找到一些佐证。因此，不管我们认为哪一种观点看上去更合理一些，我们都必须先找到一个方法，并基于实践经验证明其正确性。方法就是：就我们可能收集到的新观察，研究由这三种可能性推出的预测有什么区别。

第一个要迎接考验的观点就是：我们在做具身模拟时采用的是视角独立的上帝视角。从原则上看，这是有可能的，但有大量的证据显示，字词是从一个特定的主导视角引发具身模拟的，这跟视角独立的观点构成矛盾。以之前让你不要想象的那只大象为例，在你的想象里，你当然不是从任意角度来看它的，比如从它的下面、后面或上面，几乎可以肯定你是从它的一侧或与它迎面相对，又或是在这两个位置之间的某个位置来看的。除了特定的角度，你可能还会从一个特定的距离来看这头大象，不会近到能看清楚它身上的汗毛，也不会远到分不清那是一堆轮胎还是其他什么东西，相反，你会想象自己站在可以看见这头大象全貌的位置上。角度和距离构成了视角，我们就是从这个特定的视角去看一个真实的物体，或是模拟一个我们听到的物体的。有许多证据表明，我们在对一个字词做出反应的时候，往往是从一些视角里选择一个来构建具身模拟的。一些早期的研究者曾让被试描述他们在脑海里就给定的字词构建的可以自主调用的心理意象。[20]毫无意外，就像你一定也会做的那样，被试表示他们的心理意象往往有一个特定的视角，这最终在文献里被命名为"典型视角"，就像你对那只大象构建的心理意象那样。但我们现在已经知道，类似这样的自我陈述因刻意而变得不可靠，我们在实验的过程中应该避免直接请被试回想之前在他们脑海中浮现的画面。然而，值得庆幸的是，关于人们倾向于从某个特定的典型视角心理表征物体这一发现，多次得到后续深入研究的证实，而这些研究采用了一些更客观的测量方法。[21]

我们可以多花一点时间来讨论典型视角，因为这一理论的确很有意思。只要我们更仔细地分析典型视角的相关研究就会发现，指代物体的单词，比如"大象""茶杯""橄榄球头盔"，可以在人们的脑海中激发仿佛从特定视角看见的心理表征，这是显而易见的，但为什么人们会对不同物体采用不同的典型视角呢？若要回答这问题就变得相当困难，可能存在一系列潜在的影响因素，以下是两种可能。

- 你可能会采用一个更常用的视角。[22]比如，跟大象打交道的时候，你可能常常出现在它们的两侧或前方，而不是它们的下方或背上。

- 另一个因素是哪个视角能够带来更多信息。[23] 如果你从某个非典型视角想象一个茶杯，可能会导致你看不到茶杯的把手，或是看不出茶杯究竟是什么形状。于是，你可能倾向于采用能够看到茶杯把手的视角，因为这样能获得关于这个杯子的重要信息。

究竟是什么导致人们倾向于采取特定的典型视角？人与人之间的差异又是如何形成的？这些问题直到现在仍然存在争议，但尽管这样，所有这些研究工作都暗示了，只要听说或读到指代物体的单词，我们就会通过一个特定的视角心理模拟这些物体。以上这些都是足以反驳我们在做心理表征时可能采用视点独立的上帝视角的证据。

于是我们只剩下两种可能性。我们知道，当我们在听或看单词的时候，我们都会在脑海里从一个特定视角去模拟那些相关物体。如果遇到类似一句话、一个段落，甚至书的一个章节这样一些篇幅较长、内在联系更紧密的语言内容，我们在尝试对其进行理解的时候，会不会也让自己沉浸于其中的场景，在那儿用心智之眼从某个视角打量那些事物，就好像是在真实世界亲身遇见它们一样？又或是，当需要对较长的语句构建具身模拟时，就会有一组数目有限的典型视角画面，在我们的脑海中一个接一个地冒出来？值得庆幸的是，从这两种观点可以得出一些不太一样的推论，而且我们有办法对其进行检验。

先说一个例子：根据沉浸式体验者视角的观点，我们在理解语言时，会模拟语言描述的场景可能带来怎样的体验。如果这种观点是正确的，那么我们应该可以观察到，当被试要理解的语句中的主人公正从一个不同的视角经历当时的情形，这时候，被试也会改变自己的视角。打个比方，通过这种观点我们可以预测，当你听说"抓住大象的尾巴"以及"骑在大象的背上"这两句话时，你就会采用不同的视角在脑海中打量这头大象，而这种视角上的差别，应该可以形成不同的具身模拟，且它们之间的差异是可衡量的。与此相反，如果我们只用典型视角去想象这些物体，那么，句子的上下文应该不会对我们想象时采用的特定视角产生影响。

意大利心理学家安娜·博吉（Anna Borghi）和她的同事们对这个问题进行了研究，做法是让被试看一些描述某一物体的句子，这些句子中暗含了可能是从物体内部或外部视角进行观察的信息。[24] 例如，"你在开车"这句话就暗示你当时正在车里，而"你在洗车"就表明你站在车外面。被试看完一个句子，就会看到一个表示车里或车外某个部件的词语，比如车内的"方向盘"或"油门踏板"，以及车外的"轮胎"或"天线"。被试的任务就是尽快辨别这个词组描述的东西是不是之前看过的那个物体的一个部件，比如，方向盘或天线是不是一辆车的部件（见图3-4）。结果显示：如果句子里暗含的视角与那个部件所处的位置相符，那么被试的反应就会更快一些。也就是说，如果先看到的句子是"你在开车"，那么被试确认方向盘是汽车的一个部件的速度就会变快，而确认轮胎是汽车的一个部件的速度就会变慢；如果看到的句子是"你在洗车"，结果就会相反。我们可以从中得出什么结论？语言看上去确实会影响我们在脑海中进行心理模拟时所采用的具体视角。这就意味着，更普遍而言，我们在读到一个句子时，会把自己沉浸到我们对句子描述的场景构建的具身模拟里去。

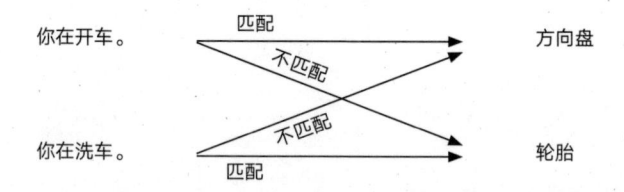

图3-4 探究语言隐含的视角是否会影响读者做具身模拟时采用的视角的实验

关于沉浸式体验者视角，还有第二个可检验的含义：当你在真实世界看见一个事件时，你要用到自己的视觉系统，而这个系统其实是有局限性的，并不总能完美地捕捉当时的场景。各种各样的影响因素，比如雨、起雾的玻璃以及模糊的视线等，都有可能影响物体的清晰度。如果我们为了体验句子所描述的事件，确实要把自己沉浸到虚拟模拟中去，那么，我们应该也会相应地把模拟中的物体按照当时的情况表示为更清晰或不那么清晰，并且这种差别是可衡量的。同时，一个物体看上去有多清晰，应该取决于观测者在体验真实场景时感受到的该物体的清晰度。

美国佛罗里达州的研究者用一种聪明的方法对这一预测进行了验证。[25] 他们给被试看一些句子，内容是人们通过一个闭塞或透明的媒介来观察某个事物。比如，对比以下这两句话，"戴着清晰护目镜的滑雪者很容易就看出那是驼鹿"和"戴着起雾护目镜的滑雪者几乎看不出那是驼鹿"。接下来，被试会看到一张图片，上面有一个东西，在实验人员重点关注的测试里，这恰恰就是前面句子提到的事物，以前面两句话为例，这个事物就是驼鹿，被试的任务是确认图片中的东西有没有出现在句子里。重点在于，图片上出现的驼鹿可能是高清的，也可能是模糊的（见图3-5）。令人感到意外的是，研究者发现：当图片清晰度与句子描述的清晰度相符时，被试的反应更快。这一证据强有力地证明了我们在模拟假如当时在现场会有怎样的体验，因为，除非我们想象自己也戴着滑雪者的护目镜，不然，滑雪者的护目镜起雾就不会影响我们一眼看出那是驼鹿。然而，被试的反应偏偏就像他们也看不清那只驼鹿似的，只因他们从句子里听说有人很难看清那只驼鹿。

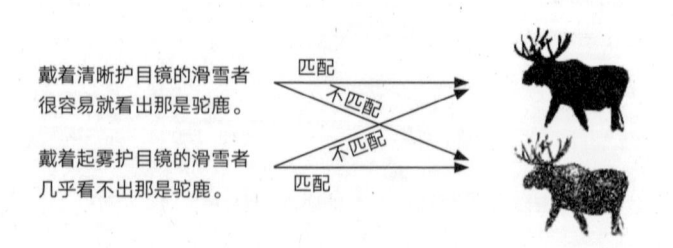

图 3-5　证明我们所做的具身模拟会相当精准地根据语言内容进行调整的实验

后来的另一项研究也得出了同样的实验证据。在这一研究中，被试需要先读一些故事，这些故事与前文提到的涉及高清或模糊事物的句子相仿，描述一个人看见一些事物，可能是清晰的，也可能是模糊的，[26] 看完故事后，被试就会被问到故事里是否提到这些事物。结果显示，他们在故事提到事物是清晰的时候反应最快，如果事物在故事里是模糊的，他们的反应也会变慢。这就再次证明：**当我们听说或看见描述事物的语言时，我们就会心理模拟这些事物，并且用的是身临其境的"现场视角"，而不是上帝视角，也不是典型视角。**

近来还有研究甚至进一步证明，我们对事物的想象，还会根据句子提到的对事物观察距离的不同而发生变化。这是我与研究生博多·温特（Bodo Winter）合作的研究。[27] 视角涉及的因素，除了包括你看这一物体的角度，以及是不是难以看清，还包括物体与你的距离。你可以比较一下，可以近距离仔细观察的物体和看上去小而模糊的处在远方的物体，年纪越大就越能体会这种感觉。于是，假如沉浸式体验者视角一说是对的，那么，当一个句子描述的物体是从更远的距离看过去的，你就会透过自己脑海中的心智之眼看到那个物体是小而模糊的，这会与句子描述近距离物体引发的想象形成鲜明对比。我们的论证方法跟前面提到的研究差不多。先让被试看一个句子，如图3-6所示，句子提到的物体要么靠近观察者，要么远离观察者，图中的例子说的是高尔夫球，但还可以举其他例子，比如斧头或绵羊。接着，被试会看到一张图片，上面可能有句子提到的事物，也可能没有。我们只对其中一种情况感兴趣，那就是句子提到的事物与图片中的相同，但这事物可能是以清晰的大图形式出现，也可能是模糊的小图，这时被试会有什么样的反应。就像之前的研究一样，我们也发现，被试在句子关于清晰度的描述与图片清晰度相符时反应更快，如果不相符，其反应就会更慢。如果句子提到远方事物，而该事物在图片上也较小，被试的反应更快；如果句子提到事物近在眼前，而该事物在图片上也较大，被试的反应也会更快，比清晰度不相符的情形都快了50毫秒，这就证明，当我们试图理解的句子提到可能处于眼前或远方的事物时，我们就会在脑海中模拟这个事物，使它具有的视觉特征与句子描述的距离相符。

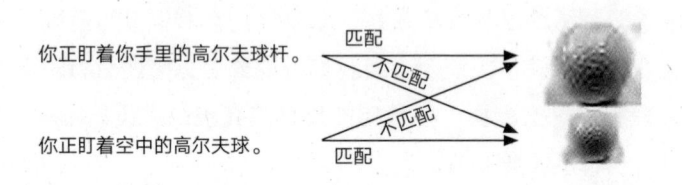

图 3-6　除了角度、清晰度，距离也是影响我们所做的具身模拟的一大因素

扎瓦恩在第一次描述自己的沉浸式体验者观点时曾雄辩地说："所谓理解，就是对被描述的事物进行间接体验，做法是对语言输入中暗示的实际体验的线索进行整合与排序。"[28]

事实证明，我们并不仅仅是从一个给定的视角进行可视化模拟的。接下来的第 4 章就要谈到，事物在我们脑海中的心智之眼看起来如何，这只不过是对意义理解的整个过程的开端而已。

LOUDER THAN WORDS

04

超越巅峰

多模态视角，
超越沉浸式体验者视角

04 超越巅峰

如果你和我一样，那你在掰手腕方面的表现估计是不堪回首，只能在弱小或不谙世事的对手面前有机会占点儿上风。对我来说部分原因在于，多数人的胳膊都挺匀称的，而我却瘦成了冰棍儿。但如果你和我一样，而且这个弱点让你非常苦恼，别害怕，因为，若想在掰手腕比赛中取胜，长成大力水手那样孔武有力并不是唯一的方式。就跟其他体育项目一样，技巧跟体力几乎同等重要。有一个特别恰当的例子，那就是电影《飞越巅峰》(*Over the Top*)——电影史上毫无争议的掰手腕第一大片，其中，西尔威斯特·史泰龙（Sylvester Stallone）对掰手腕技巧的诠释让人看得心潮澎湃。在这部电影中，史泰龙扮演的是一个名叫林肯·霍克（Lincoln Hawk）的卡车司机，他决定参加掰手腕比赛有一个崇高的目的，那就是要赢回被他抛弃的儿子的尊敬。可以预见，霍克的比赛之路漫长而又充满各种看上去难以克服的障碍，但他最终成功了，因为他有一整套特别的技巧。如果你刚好想通过掰手腕与你那开始有点疏远的孩子改善关系，那么，你可以从史泰龙身上学到一些绝招。

首先，将胳膊肘向前伸，朝向你的对手，这么做能让你的前臂伸得更直，这样一来你的手就会高出对手一点点，你就能因此获得杠杆优势。接着，在你伸手去握对方的手时，比你通常习惯的位置再提高一点点，不要用你的大拇指环绕对方手掌根部，而要顺势将你的手沿着对方的手尽量再往上一点，把对方的大拇指抓在手里。当你真正开始掰手腕时，你要借助杠杆优势，将手腕向自己这边掰，这会让对方的手向后翻，从而带给你更大的杠杆优势，这样你就应该有机会战胜比你强壮的对手了。当然了，艺术源自生活，在你这么做的时候，就像电影一样，你也能打破横亘于你和你那疏远的小孩之间的所有障碍。

说起来掰手腕就这么一点儿小诀窍。但是，让我们停下来回顾一下你刚刚都做了些什么：你先读了大概几百字的内容，然后根据这些字句创建了新的知识，就是那种日后若有需要立马就能付诸实践的知识。如果你能客观看待，就会赞同这其实是一项相当了不起的成就。像这样从一本书上看到一些由各种笔画组成的字句，就能解读出其描述的是你从未做过、甚至可能从未见过的动作，并且将其转化为自己的行动计划，以备日后也能如此调动自己的肌肉完成这些动作。这种能力是人类独有的，在其他任何物种身上都看不到。也许在你看来，这种能力没什么大不了的，毕竟你经常这么做。看到一段关于如何将自己的身体摆成一个新的瑜伽姿势的说明，比如"倒立莲花"；或是收到公司发来的备忘录，提醒你搬起一箱图书的最佳方式，只要照办就不容易导致背部拉伤，在这些时候，你就用到了这种能力。不过，有个方法可以帮助你理解我们这种能力的神奇之处，设想一下，如果让你设计一个生物系统去做你刚才所做的这一切，就是将看到的字句转化为相应的动作，你打算怎么做？

这是一个重要问题，原因在于，事实上，无论我们说或写，其中大量的内容都跟我们人类在这个世界上的真实行为有关。有时它们是以指令的形式出现的，比如，什么时候应该踩下离合器踏板；或者，伤口结痂以后应避免抓挠以免留下疤痕；还有，当你准备雕刻一个南瓜灯时，应该把衣袖卷到多高才能避免弄脏。我们还会描述自己做过或见过的事情，比如，自己在车库里是如何因为不小心踩到一个滑板而摔跤的；或者，在对阵洛杉矶湖人队的比赛中，篮球明星 J 博士①是如何以令人瞠目结舌的方式成功突破到篮下而上篮得分的。

我们是如何理解听到或看到的字词和句子，并将其转化为关于动作的想法的，哪怕我们此前从未做过或见过这些动作？更有意思的是，我们是如何将其转化为指引我们调动自己的身体来完成这些动作的指令的？关于动作的描述常常不得不舍去大量的细节，我们是如何通过推理进行补充，从而意识到自己若要完成这些动作大概应该怎么做？举个例子，在看到前面关于掰手腕诀窍的描写时，你可能会推理出以下细节：当你将自己的胳膊肘伸向对手，你首先得确保胳膊肘不能离开桌面；同时，你的身体要向前倾一点，不然你就会由于胳膊跟身体拉开了距离而使不上劲儿。还有，你能推理出：当你用手翻转对方的手时，你要将自己的手扭转过来，变成手掌向下。在这些细节并没有被提及的情况下，你是怎么知道所有这一切的？

看到这里我相信你很容易猜到，简短的解释就是：我们可以通过对这些动作进行运动模拟来理解描述肢体动作的语言，这个过程用到的就是在实际做这些动作时负责协调和执行的大脑系统。所以，我们有必要进一步了解大脑是如何表征动作的。这一次，我们可以从猴子身上找一找线索。

镜像神经元，猴子的"做"与"见"

20 世纪八九十年代，意大利帕尔马大学的神经科学家研究了猴子大脑内部的神经元是如何控制猴子的身体行动的。他们在猴子的大脑中插入电极，对准运动区域的个别神经元，然后，在猴子做不同的动作时测量每个神

---

① J 博士指的是美国篮球明星朱利叶斯·欧文（Julius Erving）。欧文于 1971 年加入美国篮球协会（ABA），司职小前锋。1976 年，随着 ABA 并入美国职业篮球联赛（NBA），欧文加盟费城 76 人队，是扣篮艺术化的开创者之一。——编者注

经元产生的电活动。他们观察到的第一件事虽算不上特别出人意料，但很有意思：猴子的大脑内部包含仅会针对特定的动作而激活的神经元。有的神经元专门负责完成所谓的"精确抓握"，比如在你试图拿起一个回形针时，你要将拇指压在其他手指的指尖上；也有一些神经元专门负责完成"用力抓握"，比如握紧锤子的手柄或是在掰手腕时握紧对手的手。我之所以认为这没什么值得大惊小怪的，是因为我们都知道猴子能够从一系列不同的动作中进行选择，而且，因为运动系统就是负责控制这些动作的，所以必然存在截然不同的方式分别用于表示这每一个动作。

有一个更加引人注目且出乎意料的发现，也是被一些神经科学家称为过去几十年来最重要的发现[1]：在这些神经元中，有一些专门负责对特定物体做特定动作，但是这些神经元不仅会在猴子做动作时被激活，还会在猴子看别的猴子做相同的动作时被激活。[2] 换句话说，假如现场有一位科学家伸手准备拿起一个回形针，那么，猴子大脑中负责控制抓握回形针这个动作的神经元也会跟着活跃起来，但负责抓握锤子手柄的神经元就不会。如果猴子看到的是科学家拿起锤子而不是回形针，情况也是类似的（见图 4-1）。

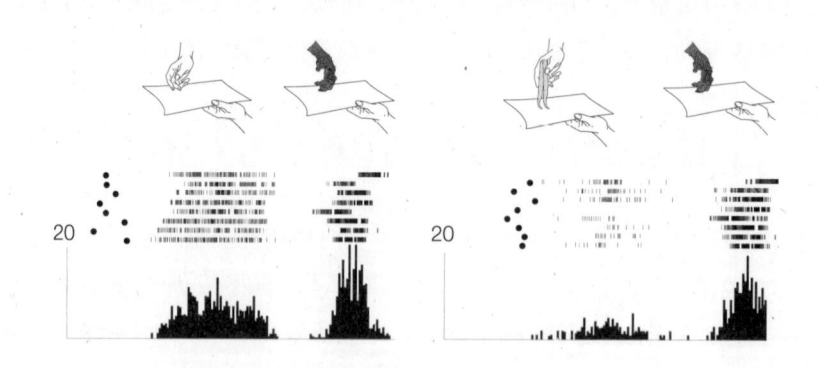

图 4-1 在看到不同动作时，猴子大脑中神经元活动分布图

图 4-1 上半部分是实验的情形，分为三种：第一种是实验者拿起食物，第二种是猴子拿起食物，第三种是实验者改用钳子拿起食物。这第三种情形

的目的是要确保猴子的神经元被激活并非仅仅由于有人动了食物。在这些画面下方，你会看到相应的图，对实验关注的神经元每一次活跃的强度做了记录，图中用细小的垂直线表示，看上去就像这样：|, ||, |||。横轴表示时间，于是你可以从动作开始之际（图左侧中间那个圆点处）看到神经元在什么时候被激发。图的下方是一个条形图，归纳了同一个神经元对上面描述的动作的重复过程会有什么样的反应。你会看到，这个特定的镜像神经元最强烈的激发集中在猴子自己拿食物时；改为实验者拿食物之后，这个神经元的激发强度有所降低，但还是处于很显著的水平；等到实验者改用钳子拿食物后，这个神经元就变得几乎无动于衷了。

镜像神经元之所以得名，是因为它们看上去会对具体动作的实施与观察一概进行编码。关于镜像神经元的这一发现，可谓激动人心。其中最重要的一个理由是：这些镜像的大脑结构提供了一个令人兴奋的可能解释，关于我们的猕猴近亲以及人类自身是如何辨别、预测和理解他人的肢体动作的。假如辨认他人的动作也要牵动我们用于完成相同动作的同一套大脑结构中的一些组成部分，我们就能将自己拥有的专门负责动作的神经机制，也就是用于预测动作的结果、规划动作的目标等的机制，全面用于分析和推理我们看见的动作，就跟我们亲身去做这些动作时大脑会做的一样。

目前，大多数认知神经科学家相信这种"表征体系"（representational architecture）也对我们人类起作用。但是，与在猴子身上做实验相比，若要在人类身上记录单个神经元的活动就变得困难重重，因为我们要在人的颅骨上钻孔才能往里放入电极，而以人为研究对象的研究要由研究伦理审查委员会进行规范，他们往往不支持这种做法，因此，我们没有办法得到对人脑镜像神经元的活跃情况的记录。不过，对人来说，我们可以通过大脑成像技术对神经元群进行观察。事实上，大脑成像研究已经显示，在我们做和辨识具体动作时，大脑激活存在重叠的现象。[3] 也就是说，尽管我们无法获得人类单个镜像神经元的直接证据，但却有了关于镜像系统的证据，而这些证据看上去就像我们预期的那样：人类的运动控制系统确实兼任了运动动作感知系统的工作。

镜像神经元及其参与形成的镜像系统，与语言存在以下的相关性：当你感知到别人在做某件事时，你自己的运动系统也会被激活。如果理解语言描述的动作也跟这同一套系统挂钩，那么是否意味着：我们的运动系统不仅用于帮助我们完成动作、感知动作以及思考动作，也用于帮助我们理解语言描述的动作？

兼容与否，运动模拟的取舍

若想验证描述动作的语言是否会调用大脑负责做同样动作的部位，最简单的办法就是让人同时做这两种任务，看两者之间会不会相互影响。这背后的道理，跟我们上一章提到的研究外形与方位的视觉想象的实验是一样的：先让被试看或听一个描写了一种特定类型动作的句子，比如"有人向外伸出手去"，再让被试做完全一致的动作或完全不相干的动作，比如将手向身体收拢，那么，被试做相同（或称兼容）的动作应该比做不同（不兼容）的动作来得更快。

我们用一个示例来对此进行说明。假设你面前有一台计算机，还有一字排开的三个按钮，如图4-2所示。你需要做的是用你的惯用手按住灰色按钮（中），这会让一个句子出现在屏幕上，只要你按住灰色按钮不放手，这个句子就会一直停留在屏幕上，然后你要仔细看这个句子，判断它说得是否合理，如果你觉得合理，你就要用同一只手去按黑色按钮，如果你觉得不合理，就按白色按钮。关键在于，你要将手伸出去才能触到黑色按钮，同理，如果你要按白色按钮，就得先把手往回收。于是，你的反应就表现为一个特定方向的运动，这当然就需要调用一组特定的肌肉才能完成，而这些肌肉是由运动皮层中一组特定的神经元控制的。这个实验真正有意思的设计在于：

你按灰色按钮调出来的句子，有一些描述的是向身体收拢的动作，另一些描述远离身体的动作。比如，你可能会读到"你把小狗递给了凯蒂"这样一个句子，这时，你若要完成句子描述的动作，就必须将手向外伸出去；或者，你会读到"凯蒂把小狗递给了你"这样一个句子，这描述的就是一个向身体收拢的动作。然后，等实验进行到一半，黑色按钮和白色按钮就会调换位置，于是你在这整个实验过程中做出的反应，就会跟句子描述的动作既有处于兼容状态的也有处于不兼容状态的。

图 4-2　动作 - 句子兼容实验示意图

注：被试先按灰色按钮调出一个句子，再按黑色或白色按钮表示这句子合理或不合理。

如果理解描写动作的句子激活了大脑中负责完成这些动作的区域，那么，读一个描写特定动作的句子应该可以使你做一个兼容动作的反应，比做一个不兼容动作的反应更快。举个例子，当你看完"你把小狗递给了凯蒂"这个句子后，你松开灰色按钮去按黑色按钮的速度，就会在黑色按钮离你较远的时候来得更快。但如果我们交换黑色按钮和白色按钮的位置，黑色按钮离你更近了，你对"你把小狗递给了凯蒂"这个句子做出的反应就会变慢，因为这时你需要将手收拢回来，这跟你在心理上模拟的交接小狗的动作是不同的。反之亦然，在你看到"凯蒂把小狗递给了你"这个句子之后，你就要松开灰色按钮去按黑色按钮，若黑色按钮这时离你更近，你就能更快地完成任务，因为这个动作跟句子描述的接收动作具有相似性。

现在已经有十几个关于这一范式的研究，实验中出现的这一效应被称为"动作－句子兼容效应"（action-sentence compatibility effect）。[4]威斯康星大学的亚瑟·格伦伯格与迈克尔·卡沙克（Michael Kaschak）的原创研究表明：不同类型的句子都会产生动作－句子兼容效应，比如像"你把小狗递给了凯蒂"这样的陈述句，以及像"抓住你的鼻子"这样的祈使句。[5]图 4-3 直观地表示了实验结果：当黑色按钮靠近被试时，那么被试对描述收拢动作的句子的反应就会比描述远离动作的句子更快；而当黑色按钮离被试稍远时，结果则相反。

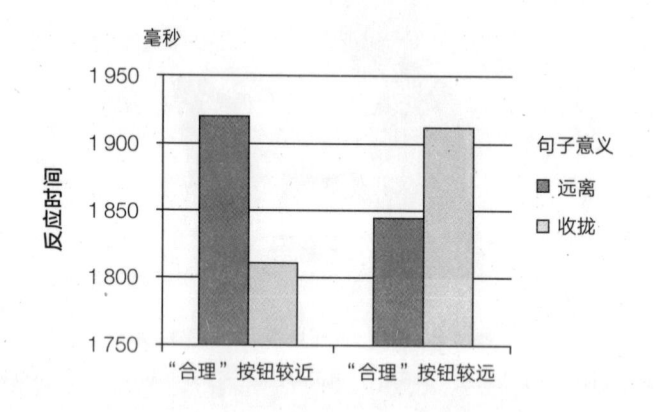

图 4-3 动作－句子兼容效应相关实验结果

类似这样的研究很有影响力，因为它们看上去证明了：我们在理解描写动作的句子时也会用到这些动作的具身模拟。但人们对这些研究的设计产生了一个疑问，具体来说就是：也许，与一个句子形成兼容或不兼容的，并不是按按钮这一动作的方向，而是要按的按钮所处的位置。这就是说，也许这其中存在的不是动作－句子兼容效应，而是"位置－句子兼容效应"（location-sentence compatibility effect）。假如事实果真如此，那么，这些实验证明的就不是我们在理解描写动作的句子时需要用到对该动作的心理表征，而是证明了我们需要用到关于句子描述事物的位置的心理表征。而我们已经从前面章节（第 3 章第 4 节）提到的关于云朵和草叶的实验了解到，我们确实会对事物的位置做心理表征。

针对这一疑问，首先想到这一方法论的研究者做了一个新的实验。实验中没有灰色按钮，只有一个黑色按钮和一个白色按钮，被试的两只手各放在一个按钮上，这样就不存在为了按按钮而不断将自己的手伸出或收拢的情况。假如只有位置这一个因素是重要的，那么，这个实验应该跟前面的实验一样，也会出现兼容效应，即描述向身体收拢动作的句子，被试应该会更快按下更靠近自己的按钮，哪怕他的手已经放在按钮上面，但假如我们之前看到的兼容效应其实源于动作本身，即向外伸出手或向内收回来的动作，那么，当两只手直接放在两个按钮上面，不再需要伸出或收回就能按下按钮时，就不会出现兼容效应。结果正是如此：在被试改为将两只手分别放在两个按钮上之后，研究者没有再检测到兼容效应。因此，我们可以相当有把握地说："产生兼容效应的是动作的方向，而不仅仅是动作结束时所处的位置。"

即使没有这些疑问，你会不会也有点拿不准：以上这些发现是否真能揭示我们人类在一般情况下是如何理解描述动作的语言的？要知道，这项研究一开始用的句子，不仅描述了动作，而且这些动作都涉及"你"，可能是假定你做了一件什么事（比如"你把小狗递给了凯蒂"），或是要求你做的事（比如"抓住你的鼻子"）。所以，从某种程度来说，这些句子看上去很容易让人觉得，读者为理解这句话最有可能做的是运动模拟。那么，我们也会调用自己的运动系统去理解描述他人动作的句子吗？比如，"玛丽戴上了她的耳环"或"弗雷德把一盘餐前小吃递给了客人"。因此，如果要让我们相信，一般情况下我们会用自己的运动系统去理解描述动作的语言，那我们还要证明另一点，那就是描述他人动作的语言同样存在这种动作-句子兼容效应。

事实上，我们确实拿到了证据。[6] 在我的实验室做的实验显示：当被试看完一个描述他人动作的句子后，他自己对兼容动作的反应也会更快。比如，看完"玛丽或弗雷德将手向外伸出去"这个句子，他们自己向外伸手的速度也会相对更快，反过来也一样，描述他人将手收回的句子，能让被试更快地把手收回来。简而言之，在描述动作的语言里，做动作的那个人具体是谁似乎是无关紧要的，只要是描述动作的语言，一般来说都能激发运动模拟。

格拉斯帕龙和其他神奇玩具

我们现在已经知道了，我们会在看到或听到某个动作时模拟自己也在那么做，但是，到目前为止我们还只是在用一种非常粗略的方式看待这个问题，看到人们会模拟自己将手伸出或收回的方向。然而，对于我们知道怎么做的动作，比如拿起回形针和拿起锤子这两种不同的动作，我们的运动系统是可以为这些动作的细节进行编码的。若是语言也很细致地描述动作，会不会激发运动模拟？比如，再次回想类似"玛丽戴上了她的耳环"或"弗雷德把一盘餐前小吃递给了客人们"这样的句子，要想做出这些动作，你需要将自己的手变成与之相符的特定形状。比如，你要用到拇指和食指才能拿起耳环并给自己戴上；在拿食物托盘的时候，你得先张开手掌，掌心朝上，再将托盘托起来。在你理解这些描述动作的语言的过程中，你的运动系统会不会一直模拟这些动作直到最后一个隐含的细节出现，比如，手的形状？

我们就这个问题做了一些研究。我们请被试先看一些句子，想要完成这些句子描述的动作可能需要张开手掌（比如"保罗抱着那个西瓜"）或握起拳头（比如"杰克拿着那颗弹珠"）。接着，被试要按指示做一个与这个动作兼容或不兼容的动作，从逻辑上讲就跟前面提到的探究动作-句子兼容效应的实验所做的一样。因此，要对这些句子做出反应，被试就要在看完句子之后张开手掌去按一个大按钮（与抱着西瓜的动作兼容），或是握起拳头去按一个小按钮（与拿着弹珠的动作兼容）。我们在实验结果中看到了动作-句子兼容效应：被试看到描述兼容手型的句子之后按按钮的速度更快。[7]

但我们后来发现，即使句子没有非常确切地描述任何手部动作，被试在理解这些句子时也会启动自己对特定手型的运动模拟。举个例子，思考类似"年轻的科学家看着玻璃杯"这样一个句子，如果只是单纯看看而已，你根本没有必要用到自己的手。于是问题就变成，理解类似这样一个句子，会不会引发运动系统去模拟我们的手抓住一个玻璃杯？为了找到答案，维多利亚大学的研究者发明了一个尺寸大得有点儿离谱且难以移动的奇妙装置，从外形上看像是来自旧石器时代早期，而他们也恰如其分地参考恐龙（dinosaur）的命名方式将这个奇妙装置命名为"Graspasaurus"（音译为格拉斯帕龙），如图 4-4 所示。研究者请被试先听一些句子，描述的是人们在看一些物体，比如玻璃杯和订书机，然后提示被试去抓格拉斯帕龙装置上的其中一个物体，看被试要用多长时间才能做到。结果再次表明，如果被试要用到的手形与抓住句子里描述的物体要用到的手形（如握住）是兼容的，那么被试的反应就会更快，哪怕实验中的句子根本就没有提到要抓住那些物体。[8] 这就让我们看到了，在我们理解描述物体的语言时，我们是如何动用自己的运动系统，来激活在正常情况下跟这些物体交互的运动路径的。

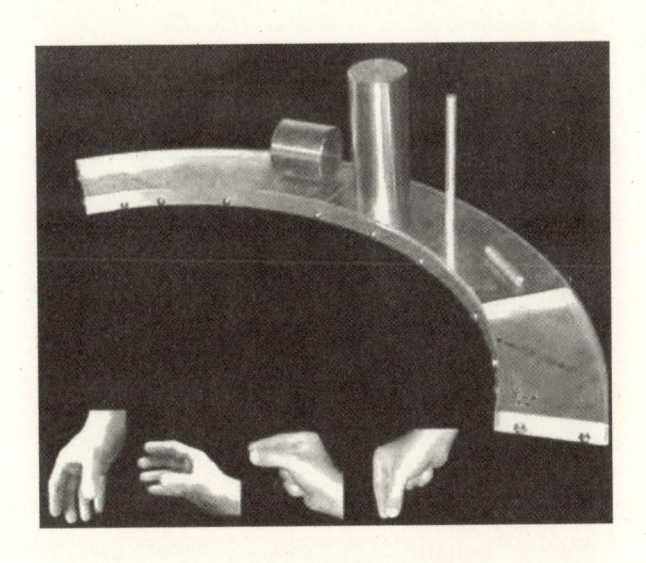

图 4-4　格拉斯帕龙装置及相关实验需要用到的不同手型

我们拥有的关于如何跟物品进行交互的知识，称为物品的"可供性"（affordances）[1]。这项用到格拉斯帕龙装置的研究显示：当我们看到名词"玻璃杯"时，似乎就会激活代表着你可能怎样使用一个玻璃杯的可供性，类似的情况还发生在"腰带""葡萄""盘子"这类名词上。当然了，不同物体的可供性可以说是千差万别的，可能需要不同的动作，但上述这些名词描述的物体，全都是你很容易就能想象大概可以怎样与之交互的类型。

你可能会好奇，如果换一组名词，描述的是不那么容易想象怎么与之交互的物体，比如"云朵""洪水""池塘"，情况会如何呢？这并不是说你想象不到自己可以怎样跟这些事物交互，而只是说其难度超过了"玻璃杯"或"腰带"这样一些物体。如果模拟物体的"运动可供性"（motor affordances）是获取词语意义的必要组成部分，那么，情况会不会变成：越是我们难以想象可以怎样与之交互的物体，我们也越难理解指代它们的词语？

对于这个问题，一个验证的方法是：测量我们理解不同类型的词所需要的时间。对于易于想象可以如何与之交互的名词，比如"葡萄"，由于我们易于完成相关的运动模拟，进而使得我们易于理解这些名词的意义，所以，我们对类似"葡萄"的名词的理解，应该明显快于理解一些难以想象可以如何与之交互的名词，比如"池塘"。为了验证这一点，加拿大一组研究者先请被试对几百个名词进行评估，依据是这些事物在他们看来要想象如何与之交互的难易程度，由此得出了两张名词表，一张是易于想象如何与之交互的，另一张是难以想象如何与之交互的。研究者感兴趣的是，人们分别要花多长时间才能理解这两组单词。由于有很多因素会影响人们理解一个单词的用时，

---

[1] 可供性：最早是由美国心理学家詹姆斯·吉布森（James Gibson）于1977年提出，指的是人感知到的内容是事物提供的行为可能，简言之，它指的是环境为人和动物的行为提供了一种可能性。——编者注

因此，研究者要设法确保出现在那两张表格里的单词在一些不同因素上是匹配的，比如使用频率或长度等。因此，这两张单词表，区别只在设想与它们表示的物体交互的难易程度这一项。然后，真正的实验开始了：研究者请另一组被试看这些单词，然后尽快按两个按钮之一，来回答这些单词是否是正确的英语单词。[9]当然了，单词表里还包括一些生造的单词，比如"brane"和"ludge"，对应这些单词的正确答案就应该是"不是英语单词"，但研究者感兴趣的只是被试在正确的单词上的反应。等他们拿到实验数据，就像你可能已经猜到的那样，他们发现，人们对易于想象可以如何与之交互的名词的反应，比难以想象的名词更快。这就证明了，在你看一个名词的时候，哪怕你的任务只是判断这是不是一个正确的英语单词这么简单，你也会用到自己关于如何亲自跟这个名词表示的物体交互的知识。还证明了，**越容易启动关于一个单词的运动模拟，我们就越容易理解那个单词。**

就在格拉斯帕龙准备"横行世界"的同一时间，一些其他装置也陆续冒了出来，让研究者们得以测量不同类型的手部动作。比如，其中有个叫"圆形旋钮"的装置，这真是名副其实，因为它就是一个圆形旋钮，直径约2.5厘米，安装在一个盒子里，可以顺时针或逆时针旋转最多60度，此外，研究者将它与一台计算机连接，只要它被旋转到极限位置，就会有一个信号发送到计算机上。看到这里，你大概已经猜到，我们可以用这个圆形旋钮装置来测量哪一类动作-句子兼容效应了吧！鹿特丹大学的研究者请被试先听隐含了顺时针或逆时针方向旋转动作的句子，比如顺时针的"杰克启动了汽车"，以及逆时针的"鲍勃打开了油箱"，然后，让被试按指定方向转动圆形旋钮。实验结果果真是：当句子隐含的旋转方向与被试要亲手旋转的方向兼容时，被试的反应更快。[10]

协调身体其他部位的一致，快速思考的秘密

说到这里，我们的观察还只限于手部的动作，但我们知道，大脑中的各

个区域都有各自的分工，专门控制身体的不同部位，从舌尖到指尖无所不包。我们已经知道这些部位的运动系统会在我们想象如何运动不同的身体部位时启动，那么，它们是否也会参与语言理解的过程呢？语言理解在多大程度上是一种需要全身心投入的过程？

我们知道，运动系统的组织方式使得各组驱动相似动作的神经元之间会形成相互抑制（mutually inhibit），比如负责执行不同手型的神经元。这就是说，当其中一组神经元活跃起来，它就会发出一个信号去压制其他组，不让它们变得活跃，于是你的肌肉就不会同时收到相互矛盾、互不兼容的信息。对于需要用到同一身体部位的不同动作，这一互相制约的特点至关重要，因为你可不想同时用同一身体部位做两件事，比如咀嚼与漱口，但如果这些动作需要用到身体不同部位才能完成，它们之间就没必要相互竞争。比如，你不太可能想要同时托住一个托盘和戴上一只耳环，但如果你想做的是一边走路一边嚼口香糖，这倒是很容易就能做得到的。

我们可以利用需要用到身体同一部位的不同动作之间存在相互抑制这一特点，来探究我们究竟是怎样运用自己的运动系统来理解语言的。我们的大脑不允许我们用身体的同一部位同时做两种不同的动作，因此，如果语言当真激发了身体具体部位的运动模拟，那么，要在思考一个动作的同时尝试理解语言描述的另一个动作，而这后一个动作需要用到的身体部位与前一个恰好一致，这时我们的思考应该就会变得很吃力。以下是我们在实验室进行验证的过程。

首先，我们需要找到一个方法，来激活特定的动作回路。我们从前面关于镜像神经元的研究得知，只是观察他人做一个动作也能激发我们的运动系统。于是，我们给被试展示了一些描绘人们做不同动作的图片，希望借此激活被试关于这些动作的运动表征。一旦这些运动表征变得活跃起来，我们就给被试看不同的英语单词，这些单词分别描述了不同的动作，其中，有些动作需要与图片描述的动作用到同一身体部位,有些动作则需要用到不同的身体部位。我们预计,如果单词描述的动作需要动用的身体部位与图片显示的动作需要动用的身体部位相同,那么,跟单词和图片需要用到的身体部位不同的情形相比,被试理解这些表示动作的单词会感到更吃力一些。下面这个例子可以帮助各位理解。假设你看到了图 4-5 这样一幅图片,你的任务是判断以下两个单词是不是对图示情形的正确说明。

第一个单词是:juggle(抛接杂耍),你估计要花更长的时间才能判断,图中的动作其实不是抛接杂耍,因为这两个动作需要用到相同的身体部位:胳膊和手,只不过方式不同而已。相反,如果你在看到图 4-5 之后,任务是判断 punt(抛球并凌空踢出)这个单词是不是图示情形的正确说明,那么你的反应应该更快,这是因为,"抛球并凌空踢出"描述的是一个需要用腿和脚来完成的动作,按道理不会跟图片所示的手部动作构成竞争。

图 4-5　证明驱动相似动作的神经元相互抑制的示例

通过一系列关于英文和中文词语的研究,我们发现,当动词描述的动作跟图片显示的动作用到了同一身体部位时,跟两个动作用到的身体部位不同的情形相比,被试要花更长的时间才能判断该动词是否为图示动作的准确描述。我们由此可以推断:获取表示动作词语的意义的过程,会激活运动系统中专门控制相关身体部位的区域。

你可以对这一点进行验证的另一个办法，就是让被试看一些描述了要用到身体不同部位的动作的句子，比如，"转动钥匙"是手部动作，"踢椅子"是脚部动作，然后，请被试按下两个按钮中的一个，而两个按钮分别需要用到相同或不同的身体部位才能触碰到，以上面这两个句子为例，两个按钮分别要用手和脚才能触碰到。你大概已经猜到，如果句子描述的动作跟按按钮的动作不同，但要用到身体同一部位，被试就要花更长时间才能按下按钮。也就是说，如果被试先听说"转动钥匙"这个句子，然后要用食指去按一个按钮，这两个动作就会形成相互干扰，原因是它们用到了身体的同一个部位，只是方式不同。但是，如果他们在听到句子"转动钥匙"之后，得到的指令是用脚去按一个按钮，那就不存在相互干扰，因为我们可以同时转动一把钥匙和屈伸我们的脚，就像我们可以一边骑自行车一边拨打电话一样。值得庆幸的是，这项研究已经完成，其实验结果是：关于手部动作的句子会导致用手按按钮的反应变慢，关于脚部动作的句子会导致用脚按按钮的反应变慢（见图 4-6）。

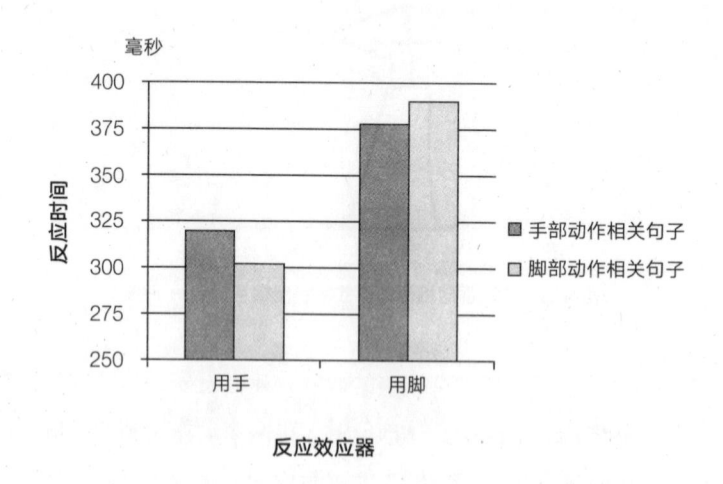

图 4-6　身体动作与按按钮动作"竞争"时的不同耗时

我们暂且对这一证据照单全收：当人们听说或看到关于脚部动作的句子时，他们就会调用自己的运动系统中负责脚部运动的区域，与此相同，描述嘴部动作的语言也会使人调用运动系统中控制嘴部运动的区域，以此类推。假如事实的确如此，那么，运动系统的拓扑结构就应该对理解产生影响。运动带是按身体部位来组织的，比如控制嘴的区域在大脑内部较低的位置，若你一路向上看过去，就会看到控制手的区域，一直到顶部，那是控制脚的区域。我们可以利用运动带的不同部位处于不同位置这一事实，来预测人们处理那些描述需要用到身体不同部位动作的词大概要花多长时间。这听起来有点费解，因此需要进一步解释，但也相当有意思。

前面提到，在运动带上，控制腿和脚的运动的神经元位于顶部，控制手和胳膊的运动的神经元位于它们下方，控制嘴部运动的神经元几乎贴近底部。但要理解一个关于动作的单词实际上需要调用大脑中一些不同的部位，而不仅仅局限于运动带上的几个部位，比如，其他可能参与的神经结构，以及用于表示单词的发音和拼写的部位等。这些其他部位更靠近表示嘴部动作的运动带底部，而不在运动带顶部。图 4-7 是一个草图，表示了我们大脑内部分别负责理解与腿部、胳膊以及面部相关的动词的神经元网络大概是什么样子。[12]

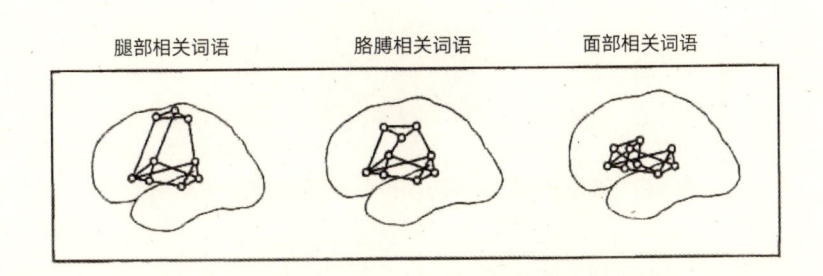

图 4-7　大脑内部负责身体不同部位的神经元网络草图

从这组图可以看到，用于理解腿部相关词语的神经元簇分布得更广一些，超过用于理解胳膊或面部相关单词的神经元簇。这已经被证明是相当重要的一点，因为一旦神经元被激活，就会开始向其他神经元发送信号，而这些信号的传输需要一些时间。一个神经元要传送的信号越远，这信号抵达目的地所需的时间就越长，若有反馈，也需要更长时间才能收到。这意味着什么？这么说吧，如果理解关于动作的单词实际上也要动用运动带上控制相应动作的部位，那么，在同等条件下，跟辨认和理解与胳膊相关的动词相比，我们要花更长的时间才能辨认和理解与腿部相关的动词，而辨认和理解与胳膊相关的动词又比辨认和理解与面部相关的动词更花时间，原因就在于：神经信号激活表示所有这些词的整个神经元网络所经过的距离不同。这一预测看上去可能有点不可思议，但研究结果表明事实就是这样。德国的研究者发现：在其他条件相同的情况下，比如动词的使用频率和长度都一样，理解关于腿部的动词就是比理解关于手部的动词来得慢，而理解关于手部的动词又比理解关于面部的动词更慢一些（见图4-8）。

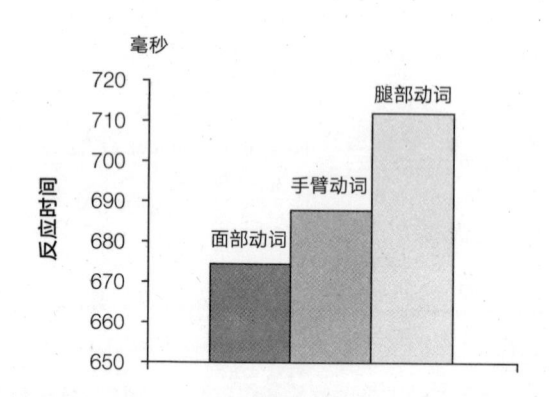

图 4-8 德国研究者关于人们对不同动词理解速度的研究结果

最后一个能够证明理解描述动作的语言需要牵动全身的证据来自大脑成像技术。好几组研究者探讨了理解描述动作的语言会不会激活大脑的运动区域，以及其活跃程度是否可以被测量。其中一组研究者给被试的任务很简单，就是看手部动词，比如"抓"，以及脚部动词，比如"踢"，还有嘴部动词，比如"咬"。另一组研究者让被试看的是句子，比如"我抓起一把刀""我咬一个苹果""我踢一个球"。两组都用 fMRI 扫描仪来测定，在理解这些英语单词[13]或句子[14]时，运动带上专门负责控制脚、嘴和手的区域有没有选择性激活。结果是当然有，如图 4-9 所示。

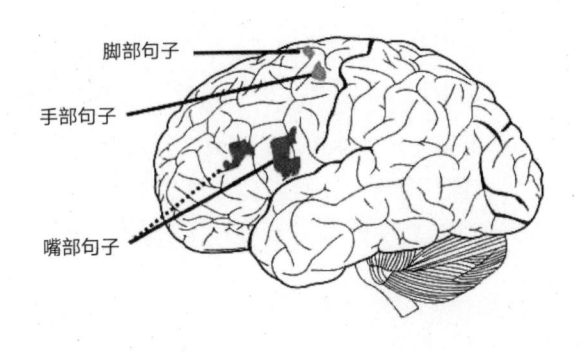

图 4-9　在处理特定类型的句子时，大脑内部选择性激活的区域

　　图 4-9 中线段所指向的区域代表在被试分别处理关于嘴部、手部和脚部的句子时，大脑内部选择性激活的区域。大脑内部的激活情况存在的差异很有意思，不过我们的关注重点在于运动带上的激活情况。从图中我们可以发现，运动带较低位置负责控制嘴部动作的区域，在人们试图理解描述嘴部动作的语言时有选择性地变得活跃起来；比这个位置稍高一点的是控制手部动作的区域，在人们看到描述手部动作的句子时变得活跃；而在看到描述脚部动作的句子时变得活跃的区域位于运动带顶部，这一区域负责控制脚部动作。

　　让我们回看本章一开始提到的问题。人类在已知的宇宙中是独一无二的，有能力接收纸上的字符或一串声波，再将它们转为关于动作的心理表征，并且这些动作可以像掰手腕技巧那样复杂。有大量证据表明，在这个过程中，我们会自动对被描述的动作的许多细节做心理模拟，包括我们开始行动的方向、应该怎样转动自己的手、要用到身体的哪些部位以及手型应该是怎样的，这么做的时候我们调用了实际完成这些动作所需的同一套大脑系统，大脑的运动系统似乎在不眠不休地运转着。

与此同时，回到我们在上一章讨论的一个问题，我们在理解语言的过程中要做运动模拟这一事实其实是另一个证据，证明我们会从沉浸式体验者视角在自己的脑海里创建场景。人们所做的运动模拟从本质上讲是将自己投射到一个身体（这通常是指别人的身体）上，然后，模拟语言所描述的他人正在做的事情自己做起来大概是什么情况，在这个过程中，我们其实采取了对方的视角，并且不仅限于视觉，我们还会设想如果我们亲身做出他们的动作会怎样。总而言之，我们会以多模态的方式来理解语言，就像身临其境一样。

LOUDER THAN WORDS

05

不止字词那么简单

语法,让我们不假思索地将信息整合到一起

认知神经科学领域有一个难题叫"捆绑问题"（binding problem）。[1]假设你正在玩《吃豆人》这个游戏，你想要吃掉所有的豆子和能量果，同时避开所有的坏蛋，比如粉红色的小鬼怪和闪烁的小鬼怪等。你的眼睛盯着屏幕，你的吃豆人正在四处移动、巡视，向上走然后左转……最后从出口走出来。与此同时，你还能看到吃豆人的颜色和个性化的外形，也就是说，你能够同时注意到吃豆人的外形、颜色、方位以及运动状态这些要素。同样，你也能看到蓝色鬼怪、绿色鬼怪等坏蛋们也都有着不同的外形和颜色。这每一项感知，不管是关于吃豆人的还是关于鬼怪的，都是连贯的。这里我所说的"连贯"是指，尽管你同时看见吃豆人和鬼怪，但你知道，正在向上走的是黄色的吃豆人，正在向下走的是蓝色鬼怪。

所谓的捆绑问题就是：我们的大脑为什么能不假思索地将信息用正确的方式整合到一起？我们已经知道，视觉系统的工作方式是将眼前所见物体的不同属性区别开来，并将其汇入不同的信息流。物体的位置和运动通过"哪里"路径来处理，从枕叶一路上行抵达顶叶皮层区，而物体的外形和颜色则通过"什么"路径来处理。这些截然不同且发生在不同神经元群的处理过程，最终是如何按照正确的方式组合起来的？换句话说，假如你确实同时启动了不同物体在颜色、外形、位置和运动状态等方面的具体表征，你怎么就能做到将吃豆人的颜色、外形、位置和运动状态捆绑在一起，而同时没有将其混入鬼怪们的颜色、外形、位置和运动方向这另外一组应该捆绑在一起的表征？

我提起这个捆绑问题并不是说此刻就能提供一个解决方案，而是因为它是在语言研究过程中所遇到问题的一个形象的类比，语言领域也有自己的捆绑问题。[2] 假设你现在不是自己在玩《吃豆人》，而是在听别人讲他们正在玩《吃豆人》，那么，你可能会听到这样的句子："那个蓝色鬼怪就要抓住我的吃豆人了！"对方说出来的每一个词，都将做出它们各自的贡献，来帮助你完成自己的心理模拟，"蓝色""鬼怪""抓住""吃豆人"，分别唤起了颜色、外形和动作，你可以将其用于你的模拟。但你怎么知道应该怎样将它们组合起来？你怎么知道蓝色是鬼怪的属性，而不是吃豆人的？当然，若你早就非常熟悉《吃豆人》这个游戏，你肯定知道吃豆人是黄色的，但哪怕这个游戏对你而言是全新的，你依然有办法判断哪个物体是什么颜色、向哪个方向移动。还有，你怎么知道吃豆人就要被鬼怪抓住了，而不是鬼怪快要被吃豆人抓住了？所以，语言学中的捆绑问题是这样的：你是怎样将不同词的意义组合起来并用于完成你的模拟的，又怎样确保它们全都正确地组合在了一起？换个角度来问，如果把这些词分别比作人物、道具和故事背景，那么，是什么导演了这一幕剧情，使其最终按照应有的方式上演？

将字词装配起来推动模拟的完成是一个复杂的操作。尽管在认知神经科学领域，人们对捆绑问题仍然存在热烈争议，但对于语言如何解决其特有的捆绑问题，我们已经有了一些相当深入的认识。字词显然是模拟的一个至关重要的因素，因为它们是在模拟中被唤起的详细经验的直接代表。

然而，在话语里起作用的并不仅仅只有字词而已。要想知道谁是黄色的、谁是蓝色的、谁在追赶谁，以及你的头脑"相机"应该放在什么位置、对焦在哪里，除了字词之外，我们还需要另外一样东西——语法。

句子如植物

语言学家早就知道，一个句子的意思大部分就在字词里，而这些字词会组合起来变成更长的片段。语言学家喜欢用的一个类比就是把句子比作一棵植物，字词就是那肉肉的、饱满的叶子，而语法就是枝与干构成的系统，使叶子各得其所、有条不紊。语法使字词融为一体构成句子，并决定句子的形式，比如字词出现的顺序：确保主语"蓝色鬼怪"出现在动词"抓住"前面，以及主谓一致这样的规则："蓝色鬼怪"后面出现的动词应该采用单数形式而不是复数形式。句子形式的以上这些规则都很重要，这样一来，我们就能够将在形式上构成一门语言的可行话语的一串单词，与纯属胡言乱语的另一串单词区别开来。若是随机排列一堆词，你得到的就不是一个合理的句子，比如："蓝色那是吃豆人就要抓住鬼怪"，这不仅无法辨认，同时也难以解读。一个句子的形式在很大程度上决定了这个句子的意义。

具体而言，语法在多大程度上对塑造意义有帮助？我们再次以"那个蓝色鬼怪就要抓住我的吃豆人了！"这个句子为例。在你读到这个句子的时候，你知道蓝色是鬼怪的属性，你知道这一点是因为，作为语言学中捆绑问题的一个解决方案，英语具有一套语法规则，这套规则要求我们将一个形容词（比如"蓝色的"）放在一个名词（比如"鬼怪"）前面，而且，形容词描述的属性就对应在名词表示的事物上。这个例子可以说明语法起作用的一个更普遍的原则：只要我们将单词编成较大的分组，就更容易把握具体什么应该被捆绑在一起。以"那个蓝色鬼怪"为例，这里包括三个词，它们用来描述一个事物，这跟"我的吃豆人"这两个词对应一个事物是一样的。像这样围绕一个名词加上其他修饰词，比如形容词，也可能是副词，又或是冠词"the"以及代词"my"，从而对这个名词进行限定，语言学家有一个专门的术语用来指代它们，那就是"名词短语"——称之为短语，原因在于它可以包括好几个单词，前面加上"名词"则是因为这是其最重要的组成部分。单个词的这样一些组合构成了意义的单元，在一个名词短语里，一个词的语义学贡献在很大程度上要归属于这个名词短语本身。你知道"蓝色"指的是"鬼怪"而不是"吃豆人"，具体原因就在这里。

不过，将一个句子的几个组成部分捆绑在一起，还只是探讨语法功能的开始。如果将目光从名词短语的狭隘范畴扩展到整个句子，我们可能就会问：我们是如何将句子中动词的意义跟围绕它存在的名词短语结合起来的？还是引用之前所说的例子，你知道动词"抓住"是什么意思，它描述的是一个事件，且通常牵涉两个主体，它们各自扮演完全不同的角色，暂且将其称为"追逐者"和"被追逐者"。到目前为止，一切都很容易理解吧。但是，那个"蓝色鬼怪"到底应该是"追逐者"还是"被追逐者"？"吃豆人"又是什么呢？很显然，要谈论一次追逐事件，只用"追逐"这个词加上由哪两个主体来扮演其中的两个角色是不够的，你还得找到某种方式，传达具体由哪个主体来扮演哪个角色的信息。

所以，语法的另一个功能是：提示一个句子的各个组成部分所担当的角色，具体做法是对句子形式的各个组成部分做出安排，比如给句子中提到的不同的主体排序，使它们在与动词相关的不同角色上一一就位。以简单的及物句子为例，比如我们之前看到的句子"那个蓝色鬼怪就要抓住我的吃豆人了"，先提到的主体往往就要担当动作的执行者，在这个例子中就成为追逐者，后提到的主体是动作的承受者，也就成了被追逐者，每一个说英语的人都知道这一规则。这类关于句子整体结构怎样规划句中提及的主体在一个事件里具体扮演什么角色的知识，在语言学中有一个术语叫作"论元结构构式"（argument structure construction），具体到上述例子，起作用的就是其中的一种及物构式（见图 5-1）。

名词短语 1	动词	名词短语 2
那个蓝色鬼怪	就要抓住	我的吃豆人
发狂的猴子	正在撕咬	失去意识的科学家

图 5-1 及物构式的句子示例

现在，据我所知，还没有哪个研究仔细地考察过语法结构会对具身模拟产生什么影响，比如成为一个动词的主语或在一个名词短语里跟另一个词一起出现。这很可能是因为下面这一点几乎是不言而喻的：当我们通过具身模拟来理解"那个蓝色鬼怪就要抓住我的吃豆人了"与"我的吃豆人就要抓住那个蓝色鬼怪了"这两句话时，我们所做的模拟是不同的。但是，依然存在一些间接证据证明，语法将每个单词的语义贡献组合起来的方式会反映在模拟中。例如，回想我们在上一章讨论的动作-句子兼容效应：实验显示，当被试需要做出反应的句子所描述的动作与被试接下来要做的动作兼容时，被试手部的动作就会更快一些。于是，当从语法角度重新考虑实验里用到的这些句子时，我们就会发现，主语和宾语的不同足以导致完全迥异的模拟。以一对句子为例，"埃里克斯不情愿地把钱递给你"和"你不情愿地把钱递给埃里克斯"，这两个句子的区别仅在于主语是"你"还是"埃里克斯"，这是通过将这两个词放置在句中的不同位置来实现的，但这个区别却足以催生带有相反方向动作的具身模拟。"埃里克斯不情愿地把钱递给你"这个句子会加快向身体收回的手部动作；"你不情愿地把钱递给埃里克斯"这个句子则会加快从身体伸出的手部动作。这清晰地表明了，句子的读者模拟动作的依据，不仅在于句子所描述的动作，还跟句子提到的事件参与者在这一事件里担任的角色有关，比如语法规则中的主语和宾语。

语法是通过将每个词对应的片段按照正确的结构进行组合，来对模拟产生影响的。你透过单词的排序以及其他语法规则来了解，哪些属性从属于哪些主体，以及应该模拟谁在对谁做什么。不过，将一个个的词组合成可模拟的内容，这只是语法的贡献之一。

再论句子如植物：持有物转交，语法是意义的支撑

让我们暂且回到前面提到的关于词汇和语法是如何起作用的部分。语言

学家将句子视为植物，字词则好比叶子，悬挂在语法这个主干上。我们可以从这一类比得到很多实在的好处，就像叶子负责完成光合作用，这是最基本的生命功能，词汇也承担了传达意义的工作，这是其最基本的语义学功能。同时，就像主干和枝条起到了支撑的作用，将叶子托举在正确的位置并与植物的其他部分连成一体那样，语法也是意义的支撑，通过将所有词按线性顺序排列，把它们与整句话的其他部分连成一体。我们在前面已经了解到，语法结构负责将字词组合成有意义的话语，从而为每个词对模拟的贡献进行约束和配置。

功能单元（字词或叶子）及其支撑框架（语法或枝干）之间存在的这种分工极其重要，但是，只要我们更仔细地思考一下植物学的相关内容，就会发现这种类比显得有点过于简化了，至少对植物而言是这样。的确，对于大多数的植物来说，叶子承担了许多至关重要的生命功能，其中最引人注目的就是光合作用，但事实表明，枝干往往不会满足于作为"侍女"来服侍它们那负责光合作用的"主人"，枝干也承担了一定量的光合作用，这甚至在一些木本植物[①]中也能看到。[3]还有一些植物，比如仙人掌，它们的枝干更是承担了大量的光合作用职能。将句子跟植物进行类比的做法就在这儿遇到了大麻烦，同样，对语法的类比也有问题。就跟枝条一样，语法结构的作用并不仅仅只是安排单词的顺序与意义而已，它们本身也会对意义产生影响。[4]有些时候，语法结构对意义的影响可能是模糊的或抽象的，但有些时候，就像在植物的世界里枝干比叶子更宽大的仙人掌，语法结构也可以在很大程度上决定一段话语的意义。

我们先从论元结构构式看起，这是将动词与句子的其他部分通过组织和捆绑连成一体的方式，它们数目众多，超越简单的及物构式范畴。一个经常

[①] 木本植物，指根和茎等木质部发达的植物，与草本植物相对，人们通常将前者称为树，后者称为草。——编者注

拿来讨论的例子就是"双宾语构式"（distransitive），比如，"John sent his landlord the check"（约翰把支票寄给他的房东）或"The defender kicked his goalie the ball"（防守员把球踢给己方守门员）。这一结构有一个特别的形式：以一个名词短语开头，后面跟一个动词，再接两个名词短语。需要指出的是：除了形式上的特别，双宾语构式实际上还有一种特定的意义。具体来说，用到双宾语构式的句子，比如"防守员把球踢给己方守门员"，描述的场景是：第一主体（防守员）将第三主体（球）传递给第二主体（守门员），简而言之，用到双宾语构式的句子有一种"转交持有物"的意义，其常见的句子结构如图 5-2 所示。

名词短语 1	动词	名词短语 2	名词短语 3
防守员	踢给	己方守门员	球
约翰	寄给	他的房东	支票

图 5-2　双宾语构式的句子结构示例

很明显，使用双宾语构式的句子的确描述了持有物的转交，但我们依然可以合理地怀疑意义是否当真来自这种论元结构构式。毕竟，动词也是一个可能的来源，对不对？以图中出现过的动词"寄"为例，看上去它表示的也是持有物的转交之意。因此，也有可能，类似这样的句子，其作为一个整体的意义只不过是构成这个句子的各个组成部分的一个组合，而关于持有物转交的意义来源于动词，并不必须要依托一种论元结构构式来完成。然而，当我们仔细考察看上去可能适用于双宾语构式的动词的范围时，就会发现其中包括一大批其他的动词，这些动词并不仅仅描述转交事件。比如，动词"踢"并不总是表示持有物转交，如"别踢你弟弟"或"别踢了，你会从椅子上摔下去的"。只有当你把"踢"这个动词用在双宾语构式的语境中时，这个动词才会获得持有物转交的意义，比如把"踢"用在"防守员把球踢给己方守门员"这个句子里。动词"踢"在这个例句里的这种用法就表明：类似的动词，其本身并不一定含有持有物转交之意，但只要遇到合适的论元结构构式，如双宾语构式，就有可能表示这种意义。

不过，我们大概还不能完全相信，持有物转交之意就是由双宾语构式这种语法负责的，因为从原则上讲，精通一门语言的读者可能早已得知动词"踢"有多种意义。其中一种意义就是用腿或脚对某物施加一种动作，如"别踢你弟弟"；还有一种意义是表示一种动作，这种动作可以将被踢的物体转交到第三方那里，如"防守队员把球踢给己方守门员"。因此，可能当你把动词"踢"用在双宾语构式这种语法的语境中时，就等于你已经选取了它上述多种意义中的第二种，这时，语法再次落入对意义没有任何贡献的境地。

我们如何才能分辨，到底是动词还是语法提供了一个特定的意义？一个办法是借助一些无法让你想到"转交持有物"意义的动词。以"to motorcycle"（骑摩托车）这个动词短语为例，例句是"The delivery boy motorcycled his client some blueprints"（快递员骑摩托车带给他的客户一些蓝图）。从语法上看，这是这个动词的一种全新用法。假如你曾经确实把"motorcycle"（摩托车）一词当动词来使用（但这不太可能发生），你很可能是用它表示"借助一辆摩托车改变方位"之意，比如"We motorcycled down the coast"（我们骑摩托车到海滩上去），但我敢打赌，你从没听过一个说英语的人把这个单词用作双宾语动词，说出类似"motorcycled someone something"的话！但是，对于"The delivery boy motorcycled his client some blueprints"这个句子，你理解起来可以说不费吹灰之力：在你看来这很显然描述的是蓝图从快递员转到他的客户手上的一种"持有物转交"的情形。当然了，在类似这样的情形中，"持有物转交"之意就是通过双宾语构式来实现的，而不是通过动词本身，只要你细想一下，就会发现这样的例子其实随处可见。以英语为母语的人绝不会将"tennis racket"（网球拍）用作动词，但是，当你遇到类似"Venus tennis racketed her sister the hair clip"这样一句话时，你依然可以看明白，这说的是维纳斯用网球拍作为工具把发卡转交到她妹妹手里。在类似这样的情形中，持有物转交之意再次跟动词没有任何关系，因为句中被当作动词使用的这个单词压根儿就不是一个动词，相反，这种意义是由双宾语构式这种语法结构塑造出来的。

如果说这类话语涉及的持有物转交之意是由一种被称为双宾语构式的论元结构构式提供的，而你对此依然抱有怀疑态度，那么，你很可能就要陷入不利的境地。也许，你能读懂这些句子，是因为你有一种更普遍的推理能力。也就是说，当你把描述三个主体的三个名词短语放在一个句子里时，刚好其中一个有能力发起一种转交，另一个有能力被转交，第三个有能力接收被转交的物品，那么，作为读者，接下来要做的一件最自然不过的事，就是尽最大的努力设法找到最合理的方式，对这个句子进行解读。因此，在这样不同寻常的情况下，读者就要运用他们关于这个世界的知识，尤其是关于名词短语所指代的特定主体的知识，来探究到底可能发生了什么类型的事件，可以将这三个主体"一网打尽"。

但我们有理由相信，单凭常规的推理过程并不足以理解句子的意义，我们通常还要用特定的语法知识才能读懂这些句子。比如，改变动词后面跟随的名词短语在一个句子里的排序，就会导致句子变得毫无意义或描述了一种方向相反的持有物转交行为。比如，将前文的句子变成"The delivery boy motorcycled some blueprints his client"，这个句子就会变得难以理解，除非读者假设蓝图是拟人化的，而且客户是可以被转交的。另外，许多以其他语言作为母语的人群会认为这一类句子是不符合语法的。比如，在法语里，像"John sent his landlord the check"这样一个句子根本就是不能接受的，没有一个心智正常的法国人会认同，结构与此相仿的"Jean-Luc a envoyé son propriétaire le cheque"①算得上语法正确的法语。总而言之，由于顺序在双宾语句子里非常重要，而且双宾语动词的使用似乎只限于一些特定语言，比如英语、泰语和汉语，而很多其他语言并没有这种用法，比如法语、德语和日语。因此，很明显语言使用者不会仅仅依赖于普遍推理能力，给"持有物转交"之意进行编码的一种特定语法结构的知识也是必要的。

关于上述这一点，也有实验证据可以证明。威斯康星大学的研究者做的一项研究用到几个不同的任务。[6]在第一个实验中，被试要先看一些英语句子对，如本段结尾所示，然后完成一项句子选择任务。在句子对里，每一个句子都有大致相同的一组词，但它们使用的是不同的论元结构构式。第一个句子用的是双宾语构式，比如"Lyn crutched Tom her apple"（琳恩用拐杖给汤姆递去了她的苹果），我们在前面刚刚讨论过，后面再加一个短语，比如"so he wouldn't starve"（这样他就不会饿肚子）。第二个句子用了一种不同的语法结构，就是我们之前提到过的及物构式，比如"Lyn crutched her apple"（琳恩用拐杖举起苹果），后面同样再加一个短语，比如"so Tom wouldn't starve"（这样汤姆就不会饿肚子），重点在于，这些句子里的动词根本就算不上动词，比如这个例句里的crutch，它首先是一个名词，意为"拐杖"，但是，由于在英语中有一些名词可以被用作动词，于是它也可以被强行用作动词，此时，一般意为"拄着拐杖"。下面给出一个句子对的两个例句：

双宾语构式

　　Lyn crutched Tom her apple so he wouldn't starve.（琳恩用拐杖给汤姆递去了她的苹果，这样他就不会饿肚子了。）

---

① 关于这句话的最佳解读恐怕是，约翰把他那名叫"支票"的房东送去了句中没有明说的某个地方。——译者注

及物构式

Lyn crutched her apple so Tom wouldn't starve.（琳恩用拐杖举起她的苹果，这样汤姆就不会饿肚子了。）

研究者让被试先看上面这两个句子，再看两个推理陈述之一，如下文所示。其中一个陈述具有"持有物转交"之意，与双宾语构式的句子是一致的；另一个陈述与及物构式句子的意义相符，如同我们前面所见，用于描述一个主体对另一个主体施加某种动作。然后，研究者请被试判断，在上述的两个句子里，哪一句最强烈地暗示下面这种推理陈述为真。

持有物转交

Tom got the apple.（汤姆得到了苹果。）

施加动作

Lyn acted on the apple.（琳恩对苹果采取了动作。）

假如语言使用者在解读一个句子时将论元结构构式的意义考虑在内，那么，他们应该从句子对里选择与推理陈述一致的那句。比如，他们应该可以判断出来，双宾语构式的句子"琳恩用拐杖给汤姆递去了她的苹果，于是他就不至于饿肚子"，最强烈地表明了"汤姆得到了苹果"。同时，由于句子中的动词是从名词借用过来的，因此从一开始就不包含"持有物转交"之意，因此，句中出现的这一意义只能源于语法，而不是动词。

如同事前预测一样，被试显示出一种清晰且非常强烈的倾向，认为双宾语构式的句子更确切地传达了持有物转交之意。被试从句子对中选出双宾语构式的句子的比率高达80%。这一强烈倾向表明，出现在一个句子里的双宾语构式促使读者认为，这个句子表达的是持有物转交之意。

但是，单凭一次实验很难彻底解决一个问题，这个实验也不例外。跟多数实验一样，这个实验的设计也留出了实验结果存在另一种可能解释的空间，因此有必要通过后续的工作进行区分。具体而言，这个实验任务本身可能容易导致被试在看到每一个推理陈述的时候对其中一个句子产生偏好。这个实验给被试一份清晰的描述，假定句子存在"持有物转交"之意，然后要求他们对句子进行判断，但有可能发生的情况是，人们一般不会自动把双宾语构式的句子视为具有持有物转交之意，他们只有在受到提示的时候才会这么想，就像这实验任务一样。

在第二个实验中，研究者要检验的是在没有明确提示的情况下，他们在第一个实验中观察到的偏好还会不会出现。他们给被试准备的句子不变，请被试做的事情变成简述关键句子或动词。结果非常明显，被试更有可能给双宾语构式的句子做"持有物转交"的简述，而不是及物构式的句子。例如，他们可能把双宾语构式的句子表述为"Lynn poked at the apple with the crutch to get it to Tom"（琳恩把苹果戳在拐杖上以便递给汤姆），而及物构式的句子就会被简述为"Lynn poked at the apple with the crutch to break it into pieces"（琳恩用拐杖戳苹果，以便把苹果分成几块）。此外，若是看到一个双宾语构式的句子，被试还有可能认为其中的动词表示"持有物转交"之意，比如"to use a crutch to move something to someone"（用拐杖将某物转交到某人手上）。

从以上这些研究我们可以得出以下两个结论。

- 第一，人们用类似双宾语构式这样的语法构式，将一个句子作为一个整体进行解读。

- 第二，人们还同时将这种语法构式用于另一个目的：将一种论元结构构式的意义用于对其中用到的动词的意义进行推理。

语法构式可能有意义这个观点打开了潘多拉魔盒。有多少种语法构式？有多少不同类型的句子有它们自己特定的意义？一些语言学家甚至认为，每一种语法构式都为它们所在的话语贡献了一定的意义或功能。也就是说，两段话语在语言形式上的每一个区别，不管是词的顺序或语法规则，其意义或功能上都会存在一个与之相应的区别，这被称为"无同义原则"（principle of no synonymy）或"语法形式无对等原则"（principle of non-equivalence of grammatical forms）。[7] 与大多数原则一样，要证明这一原则是错的比证明它是对的要容易得多，前者只需要证明存在一种对意义或功能没有影响的语法差异，只要一个就够了，而后者则需要一个彻底的论证，证明所有形式上的差异都会导致意义上的差异。不过，已经有不少相关的案例研究表明：许多语法上的差异确实造成了意义上的不同。

　　这里举一个相当微妙的案例作为例子。机缘巧合的是，在英语里，有一种语法构式与双宾语构式在形式和意义上都非常相似，那就是"使动构式"（caused-motion construction）。说到使动构式，可以参见例句"John sent his check to the landlord"（约翰把支票寄给房东）以及"The defender kicked the ball to his goalie"（防守队员把球踢给了己方守门员）。它跟双宾语构式在形式上的差异仅表现在以下两个方面。

- 首先，它不会单用一个名词短语，比如"房东"或"己方守门员"，来表达动作的目的，而是在名词短语前面添加一个介词，使其变成"给房东"或"给己方守门员"。

- 其次，在动词之后出现的两个主体的顺序是反过来的，双宾语构式先说物体接收者，再说物体，而使动构式先说物体，再说接收者。

　　一些语法理论主张：既然双宾语构式与使动构式存在这么多的相似之处，我们就应该将其视为同一种基本构式的两个不同的版本。[8] 不过，尽管这一说法简明扼要且具有吸引力，但这两个构式依然存在非常多的区别，完全可以清楚地进行区分。举例而言，在它们的用法上，如语句的正式程度、动词后面的主体哪一个是语句的新来者，以及哪一种构式显得更长一点，都存在一系列的区别。[9]双宾语构式与使动构式的另一个关键区别在于它们允许使用的动词。相比之下，使动构式在这方面会比双宾语构式宽松一点儿，有些动词只能出现在使动构式中，而与双宾语构式无缘。比如，对于以英语为母语的人来说，"contribute some time to a cause"（贡献一些时间给一项事业）是可以接受的，但不能说"contribute a cause some time"（近似于"贡献一项事业给一些时间"）。

这两种构式在意义的表达上也有区别么？说到底，这两种语法构式催生的具身模拟有区别么？这两种构式的用法有一些微妙的区别，你之前可能从来没有留意过。继续用英语句子来举例，如果你说"throw your keys to the floor"（把你的钥匙扔到地面）是完全没有问题的，但你要是说"throw the floor your keys"（扔到地面你的钥匙），就会显得很奇怪了。以英语为母语的读者大都会有一种直觉，认为前面那个使动构式版本可以表示你把钥匙移动到一个新的位置，也就是地面，并且是通过扔的方式。相比之下，若要让双宾语构式的句子"throw the floor the keys"变得合理，就必须让单词"floor"（地面）指代某些与地面存在关联的人群，比如当时正好站在那地面上的人。对比以下句子，也能看出双宾语构式与使动构式的这一不对称性："The outfielder hit the fastball to the left field wall"（外野手投出快球到左外野墙上）这句话看上去没什么问题，而"The outfielder hit the left field wall the fastball"（可勉强译为：外野手投到左外野墙快球）这句话从英文语法上看就只有在"左外野墙"代表的是刚好站在那儿的人这唯一一种情况下才算是合理的，比如恰巧有球迷靠在那里的墙上。

因此，尽管双宾语构式与使动构式在表面上存在相似性，实际上它们各自传达的意义却存在差异。双宾语构式描述了一种有意图的转交，把物品交给接收者，作为接收者自然就要有能力接住这东西。"地面"和"墙壁"就不是合格的接收者，因此，如果双宾语构式的句子一定要把"地面"和"墙壁"当作接收者来使用，我们就必须借助某种其他的方式，才能把"地面"和"墙壁"解读为它们确实表示的是一个接收者。相反，使动构式看上去描述的场景，是某个主体引起了另一个主体沿着一个路径移动。跟任何其他位置一样，地面和墙壁都能作为这样一种运动的终点，因此，这些句子的使动构式版本就很容易理解了。

还有其他语言学方面的证据可以证明使动构式与双宾语构式存在这一区别。如果使动构式确实传达了沿着一个路径进行的使动动作的意义，那么，它应该不仅跟介词"to"兼容，而且也会跟其他类似介词兼容。于是我们不仅可以说"bring the ladder to the wall"（把梯子拿到墙边），也可以说"lean the ladder against the wall"（把梯子斜靠在墙上）。但在双宾语构式中，即使上述句式与其承载的持有物转交之意相符，也是不符合规则的。事实上，类似这样的例句："lean the wall the ladder"（靠在墙上梯子）或"place the ground the remains"（放在地面剩饭菜），我们确实很难想象这样的句子到底在说什么！

接下来，让我们转向在你听到这些句子时构建的具身模拟是不是存在差别的问题。我们可以做什么预测？如果说使动构式强调的是一个物体沿着一个路径运动，那么双宾语构式正好相反，专注的是持有物转交，因而，当你听见使动构式的句子时，你应该能够围绕句子描述的运动路径搭建出更加具体的具身模拟。我们来对比两个例句，一是使动构式"You are sliding the cafeteria tray to Sally"（你正把咖啡馆的托盘堆给莎莉），二是双宾语构式的"You are sliding Sally the cafeteria tray"（你正推给莎莉咖啡馆的托盘），两者之间的一个区别可能在于，与双宾语构式的版本相比，使动构式的版本让你产生的具身模拟可能更加细致，关于托盘从你这边向外运动、去到莎莉那边。

我们还真对这一猜想进行了检验。我们请被试听一个句子，这个句子可能是使动构式或双宾语构式，描述的是用手推着一个物体沿着一个路径进行移动，紧接着，我们请被试沿着一个不同的路径移动他们的手。如果使动构式的句子确实对这一路径引发了更多模拟，那么，与双宾语构式的句子相比，其就会对后续真实的手部运动形成更大的干扰。

以下是我们的实验设计。首先，我们请被试看电脑屏幕上的一个网格，如图 5-3 所示。被试必须点击前景的黑色方框，才能听到一个句子，这个句子会被大声播放，要么采用使动构式，要么采用双宾语构式，描述的是"你"将一个物品从自己身边推出去，就像前面有关莎莉的句子一样，紧接着，在网格某个位置会出现一个靶心，被试必须伸手才能点击到。如果使动构式的句子确实能让我们构建出更深入且更细致的运动路径模拟，那么，在被试听完描述手部动作的句子之后，使动构式的句子应该比双宾语构式的句子更能干扰被试接下来完成指定的手部运动。具体而言，假如他们是在心理模拟自己的手沿着一个路径运动，从而理解使动构式的句子，那么，若要请他们接下来也沿同一个路径移动他们的手，他们应该需要更长的时间才能完成。

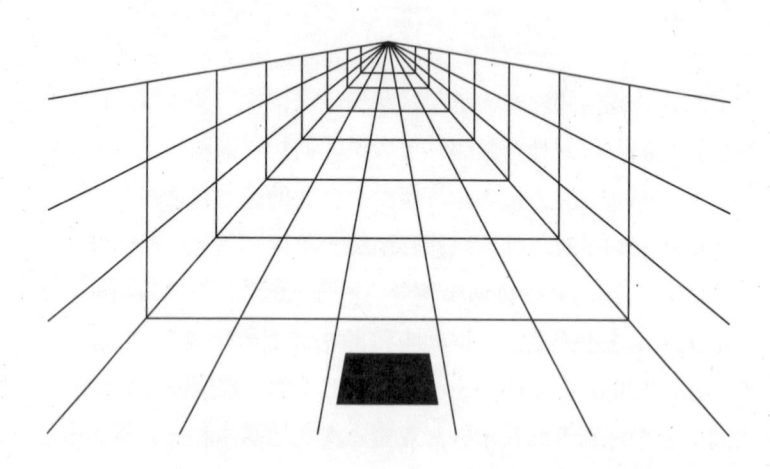

图 5-3　研究使动构式与双宾语构式对心理模拟的影响的实验中使用的网格

上述实验的结果如图 5-4 所示：与听完双宾语构式的句子相比，被试在听完使动构式的句子之后移动手部所花费的时间变长了。因此，使动句子看上去的确让我们围绕动作路径构建了更具体的具身模拟。结论就是：**不同的论元结构构式确实会对用于心理模拟的意义产生影响。**

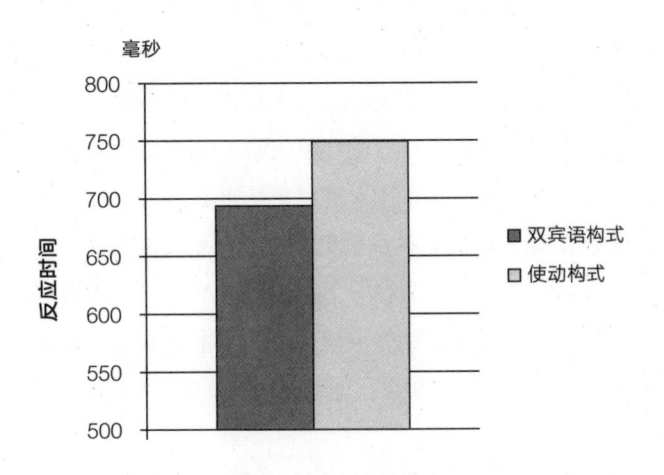

图 5-4 "网格"实验中人们对不同构式句子的反应时间对比

这样看来，将句子类比为植物这一做法甚至比我们之前设想的更恰当。好比枝干可以进行光合作用，语法构式也能传达意义，并且这种意义可以直接用于完善具身模拟，使其更细致。

语法如何调节我们的模拟视角

语法对模拟的贡献，实际上还存在第三种方式，那就是它不仅会告诉你应该模拟什么，还会告诉你怎样模拟。即使你知道一个句子描述的主体和事件是什么，但具身模拟的一些属性可能还是没有被具体点明。举个例子，对于英语句子"The driver gripped the steering wheel and pounded on the horn as he waited for the light to change"（在等待交通信号灯时，司机紧握方向盘，使劲按喇叭），你在做心理模拟的时候，准备采取怎样的视角？

司机的视角？还是一个外在观察者的视角？你应该知道自己选用了哪个视角，因为不同的视角会引发非常不同的模拟。如果你模拟自己就是那个司机，你就会将自己的视觉系统投射到司机身上，从而见司机之所见，包括方向盘、紧握其上的双手、前面的挡风玻璃，以及透过它可以看见的街道等，可能还有一座交通信号灯也在你的视野范围之内。如果采用事件参与者的视角去构建模拟，就要采用"参与者视角"（participant perspective），但你还可以采用"旁观者视角"（observer perspective）来模拟一个事件。如果你不是司机而只是一个旁观者，你就能将自己的想象之眼，也就是头脑中的"摄像头"，对准任意一个位置。比如，你可以对准司机的正后方，这几乎跟参与者视角一模一样，区别是能否看见司机的后脑勺；也可以是在车外的一侧或前方，这样就能把汽车和司机也一并看在眼里；还可以从车的前方看过去，于是就能通过挡风玻璃看见司机。你具体采用什么视角很关键，因为这将极大地影响你对一个事件的具身模拟，而且，你不会不假思索地随便选一个。

关于人们具体采用哪个视角及其原因的研究，大多数聚焦在记忆而不是语言上。事实表明，对于给你留下积极印象的事件，比如你最开心的一个生日，你在回忆的时候更有可能采用旁观者视角，相比之下，那些给你留下负面印象的事件，比如你最不开心的一个生日，你就更可能采用参与者视角。你更有可能采用旁观者视角的情形还包括，在你判断自己从那个被回忆的事件发生以来几乎没有任何改变的情形。比如，你回想小时候前往教堂的情景，从那时到现在，你一直很虔诚，而与之对应的相反事件就是你判断自己已经有了巨大变化。[11] 从生物学层面看，从这两个视角产生的视觉想象，其差别不仅在于支持其产生的神经结构处于不同位置，还在于这种视觉想象是由大脑哪个半球主导的。[12] 在我们理解语言的时候，除了我们跟句子描述的事件的关系，还有一些其他因素也在起作用，比如我们说话的方式。接下来我们就会看到，语法似乎也可以左右你的视角。

让我们再回看一下前面提到的英语例句："The driver gripped the

steering wheel and pounded on the horn as he waited for the light to change",人们在第一次读到这个句子时,往往会采用旁观者视角,仿佛从一个外在的有利位置观察司机怎样握紧方向盘、使劲按喇叭以及等待,但只要我们对这个句子做一点点语法调整,就可以改变我们模拟时所采用的视角。假设我们改变句子的主语,让这个句子变成"You gripped the steering wheel and pounded on the horn as you waited for the light to change"(在等待交通信号灯时,你紧握方向盘,使劲按喇叭)。如果你跟大多数人一样,你就很可能有一种直觉:是不是因为第二人称主语"你"导致了我们更有可能采取参与者视角?这一观察引出了一个有趣的想法:也许,第一人称"我"、第二人称"你"、第三人称"他"或"她"这些语法上的人称决定了你要选取的用于模拟的视角。

我们做了一系列实验来考察这个问题。我们想要找到一组事件,它们从不同的视角看去是不同的。最终,我们想到了一个物体从某人身边向远处移动这样的事件。当一个物体渐渐离你而去时,它看上去就会越来越小,但如果是你看别人将一个物体从他们身边移开,最起码,若你是从侧面观察这一动作,那么,这个物体在改变位置的时候就不一定会连带改变它看上去的大小。因此,一个物体从某人身边移开,这一事件看上去是怎样的,就取决于你是不是这个人。我们推断:当你在模拟物体从你自己而不是别人身边移开时,这一规律也应该适用。因此,如果使用第二人称描述物体从"你"身边移动出去,会导致人们从参与者视角进行模拟,那么,他们应该模拟物体变得越来越小,比如,"You threw the baseball to the catcher"(你投出棒球给捕手)。但对于使用第三人称进行表述的语言,人们会从旁观者视角进行模拟,那么,人们应该模拟这个物体改变了位置,但不一定改变大小,比如,"The pitcher threw the baseball to the catcher"(投手投出棒球给捕手)。

以下就是我们检验这一想法的方法。我们请被试听一些描述远离某人的运动的句子，比如某人投出一个棒球，同时，这些句子要么采用第二人称主语"你"，要么采用第三人称"他"，比如"投手"。这些句子之间穿插了第二个任务，被试以为是毫无关系的。这就是说，在每一个句子播放完后，马上会有两张图片很快地依次出现在屏幕上，被试必须马上按标有"是"或"否"的按钮，来表示在他们看来这两张图片里面的物体是不是一样的。有时候这两个物体是一样的，比如连续两个都是棒球；有时候不一样，比如一个棒球接着一只鞋子。我们感兴趣的是，如果这两张图片中的物体是一样的，会发生什么情况。其中关键的是，当这两个物体是一样的，我们设法对第二张图片中物体的外观进行调整，于是，当两张图片依次播放时，看上去就像这个物体要么正在远离被试，要么正从他们的左边移动到右边。我们做到这一点的方式非常简单：第一个物体短暂出现在屏幕中央，紧接着出现一个停留更短暂的视觉掩蔽——雪花屏，然后，第二张图片出现时，要么向右偏一点，但大小跟第一张图片中的物体一样，要么位于屏幕中央，但高度和宽度都比第一张图片中的物体小一点，如图 5-5 所示。该图表示了定格的向右移动以及向外移出的情形。这里的诀窍在于：每张图片只呈现 0.5 秒（也就是 500 毫秒）的时间，这会让人产生视觉上的错觉：对于被试来说图片中的物体看上去就像要么正在向右移动，要么正在远离。

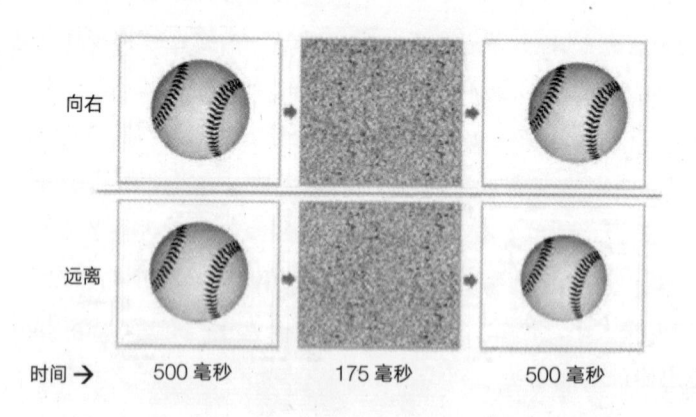

图 5-5　使人产生图片中的物体向右移动或远离错觉的方法

第 3 章中论述的研究工作用过一个类似的办法，在这以前已经发现，当物品移动的方向恰是"你"会看到的移动方向，那么第二人称句子确实可以让被试的反应变快。[13] 例如，我们对"You threw the baseball to the catcher"（你把棒球投给捕手）这句话的反应，就是球正在离我们而去，我们可以在以"你"为主语的句子里发现同样的现象。但我们为什么会认为，当我们从旁观者的视角观察这一运动时，就会模拟这是从左到右进行的？比如，对于类似"The pitcher threw the baseball to the catcher"（投手把棒球投给捕手）这样的句子，若是从旁观者视角进行模拟，有好几个有利位置可供选择，比如后方、旁边、上方，等等。然而，确实已经有一些研究表明：以英语为母语的人模拟水平运动最常见的做法就是从左向右。[14] 至于为什么他们会这么做，这是一个完全不同的课题，但也许跟我们正在探讨的课题有点关系，我们接下来会在第 8 章谈到这个问题！

从上述的分析我们可以得知：以英语为母语的人从旁观者视角对运动做心理模拟时，模拟中的运动往往就是从左向右的。于是在这个实验里，我们特意用看上去远离被试的运动，跟看上去向被试右边前进的运动进行了对比。如果上述理论是正确的，那么被试在看到"你"这个主语时采用了参与者视角，他们就应该能更快地认出远离自己的物体；而当他们看到其他人称作主语时如果采用了参与者视角，认出向右运动物品的速度就应该变得更快。

实验结果正是如此，如图 5-6 所示。如果由语法人称引出的视角与随后由图片变化所引发的视角是一致的，被试的反应就会明显加快。这就证明：人称作为一种语法线索，对具身模拟有调整作用，特别是，句中描述的正在进行一项活动的主语是谁将会影响我们在心理表征这一活动时所采用的视角。

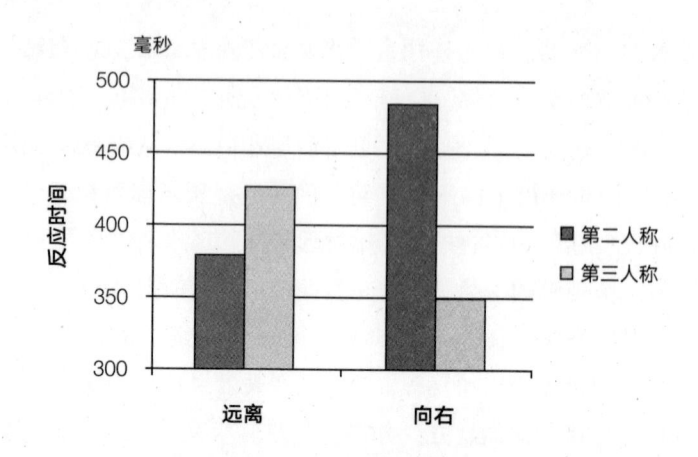

我们赖以生存的意义 | Louder Than Words

图 5-6 证明句子的人称会影响具身模拟的视角的实验结果

实验结果总是在指向同一方向的时候最有说服力，也就是说，还有一些在其他实验室做的、采用了不同方法的其他研究，全都指向这一相同的结论。塔夫茨大学的研究者用一套非常不同的方法论，发现了一个相关的效应。[15] 在其中一对研究里，他们让被试先看一些句子，这些句子的主语各不相同，比如"我""你""他"，描述的是手部的动作，比如"切一个西红柿"或"熨一条长裤"，看过一个句子之后，被试就会看到一张图片，这张图片可能是从动作执行者视角拍摄的，即参与者视角图片，也可能是从旁观者视角拍摄的，即旁观者视角图片，被试的任务是，判断图片显示的动作有没有出现在他们之前看到的句子里。①

结果表明，被试更快认出来的是参与者视角图片的动作跟前面关于"你"的句子描述的动作一致，以及旁观者视角图片跟在关于"他"的句子后面且动作一致。这进一步证实了第 3 章提到的关于物体运动方向研究的发现。

---

① 在该实验中，句子所描述的动作与随后出现的图片并不都是相匹配的，比如，一句话描述的是切西红柿，搭配的是一张显示正在做其他事情的图片。

这项研究还得出了一个很有意思的附加结论。如果被试看到的句子采用的是第一人称"我",那么他们会采用什么视角?这些句子会不会像采用第二人称"你"表述的句子一样,引出参与者视角,又或是像采用第三人称"他"表述的句子一样,引出旁观者视角?答案是可能两者都有,听到别人说起他们自己的事,你在模拟他们的描述时可能会采用他们的视角,也可能会采用旁观者视角。这也是研究者们的发现。在第一个实验里,如果句子是第一人称"我",被试对参与者视角图片的反应就会快于旁观者视角图片。这就是说,他们在模拟假如自己就是那第一人称"我",情况会是怎样的。但在第二个实验里,研究者在这种搭配上增加了一些上下文。他们在每个句子前面加了一个设定,描述这个第一人称"我"究竟是一个什么样的人。比如,"我是一个30岁的熟食店伙计""我正做一个蔬菜卷""这会儿我正在切一个西红柿",等等,有了这个设定,被试在看完采用第一人称"我"表述的句子之后,对旁观者视角图片的反应更快,也就是说,他们在模拟另一个人在执行某一动作,比如切西红柿。对此,一种解释是:在我们听到一个以第一人称"我"表述的句子并同时得到这个正在讲话或书写的人的清晰形象时,我们更有可能采用旁观者视角,上下文提供的关于这个人的细节越多,我们就越能表征出这个人大概是怎样的。相比之下,当我们对书写或说话的人一无所知时,我们更容易把第一人称"我"理解为指我们自己。

不过,这里的重点在于,虽然语法人称看上去会调整我们做具身模拟时采用的视角,但这并不是说,只要你听见第二人称"你",你就会在模拟动作时把自己视为参与者,而是说,出现在一个句子里的语法人称让你更有可能采用某个特定的视角。有趣的是,语法看上去并没有告诉你需要模拟什么,而只是告诉你如何进行模拟,以及从什么视角去模拟。这样看来,语法的功能并非在于为我们的具身模拟提供剧本,而是作为导演在进行指挥。

语法决定了模拟焦点的最终结果

我们先来看看以下两个英语句子有什么区别："The alarm clock was ringing"（闹钟响起来了），以及"The alarm clock had rung"（闹钟响过了）。再看另外一对句子："The children were lining up for lunch"（孩子们排起队来准备吃午饭），以及"The children had lined up for lunch"（孩子们排好了队准备吃午饭）。以上这些句子全都采用过去时来描述过去的情形，因为was、were、had都是各自动词的过去时形态，但在过去的相关时间里，这些句子描述的事件其实发生在不同的阶段。比如，"闹钟响起来了"这个句子描述的是闹钟正在响，相比之下，在"闹钟响过了"这个句子描述的时间点，闹钟已经不响了。

类似这样的语法上的区别，作为对同一事件的不同表述方式或观点中的一种，属于"语法体"（grammatical aspect）这个范畴。以英语为例，大体说来，对于句子描述的事件，"时态"（tense）提示它的发生时间是在过去、现在或将来，"体"（aspect）标记事件的状态，是正在继续、已经结束还是刚刚开始，等等。[16]每一种人类语言都会以这样或那样的方式对语法体进行编码。以英语为例，最广为讨论的语法体上的区别，是"进行时"和"完成时"之间的区别，语言学家认为前者强调的是事件的中间状态，后者则是对句子描述的事件过程进行概括，同时强调事件的结束状态。即使是没有受过语言学分析训练的人，当你请他们判断哪些事件已经结束[17]或将句子与图片进行配对[18]时，他们也常常会有这些直觉感受。

进行时，强调事件的中间状态
John is closing the drawer.（约翰正在关抽屉。）

完成时，强调事件的结束状态

John has closed the drawer.（约翰已经关上了抽屉。）

借助更精细的工具得出的行为证据指向同样的结论。例如，有一项研究请被试先看一个包含好几个句子的故事，其中最关键的一个句子要么采用完成时，要么采用进行时。[19] 被试看完之后就要接受记忆测试，看一段关于同一事件的描述，但里面没有出现任何关于时态或体的标记，比如"close drawer"（关上抽屉），然后判断这一事件是否出现在前面的故事中。结果表明：如果故事描述事件的时候采用了进行时，那么，与采用完成时相比，被试会以明显更快的速度说出这一事件在前面见过。这似乎暗示了，进行时的确可以为人们理解句子描述事件的一种表征提供更便利的识别方式，或者说更深入的激活。其他研究也证明，如果请被试辨认描述事件涉及的主体，我们也能看到相同的效应：对于被试而言，"约翰"出现在采用进行时的句子里，会比出现在采用完成时的句子里更容易被记住。[20]

关于完成时的功能的补充证据来自另外的研究，其实验结果表明：与进行时句子相比，完成时句子更加聚焦句子的结束状态。[21] 在那项研究里，研究者请被试先看一个进行时或完成时的句子，然后再看一张图片，图片显示的是该事件处于进行状态（如抽屉正在被关上），或完成状态（如抽屉已经被关上）。研究者发现，如果图片跟在完成时句子后面，那么，被试对完成状态图片的反应更快，快于进行状态的图片。这就表明：在读到完成时的描述时，被试并不在意其所表示的事件的中间状态，而会更多地关注由此而来的结束状态。

这些发现有力地证明了，进行体可以加大对所描述事件中间状态的获取或激活，而完成体可以加大对事件结束状态的获取或激活。我们自然就会问：获取或激活程度上的这一差别，如何体现在具身模拟的差异中？我们知道，在模拟特定场景的不同组成部分时，具身模拟可以在细节或者说颗粒度上有所不同。²² 如果我请你想象你家厨房的水槽，那么你脑海中出现的画面可能不会一上来就包括类似水盆四周装饰线的颜色或出水孔的外形这样一些细节，但只要我请你心理表征这些细节，你脑海里的心智之眼就会将自己用于观察这些想象中的物品的"镜头"进一步聚焦，心理意象的相关文献对此已有丰富的论述。²³ 因此，基于模拟的（语法）体功能研究可能预示着：与采用完成时的描述相比，采用进行时的句子应该能够对句子描述事件的过程或核心要点引发更深入的具身模拟。²⁴ 反之，完成时强调一个动作的结束状态这一特性应该可以加深直接与描述事件结束状态相关的模拟的深度，同时弱化对事件核心要点的模拟。

我们在实验室中对这一点进行了验证，用的是动作-句子兼容效应范式，想必你已经非常熟悉这一效应了。²⁵ 在这类研究中，被试在做的动作跟句子描述的动作兼容时，其反应更快，快于不兼容的动作。²⁶ 与之前的研究一样，我们这一研究也用了描述向身边靠近或远离身体的动作的句子，请被试作答的方式也是将手收回来或伸出去。在我们的研究里，关键的创新在于我们围绕语法体做了点儿文章。我们请被试先看一组句子，这些句子要么采用进行体，要么采用完成体，例句如图 5-7 所示。如果进行体对模拟的影响确实是进一步将心智聚焦于正在进行的动作，那么，我们就应该在进行体句子中看到明显的动作-句子兼容效应。反过来，如果完成体当真阻断了对进行中的事件所构建的具身模拟，那么，我们在完成体句子中就应该看不到丝毫的动作-句子兼容效应。

	进行体	完成体
远离	约翰正在关抽屉。	约翰已经关上了抽屉。
靠近	约翰正在打开抽屉。	约翰已经打开了抽屉。

图 5-7　测试两种语法结构是否会产生动作-句子兼容效应所使用的例句

实验结果如图 5-8 所示。对这些结果的最合理解释就是，进行体句子驱使被试对句子描述事件的中间状态进行心理模拟，但完成体句子就较少引起这种模拟。

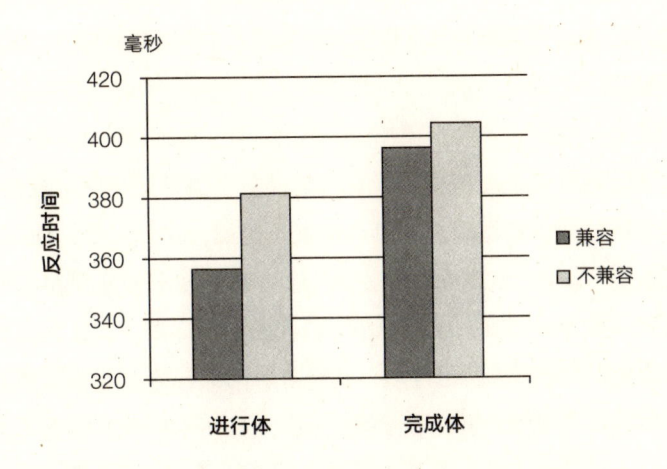

图 5-8　证明句子的语法结构会对具身模拟产生影响的实验结果

与此类似的研究显示，一方面，像"玛丽""抽屉""打开"这样的实词指向可被模拟的具体经历，比如主体、状态、事件或属性；另一方面，语法体就跟语法人称一样，作用于这些实词引发的表征。语法似乎能够调整读者应该聚焦在一次模拟的哪个组成部分、进行模拟时应采用怎样的精细程度，以及从哪一个视角进行模拟。

语法告诉我们的事

人类语言在所有动物交流系统中显得独树一帜的原因之一，在于其对语法的高度发达的运用。因此，了解语法是怎样起作用的，对于我们了解自身以及我们的认知系统何以如此独一无二有很大的帮助。本章论述了语法会通过三个方面对具身模拟产生影响，我们已知的其他天然的交流系统并不存在这些特点。

- 第一，语法能组合并进而约束每个词对具身模拟的贡献；

- 第二，语法本身也有意义；

- 第三，语法能够调节具身模拟，提示的不是什么需要模拟，而是如何进行模拟。

语法可以调节具身模拟这一观点，足以激发语言学家张开想象的翅膀。语法还有哪些其他方面可以调节具身模拟？比如，在英语里，"barley"（大麦）是单数而"oats"（燕麦）是复数，这一事实会不会让你在模拟"一堆燕麦"和"一堆大麦"时，模拟出相对较大的一堆燕麦，或是包括了更多粒数的一堆燕麦？[27] 而对于西班牙语，其所有名词都有语法上的性别之分，那么，你会不会在心理上模拟一座桥梁（un puente）时带上阳刚气质，而在心理上模拟一把钥匙（una llave）时带上阴柔特征？[28] 又比如，对比主动的"玛丽打了约翰一拳"与被动的"约翰被玛丽打了一拳"这两句话，其中的区别会不会部分源于你采用的是谁的视角？类似的问题还可以列举很多。

这最后一个例子引出了一个至关重要且相关的问题，那就是单词排序的问题。对比"玛丽打了约翰一拳"与"约翰被玛丽打了一拳"这两句话，其中的一个区别在于玛丽和约翰被提及的顺序是相反的。在我们看或听一段话的时候，我们是逐字逐句进行接收的。这就引出了一个问题：单词的排序会不会影响我们做具身模拟的次序？不同语言里不同词语的排序，会不会对人们模拟主体和事件的次序产生影响？另外，我们在做模拟的时候，是跟着一个句子从头到尾，一个单词接着一个单词地展开，还是直到所有单词出现完毕才一次性启动具身模拟？接下来的第 6 章，我们要花一点时间从时间维度来讨论具身模拟。

LOUDER THAN WORDS

06

时光飞逝如箭,
果蝇喜欢香蕉?
小结模拟,
还原符合事实的正确意义

06 时光飞逝如箭,果蝇喜欢香蕉?

单词和语法结构是组成话语的"积木",决定我们所说的话听起来或看起来是什么样的,也决定我们将如何进行模拟。不过,单单了解这些"积木"是什么并不足够。作为语言的使用者,我们还要具备实时将这些"积木"从一句话中辨认出来并加以组合的能力。我们在实际运用这些"积木"时都要借助哪些流程?我们又是怎样从一个句子开始一次模拟的呢?

这个问题看起来似乎没什么难度,毕竟,如果你认识一个句子里出现的全部字词以及将它们组合起来的语法结构,那么,你要做的只不过是将所有这些片段连接起来,这就大功告成了。好比一个拼图玩具,它只有唯一一个正确的解,只有一种方法能将所有部分拼在一起。当然了,跟语言打交道不可能总是如此简单,因为我们并不总能轻易地认出某人写或说的究竟是什么内容。比如,对方说的字词可能不是每一个都足够清晰,以英语为例,你未必能听清楚一个人刚说的是"can take"(可以接受)还是"can't ache"(不疼);另外,通信质量也可能不稳定,比如你正在打电话或在一个很吵的地方说话。不过,即使这一切都能避免,即使你已经清楚地知道你听到的字词都是哪些,你依然会发现,要将所有这些片段组合起来还是有难度,因为,语言有一个非常重要且无法回避的特征:你无法在同一时间接收到整个句子。

当你在看或听一段话的时候,字词是一个接一个被对方说出来的,或是随着你的目光扫过页面一个接一个地被你看见,而且,它们出现的速度很快，正常英语口语的速度在每秒 3～4 个单词，这就意味着你有两个选择，但这两个都不是最优的。

- 第一个选择是你可以等到句子结尾，当你得到全部的信息以后，再来考虑这句话到底是什么意思。这一选择的好处在于，等到你要做判断的时候，你对这句话已经有了全面的认识。但这种做法也有缺点，最严重的一个缺点是：这样一来你的理解就必然会变慢。如果你要等到一句话结束后再来尝试理解它的意思，那么，你就只能在说话者开始说下一句话的时候，或者在等你对这句话要告诉你的事情做出答复、采取行动或其他回应的时候，你才刚开始对这个句子有所理解。

- 第二个选择是尝试以不断增加的方式将所有的片段连接起来：一看到或听见某个词就判断该怎样处理，一个词接一个词地进行。这种递进式处理方法的好处是可以让你更早开始尝试理解一句话，前提是不能出什么根本性的大错，这就意味着一般而言你能在这个句子表达的过程中及时理解其意思。还有一个额外的好处是，如果你在句子逐步展现出来的同时开始尝试对这个句子的意思做最合理的猜测，那么只要这个句子具有一定的可预测性，后面出现的内容就不会太出乎意料，也就更便于你将前后出现的内容整合到一起进行理解。但递进式处理也存在一个大问题，那就是你几乎一直陷于应对不完全信息的境地。听见一句话里的头几个字词之后你可以猜测这句话大概是要说什么，但如果你猜错了，结果就可能是"差之毫厘，谬以千里"，让你感到措手不及。

由于语言是动态的，将一句话的各个片段整合起来就可能比乍看上去更有难度。人们是会相对保守一点，等到获得整句话的全景之后再来尝试理解，还是词一出现就立即开始进行理解，并尝试递进地将每一个新出现的词整合进自己基于句子意思所做的最合理的猜测上？我们将会看到答案可能有点出人意料，这两种方式人们都会使用。

跟语言打交道不可能永远如此简单

我们如何判断人们在理解语言时是否采用递进的方式？如果人们一早就开始对句子的意思进行猜测，这就意味着，相对难以预测的句子应该会给人的理解过程造成麻烦，可能在句子呈现的过程中就会出现问题，而无须等到句子说完。事实上还真的存在一些这样的句子，我们称之为"园径句型"（garden path sentences），因为这些句子会把人引入"花园小径"，从而做出错误的判断。举个例子，下面这句话是美国喜剧演员兼作家格劳乔·马克思（Groucho Marx）所说：

Time flies like an arrow. Fruit flies like a banana.

第一句话的意思是"时光飞逝如箭"，关键是当你读到第二句时，你可能会误以为这里的"flies"（飞）也作为动词使用，毕竟第一句就是这样用的。你继续猜想，既然"fruit"（水果）是主语，那么接下来你将要看到的就是关于水果怎样飞的描述。但当你读到句子结尾的"banana"（香蕉）这个单词时，你就会意识到：不对，"flies"在这句话里原来并不作为动词使用，而是作为一个复合名词的一部分，这个复合名词就是"fruit flies"（果蝇）。第二句话的动词其实是"like"（喜欢），这句话的意思是"果蝇喜欢香蕉"。你就是这样误入歧途的，因为第二个句子没有按照你的预期来展开。

这个例子有点不好分析，因为你会预计第二个句子的"flies"是作为动词使用的理由可能有很多。比如，你可能会预计第二句话的语法跟第一句差不多，或者，你可能早就认定"flies"多用作动词而不是名词。当然，还有一些其他的例子可以让我们很清楚地看到究竟是哪里出了问题。依然以一个英语句子为例：

The lawyer cross-examined by the prosecutor confessed.

我猜，跟大多数人一样，当你看到"prosecutor"（检察官）这个单词时，你已经有一个思想上的先怔后悟。为什么这么说？因为律师通常都要盘问（cross-examine）别人。当你先看到"cross-examined"这个单词时，你以为自己已经搞清楚这句话的结构，"the lawyer"（律师）是主语，"cross-examine"（盘问）用作这个主语的动词实在是太合适了。但也恰在这时你读到了"by the prosecutor"（被检察官），于是，你必须回到句子开头去反思这句话表达的究竟是谁对谁做了什么动作，然后，你会发现其实这句话的意思是，"被检察官盘问的律师招了"。可能你如此轻易就误入歧途的一部分原因在于，律师常常是以盘问者的角色出现。你可以自己验证，来看下面这个例句：

The witness cross-examined by the prosecutor confessed.

如果你是英语读者，你应该很容易理解这句话，并且不太可能误入歧途，这句话的意思是：被检官盘问的证人招了。研究显示，即便你之前没有看过一个类似的例句，这句子在你看来依然更容易理解，[1] 这与你对证人和律师的认识有关。我们都知道，"盘问"属于律师经常要做的事，而被盘问不是，但证人的情况恰好相反，这一常识影响了我们的判断，关于怎样在这与时俱进的对句子的递进式理解活动中将句子中的每个单词整合进来。由此看来，人们在理解句子的过程中似乎用到了意义的一些方面，借以得出一种对每个单词做出的当前最佳猜测，进而确定这个句子到底在说什么。

但我们怎么才能通过实验证明，我们确实在实时地对句子的每个部分进行理解，而不是等到句子结束以后再统一进行理解呢？若想了解人们在理解一句话的时候发生了什么，最有效的一个方法就是观察他们的眼睛。我们请被试听一些句子，同时请他们看一组图片，这些图片上呈现的是不同的物品，有的是可以吃的，比如一块蛋糕和一个苹果；有的不能吃，比如一只猫和一张桌子，当被试在看这些图片的时候，耳边听到的句子就在描述人们跟这些物体交互的情形。比如，被试在看着一张苹果的图片时，可能会听到"男孩吃了那个苹果"这样一个句子，这时，他们的眼睛会看向哪里？他们在听到"吃"这个词的时候会不会更倾向于先看可以吃的物品，哪怕当时他们还没有听到要被吃掉的物体是什么？英国的研究者提出了这个问题，然后通过研究发现，被试确实会更仔细地去看图片上与动词意义相关的物体，即使那时他们还没有听到句中动词要施加影响的那个物体是什么。[2] 比如，当他们听到动词"吃"的时候，即使句子还没说完，他们就已经在更仔细地去看苹果和蛋糕了，这与他们给予猫和桌子的关注形成明显的对比。加上后续一些研究的进一步验证与拓展，对这一结果最直白的解释就是：一旦人们已经听到的词语开始限制句子接下来可能会出现的合理词汇时，人们就会对句子还有哪些后续内容进行预测，并开始以递进的方式粗略地搭建出自己对这个句子的理解。

递进模拟，而非轻易开始模拟

你可能会问，模拟到底是在什么时候开始的呢？原则上讲，这同样存在几种可能性。比如，我们可能会在一句话出现初期就开始模拟，或者，我们不会轻易开始模拟，而非要等到所有片段或材料齐备之后再开始，也就是要等到听完整句话之后，再来模拟这一切组合而成的故事的全貌。

你可能会认为第二种可能性，也就是更保守的那个，应该是效率更高的做法，开始模拟之前先做一点最起码的语法分析也许是有好处的。比如，对于英语句子："The rabid monkey is gnawing on the unconscious scientist"（发狂的猴子正在撕咬失去意识的科学家），在你有能力构建一个准确反映句子意思的具身模拟之前，你需要先知道单词"rabid"（发狂的）具体形容的是猴子还是科学家，对于单词"unconscious"（失去意识的）也是一样，你还需要知道，"gnawing"（正在撕咬）这个动作的主语是谁。因此，在开始对句子描述的场景进行模拟之前，听者先来做一些语法分析，并从语法的角度考虑句子的各个组成部分有几种合理的搭配是有道理的。

但有没有可能，在我们以递进方式处理我们听见的一个又一个单词的同时，我们也以递进方式启动了具身模拟？也就是说，有没有可能，我们一边听着每个冒出来的单词，并默默做着心理模拟，一边依然试图把句子视为一个整体来对其进行语法分析？接下来，我们就把这个想法用在之前提到的那个园径句型上试试看：

The lawyer cross-examined by the prosecutor confessed.

当你听到"lawyer"这个单词时，你可能先猜测着模拟出一名律师，只不过这时你还不确定那究竟是一位什么样的律师。然后，当你听到单词"cross-examined"时，你就估摸着做出了自己关于一名律师的心理表征，同时，尽管这时你对这个句子所做的语法分析还不完整，并且听到最后时，你会发现这种分析是不正确的，但你依然会尝试着做下去，并心理模拟出一位律师，此刻站在证人席前面，且正在盘问。至于这位律师盘问的对象是谁，这时你还并不清楚，因此你的具身模拟会忽略一些细节，比如，这个盘问的场景看上去如何，或者，你会模拟被盘问者的一个原型或一种常见的形象。但是，当你听到"by the prosecutor"（被检察官）时，你的语法分析机器戛然而止，还有你的模拟机器也一并中断了。于是，当你获得足够的信息再对句子做一次语法分析时，你才发现，原来律师才是被盘问的对象，这时，你就可以再度模拟句子所描述的场景，这一次，律师站在证人席上，而不是站在证人席对面。

那么，你是习惯早早开始并频繁模拟，还是更愿意等到句子临近尾声之后再以较低频率进行模拟呢？

要回答这个问题，我们需要找到一个能够在句子处理过程中检测到具身模拟的方法。实际上，有一个被广泛使用的方法叫"自定步速阅读法"（self-paced reading），可以满足我们的这一需求。这个方法有好几个版本，但核心思路都是：在实验中，每次在屏幕上仅显示一个句子的一些组成部分，并且这些部分不会自动显示出来，而是需要被试做一些指定的动作，才能让每个部分依次出现在屏幕上。继续以前面提到的例句"The rabid monkey is gnawing on the unconscious scientist"为例，一般情况下，应用自定步速阅读法所做的实验需要用到一个按钮，被试可以按这个按钮，然后，看见定冠词"the"，再按一下按钮，看见形容词"rabid"，再按一下就看见名词"monkey"，以此类推。自定步速阅读法通常用来检测人们在理解句子时有没有遇到麻烦。从逻辑上讲，对于刚刚出现在屏幕上的单词，被试越觉得难以理解，就越会导致他们需要花更长时间才能按下按钮以显示下一个单词（见图 6-1）。

The　　lawyer　　cross-examined　　by

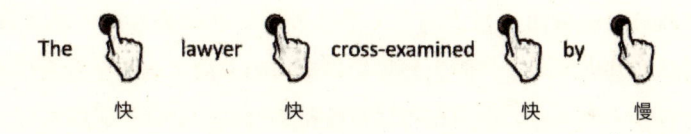

　快　　　　快　　　　　快　　　　　慢

图 6-1　应用自定步速阅读法的实验

我们还可以对自定步速阅读法进行改进，来对具身模拟进行考察。鹿特丹大学的研究者使用的是我们之前提到过的"圆形旋钮"装置，如果你还有印象，就会记得这东西很小，直径在 2.5 厘米左右，被试按照要求用它给出反馈。[3] 我们可以对"圆形旋钮"进行一些调整，使其变成如果要想看到句子的下一个部分，你就要将这个旋钮转一个很小的角度，比如 5 度。这个装置的妙处在于：我们可以让被试顺时针旋转旋钮，也可以让其逆时针旋转。荷兰的研究者让被试用这个"圆形旋钮"决定各自阅读句子的速度，而这些句子描述的恰是手部的转动，方向可能是顺时针，也可能是逆时针，每转"圆形旋钮" 5 度，就会出现用斜杠分隔开的该句子的下一个字段。比如，以下两个英语句子描述的动作涉及向相反方向旋转优势手的动作。

139

Before / the / big race / the driver / took out / his key / and / started / the / car.（比赛开始前，赛车手拿出钥匙启动了汽车。）

To quench / his / thirst / the / marathon / runner / eagerly / opened / the / water bottle.（急于止渴的马拉松选手急切地打开了水瓶。）

我们可以通过类似这样描述逆时针或顺时针方向动作的句子，以及必须用到上述两类相同动作之一才能做出反应，来测试在句子的意义与手部反应方向之间是否存在兼容效应。这跟动作－句子兼容效应非常相似，只不过我们并不是在句子结束之后再进行监测工作，而是在句子展开的过程中。当被试向兼容方向转动圆形旋钮时，他们转动的速度就会更快。例如，在前面提到的例子中，如果被试按顺时针方向转动圆形旋钮，这跟句子描述的转动钥匙启动汽车的方向是兼容的，于是他们就会在看到单词"started"（启动）之际做出更快的反应，但假如是向不兼容的方向转动圆形旋钮，他们的反应就会变慢。关键是，这一规律只在被试要做的转动动作紧跟在动词（比如"start"）之后出现这一种情况下才成立（见图6-2）。但被试在动词出现之前或之后看到其他单词时，他们转动"圆形旋钮"以显示该句子下一个字段的速度都没有变化，不管转动方向与句子的描述是否一致都一样。

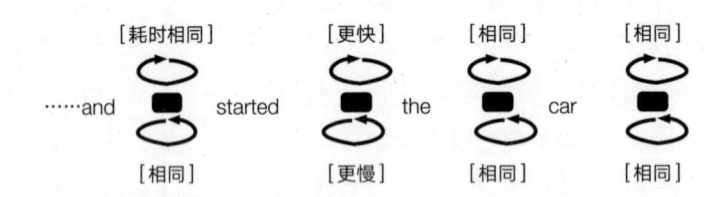

图 6-2　测试句子意义与手部反应方向之间是否存在兼容效应的实验

图 6-3 对这一实验结果有更清晰的说明。该图显示的是被试在理解一个句子的不同部分时转动"圆形旋钮"所需的平均时间,包括顺时针方向和逆时针方向。图中的两条折线分别表示在被试为看到句子的下一部分而转动"圆形旋钮"时,句子描述的转动方向与被试的手部动作相符及不相符两种情况。如你所见,基本上,在句子各个部分都没有看到被试的转动速度有什么明显的变化,只有动词部分例外。如果你回头看一看前面的内容,就会明白为什么会发生这样的情况。在前文的例句中,相应的动词分别是"start"和"open",两者都没有明确说明该动作具体是朝哪个方向转动,但在这两个句子中,动词出现之前的内容已经构建出一种语境,因而只要动词一出现,你就很容易看出这个句子描述的动作究竟是转向哪个方向。

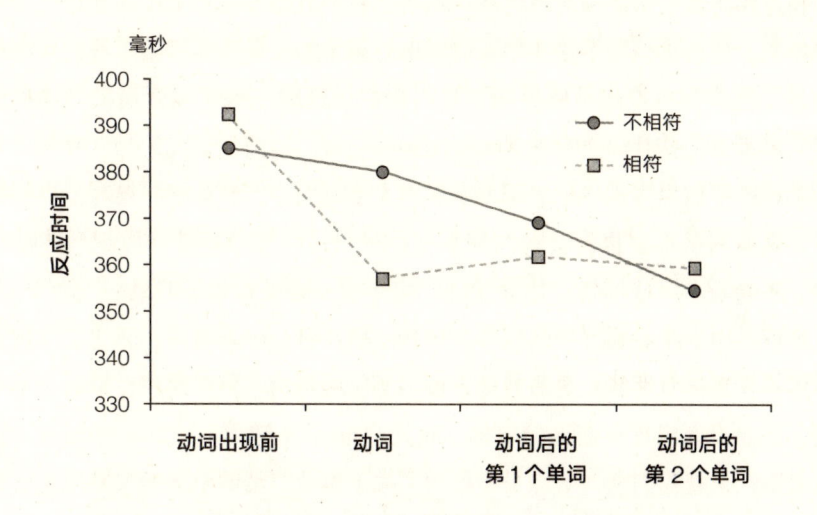

图 6-3 "圆形旋钮"实验中被试对不同词的反应时间所呈现的"相符-不相符"差异

这个实验的一大启发在于:在一个句子中,只要有动词出现,并且这个动词提示了手部朝一个特定方向转动,那么,我们就会根据这个方向做心理模拟。这就回答了前文关于我们是否会以递进方式对句子进行模拟的疑问:我们不会等到句子结束后才开始模拟,我们很早就开始了,比如在一句话进行到中段时。

还有其他三个理由，使这一结论变得相当发人深省。

首先，这种效应是由类似"open"和"start"这样一些单词造成的，这些单词本身并不表示一个特定的转动方向，它们只有在特定的上下文之中才会跟转动方向扯上关系。但关于手部转动动作的具身模拟开始进行的证据，恰恰出现在被试看见这些单词之后，这似乎表明，指引被试以递进方式做模拟的不是这些单词孤立来看的意义，相反，被试会把这些单词放在它们出现的特定句子的上下文中进行考虑，并以此为依据构建具身模拟。

第二个关键点在于，在这项研究里，具身模拟效应出现的时间，恰在句子描述的转动方向变得清晰之际，这表明我们可能不是完全按照递进式来做模拟的。那么我们是不是会尽可能早地开始模拟，只要句子给了我们可靠的信息，提示我们大概是要模拟什么？我们从这同一组研究者借助"圆形旋钮"装置所做的后续研究中看到了明确的答案。他们要研究的是：动词以外的单词能不能引发他们已经看到的具身模拟效应。[4] 于是他们先造了一些句子，这些句子不会提到转动向哪个方向进行，只有等到动词出现后才能确定，下面附上一些例句。你会发现，你必须一路看到句子的最后一个单词，才能推测出木匠是要用手向哪个方向转动螺丝钉。毋庸置疑，研究者发现了与图 6-3 实验中类似的观测结果：被试反应时间的差别只出现在最后一个单词上，而没有出现在前面的单词，包括"turn"（转动）这样的动词上。这就表明，只要我们在一个句子中得到了关于模拟的足够明确的关键信息，我们就会马上开始进行模拟，而不管这个关键单词是一个类似"start"这样的用于描述句中所说动作的动词，还是一个类似"loosely"（宽松的）这样的只跟句中描述的动作有那么一点细微关系的副词。

The carpenter / turned / the / screw. / The boards / had / been / connected / too / tightly.（木匠拧了拧螺丝，之前板子之间夹得太紧了。）

The carpenter / turned / the / screw. / The boards / had / been / connected / too / loosely.（木匠拧了拧螺丝，之前板子之间没夹紧。）

这项研究的第三个重要发现是：模拟效应是稍纵即逝的，待读者读到句子的下一个部分时，比如图 6-3 中动词后的第 1 个单词，在相符与不相符之间已经基本没有差别了。这最后一点值得多花一些时间进行深入的思考：将你的手转向一个特定方向的可检测到的模拟，为什么会在动词出现之后马上消失？

其中的一种可能性是：当你看见关于启动汽车和打开水瓶这两个句子时，你会看到，在这每一个句子里，紧随动词出现的那部分内容会提到这一动作将要施加在什么东西上。这时，在看这些句子的被试看上去已经不再心理模拟手部的转动动作。他们为什么停下了呢？也许，随着新的单词一个接一个地出现在屏幕上，被试也将自己的注意力转向新出现的单词提供的新的信息上，并开始构建相应的具身模拟。例如，在前面提到的关于木匠拧螺丝的句子中，紧随动词之后出现的第一个单词是"the"，也许它告诉你的是，做好准备，马上就要对某个宾语做心理模拟了，可能是你要执行的具体动作，也可能是某种可见的外观、可感知的触觉等。与此形成对比的是，假如紧随动词之后出现的单词不是"the"，而是与动词描述的手部转动动作有关，比如"slowly"（慢慢地），那么，你可能更倾向于继续一边处理这个句子一边模拟这个转动的动作。事实上，"圆形旋钮"实验也在这个方面给了我们一些启发。

在"圆形旋钮"实验里，旋钮的功能在于转出句子新的片段给读者，然后读者一点一点地转着旋钮看完一个完整的句子。这些句子跟之前的实验用到的句子相仿，只不过这一次在动词后有一个具体的单词，从以下例句可见，是两类副词。一类用于描述动作的方式，比如 rapidly（飞快地）、slowly（缓慢地）或 quickly（迅速地）；另一类用于描述做这个动作的人的精神状态，比如 hungrily（饥饿地）、obediently（顺从地）或 happily（快乐地）。

He was / craving a / juicy / pickle. / On the / shelf, he / found a / closed jar / which he / opened / rapidly.（他突然想吃一根爽口的脆黄瓜。他在架子上找到一个密封的罐子，然后飞快地打开了。）

He was / craving a / juicy / pickle. / On the / shelf, he / found a / closed jar / which he / opened / hungrily.（他突然想吃一根爽口的脆黄瓜。他在架子上找到一个密封的罐子，如饥似渴地打开了。）

研究者认为：如果这些副词关乎主语的心理状态，而不是动作本身，就可能使读者的具身模拟不再关注转动的动作；如果副词修饰的是动作，读者就会继续模拟这个动作。结果他们发现，描述动作方式的副词，比如"rapidly"，会让具身模拟的焦点继续维持在动作本身，哪怕动词后面的内容已经出现也一样，于是读者可以更快完成与动词及其后续副词描述相符的动作，快于跟动词及其后续副词描述不符的动作。但是，如果换成关乎做这个动作的人的情绪或心理状态的副词，比如"hungrily"，被试就只会在动词这个位置表现出明显的相符—不相符差异，而跟后续副词无关。换句话说，我们继续模拟动作的时长，取决于动词后出现的单词会不会把我们的注意力从句子描述的场景中移开。

因此，"圆形旋钮"研究增进了我们对于递进模拟的认识。人们会以递进的方式启动模拟，并采用对上下文保持敏感的方式，且只在一个单词于其特定上下文提示了有什么东西可以模拟的时候出现。另外，人们做起模拟来往往带有机会主义者的特征：一旦得到可以用于模拟的可靠信息，人们就会启动模拟，而并不在意最终一锤定音的那个单词到底是动词、副词还是其他什么词。最后一点，这种模拟是稍纵即逝的，只要一个句子开始转向不同的内容，进而需要做不同的模拟，它就飞快地消失了。虽然这一证据来得发人深省而又看似毋庸置疑，但只有用其他方法也能得到与之相同的结论，我们才会彻底信服。

幸运的是，另有一组不同的研究[5]也关注了模拟产生的时间这一问题，只不过这个研究一开始聚焦的是一个非常不同的问题。这个研究出自我的实验室，我们想了解具身模拟在其他语言中的运作方式是否跟其在英语上是一样的。研究生佐藤奈美（Manami Sato）用日语进行了研究，试图再现视觉模拟领域一个具有里程碑意义的实验，就是那个请被试看一些提到某个物品的句子，同时暗示它们具有某种特定外形的实验。先用英语实验举例，以下每个句子都暗示了鸡蛋的一种外形，具体来说就是句子右边图片所示的外形（见图6-4）。

Nana put the egg in the fridge.
（娜娜把鸡蛋放进冰箱。）

Nana put the egg in the pan.
（娜娜把鸡蛋放进平底锅。）

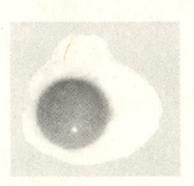

图 6-4 佐藤奈美的实验

原本采用英语句子做的实验，其结果是：当图片中物体的外形与句子暗示的物体的外形相符时，被试可以更快地按下按钮表示图片中的物品出现在句子里。[6]我们认为在采用日语句子的实验中应该也能发现同一现象，毕竟，我们没有理由认为日语在促成物体外形模拟这方面的能力会低于英语。但我们非常吃惊地发现：在采用日语句子的实验中，不管图片中的物体跟句子描

145

述的物体是否一致，被试的反应时间都没有差别。起先我们感到很困惑，于是更仔细地观察了我们用以刺激被试的日语句子。若用字母拼出日语发音，它们看上去是下面这样的：

Nana-ga　　　reezooko-nonakani　　　tamago-o　　ireta
Nana（娜娜）　fridge-inside（冰箱里）　egg（鸡蛋）put（放）
Nana put the egg inside the fridge.（娜娜把鸡蛋放进冰箱里。）

Nana-ga　　　huraipan-nonakani　　　tamago-o　　ireta
Nana　　　　 pan-inside（平底锅里）　egg　　　　put
Nana put the egg in the pan.（娜娜把鸡蛋放进平底锅里。）

　　然后我们意识到，也许是我们检测具身模拟的时机不对，因为，日语句子的单词排序跟英语句子不同。在英语里，像"put"这样的动词通常出现在一个句子的中部，像"egg"这样的宾语会紧随其后，而这个宾语的外形正是我们要检测的目标。因此，如果我们探寻模拟（如这一方法所示，是用一张图片）的位置是在句子的尾部，那么，我们是在被试已经发现该物体的外形之后再去看他们的模拟。但在日语里，语序是倒过来的，你从前面句子就能看到这一点。在日语里，你能够在一个句子相当靠前的位置就对这个物体是什么、有怎样的外形有一个初步的想法。等到你终于看见单词 tamago（鸡蛋）时，你对它的外形已经很有把握，毕竟你已经知道了它到底是"在平底锅里"还是"在冰箱里"，而鸡蛋被放进平底锅时通常已经不再完整，同样，我们也不大可能把鸡蛋敲碎了再放进冰箱。因此，当日本读者终于看到动词 ireta（放），也就是读到了句子的结尾时，他们已经没有必要就句子中物体的外形去做进一步的视觉模拟了。然而，这个动词可能触发其他的模拟。比如，它可能催生关于把鸡蛋放在句子描述的位置所应采取的动作在运动或视觉方面的模拟。

我们想要验证这一可能的解释，借以解开英语和日语之间存在的差别之谜。于是我们对前文所述的实验方法做了一点调整，改变图片在句子里出现的位置。假如我们的解释是正确的，那么，只要将图片移到句子较靠前的位置，紧跟在宾语名词之后，而不是放在句子结尾，这就可能导致被试在相符和不相符的图片上的表现出现差别。基于这种想法，我们做了另一个实验，采用同一类型的句子，但这一次被试会在动词出现之前看见图片，他们的任务是判断图片中描述的物体有没有出现在句子里。比如，被试会看到如图6-5 所示的句子与图片的组合。

| Nana-ga | reezooko-nonakani | tamago-o | | ireta |
| Nana | fridge-inside | egg | | put |

"Nana put the egg inside the fridge."

| Nana-ga | huraipan-nonakani | tamago-o | | ireta |
| Nana | pan-inside | egg | | put |

"Nana put the egg in the pan."

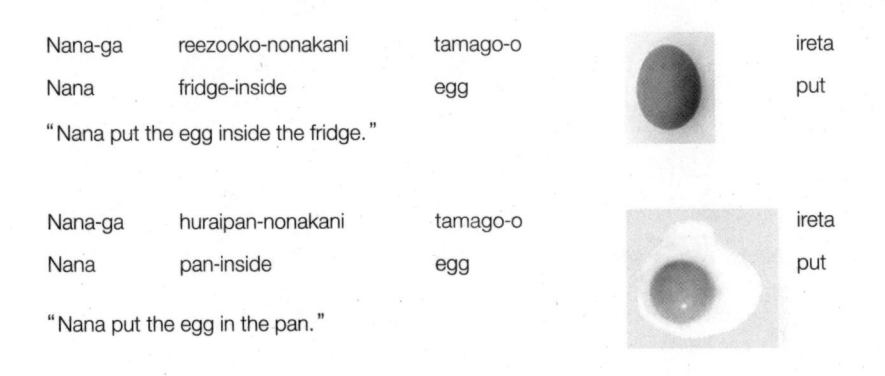

图 6-5　佐藤奈美的实验的改良版本

突然之间，那神秘消失的效应又回来了：当图片中的物体的外形与句子描述的外形相符时，以日语为母语的被试反应更快，快于两者不相符的情形。我们由此可以得出几个结论。如同"圆形旋钮"实验所示，人们甚至不等看到句子结尾就开始进行细节模拟，在上述例子中，细节就是物品的外形。他们不是单就一个单词去做模拟，而是采用单词结合上下文的方式，本例中的两种情况都用到 tamago 这个单词。然而，这种模拟又是稍纵即逝的，因为到句末的时候它已经消失得无影无踪。

通过这些实验结果，我们可以得知：偶尔你也可能开始具身模拟一个句子描述的事物，因为你感觉自己对这个句子到底在讲什么是相当有把握的，如果在后面遇到某个意想不到的单词，你就会对自己的模拟进行全面修正。换句话说，有时你可能会在模拟的时候被引入"花园小径"。举例来说，如果你也说日语，然后你看到如下的句子：

Nana-ga　reezooko-nonakani　tamago-o　otoshita
Nana　　 fridge-inside　　　　egg　　　dropped
（娜娜）　（冰箱里）　　　　（鸡蛋）　（掉下）
Nana dropped the egg inside the fridge.（娜娜把鸡蛋扔进冰箱里。）

或

Nana-ga　huraipan-nouede　tamago-o　korogashita
Nana　　 pan-on　　　　　　egg　　　 rolled
（娜娜）　（平底锅上）　　　（鸡蛋）　（滚动）
Nana rolled the egg on the pan.（娜娜在平底锅上滚动鸡蛋。）

上述的两个句子都暗示了，作为宾语的物体在句子描述的位置出现了并不常见的外形。你以为出现在平底锅里的鸡蛋应该是打碎的了，不可能滚动起来，但因为日语的动词往往出现在句子末尾，于是，你在看到最后一个单词之前并不能确切地知道，这个宾语名词的外形原来出乎你的预料：出现在冰箱里的鸡蛋其实碎了，出现在平底锅上的那个反而完好无损。我们通过前面的实验已经知道，在动词出现之前，人们就开始为物品的外形构建具身模拟。为了弄懂类似"娜娜在平底锅上滚动鸡蛋"这样的句子，由于动词在句末出现，因此，人们可能需要给句中提到的物体做一个可替代的模拟，而在这个模拟中物体的外形可能与实际情况不同。

为了验证这一点，我们采用了与前文例句类似的句子，这些句子都在展开到一定位置之前暗示一种外形，而在临近句子结束之际来一个转变，同时被试还会看到一张图片。我们预计，假如人们当真会从一个模拟跳到另一个模拟，那么，只要图片中物体的外形符合句子末尾那个出人意料的动词暗示的最终外形，被试的反应就会更快。果然，当我们仔细检验这些实验的结果时，确实再一次看到了相符－不相符效应：如果一个形状看上去近似句子描述物体的最终外形，而不是仅仅在前一个单词出现时还显得更合理的外形，人们的反应速度就会更快一点。换句话说，只要有新的信息出现并能够推翻被试在这之前所做的假设——被试用以进行具身模拟的基础，他们就会快速改正和修订自己已经构建的具身模拟。

一字之差，便可以迅速锁定动机

由此可见，人们是以递进的方式来理解句子的。现在让我们再花一点时间进一步聚焦到一个更细节的问题：模拟具体是从什么时候开始的？我们已经知道，一个出现在恰当的上下文中的单词可以促使人们进行模拟，但人们是会等到这个单词过去再开始模拟，还是早早地就利用局部信息开始做各种猜测？这一切都发生在一段极其短暂的时间里，因为在英语里，一个单音节词往往只持续不到 0.2 秒的时间。因此，我们需要一个工具，来探测人们实时进行的模拟到底包含什么内容，刚好就有一个很实用的工具可以帮助我们实现这个目的，那就是之前提过的眼动追踪技术。

如同我们在前面章节看到的那样，当被试在听英语单词和句子时，我们可以跟踪记录他们的视线是如何转向不同的图像的，然后，我们将他们在不同时刻的关注点作为反映他们在当时所思考的内容的一种标志。如果看的是单词，被试在不到 0.1 秒的时间内就开始将视线聚焦于他们认为可能是这个单词所指代的图像。假设你让被试先看一组不同物体的图片，比如 beetle（甲壳虫）、beaker（量杯）、speaker（音箱）和 carriage（马车），如图 6-6 所示，[7] 接下来请被试听一个提到了其中一个物体的句子，比如"拿起量杯"，同时对他们的眼部运动进行追踪，你会发现，他们会更多地看向量杯，而不是马车或音箱。这大概没什么好惊讶的，毕竟被试得到的指令就是与量杯交互，因此，只要他们知道量杯的外形，他们就应该更多地看向量杯而不是其他物体。真正让人感兴趣的地方其实是他们锁定目标的时间点：在"beaker"这个单词刚开始被说出来的时候，甚至连"k"这个音节都还没发出，被试就已经开始将视线聚焦在量杯上了。

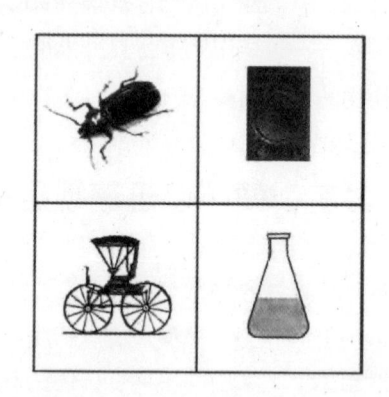

图 6-6　探究我们何时开始构建具身模拟的实验所使用的图片样本

与此同时，这一特定实验设置包含了一点机智巧思：beaker 一词的前两个音节，b 和 e，其实跟另一个单词 beetle 是一样的。这就导致被试起先也会更多地看向甲虫，至少是在他们听到 beaker 一词的开头时。接下来，一旦他们听到了字母"k"，他们就不会再看甲虫了。这就意味着，人们只要一听到某个单词，就会立刻开始猜测在这种环境下这个单词可能是指什么。

但是，当被试开始看向他们认为这单词可能指向的物体时，他们怎么知道该看什么呢？以刚才的 beaker 为例，这是一个以 be 开头的单词，被试怎么知道他们听到的更有可能是图 6-6 中的甲虫还是量杯呢？最显而易见的一点是，在听到这一开始仅有的两个音节 b 和 e 之后，他们必须预测这个单词接下来可能出现的部分是怎样的。这本身就是一项相当棘手的任务。此外，还有一个更深层次的问题：假设你预计接下来要听到的单词应该是 beaker，你怎么知道哪张图片表示的是可以用这个单词称呼的东西？

有可能，人们是通过调用某种感知方面的知识，也就是关于量杯和甲壳虫外形的知识来做到这一点的。我们可以通过考察在一个同样用到量杯和甲壳虫但设计稍有调整的实验里，被试可能会犯什么类型的错误，来验证这一结论。假设你听到一个提到青蛙的句子，但你面前的屏幕上并没有出现青蛙，而是出现了一棵莴苣，以及一些其他东西，比如吉他、绳子或草莓。这时，在其他条件相同的情况下，眼动追踪记录显示，你最有可能朝莴苣看去，而不是其他东西，[8]但如果你听到的名词是"蛇"，那么你最有可能看的目标就会变成绳子。[9]为什么我们有时候会看向莴苣，有时候又会去看绳子？你可能也在想，这里最值得注意的发现是不是：被试倾向于把目光转向那些跟句子描述的事物最相近的东西，这里的相近指的可能是颜色（比如青蛙与莴苣），也可能是外形（比如蛇与绳子）？这一点很重要，因为这意味着你在听一个单词的时候，已经激活了你认为它所指代事物的可感知的细节。

小结模拟，最终对细节进行模拟

看到这里，你大概也会发现，我们前面提到的一些实验其结果似乎是相互矛盾的。一方面，我们一次又一次地看到，在句子结尾，人们的表现就像是他们确实在做具身模拟。比如，在第一个关于"圆形旋钮"的研究里（详见第 4 章），实验要求是：被试看完句子以后要按某种方式转动"圆形旋钮"来表达自己对句子意义的理解，结果表明：被试的反应在句子描述的动作与其要做的动作兼容时是最快的。但另一方面，在本章我们看到模拟是以递进的方式进行的，且稍纵即逝，尽管你可以一边听一边猜测着对句子里描述的内容进行具身模拟，但这些模拟很快就会被淡忘，原因在于接下来句子里出现的更具启发性的信息片段引发了新的模拟。如果在句子出现过程中的一个模拟在你听到下一个词时就消失了，那为什么我们还能在句子结尾见到模拟效应？

关于这一问题，我们目前还不知道答案。我们已知的是，如果排在句子结尾的那个词负责提供关键的信息，用于构建一个切实可靠的模拟，那么我们就会在句末对句子中的细节进行模拟。但我们不知道为什么在句子结束几秒钟之后，还有一些模拟会冒出来，其中甚至包括在句子展开的过程中曾出现过但随后又消失的模拟。不过，我们也并非对此毫无头绪。例如，有一个人气很高的猜想认为我们理解句子的过程分为两个阶段。

- 第一阶段，我们会对自己已经听到或看到的句子片段构建模拟。

- 第二阶段，我们对自认为应该模拟的事物再做一次模拟。[10]

这第二个阶段通常被称为"小结"（wrap-up）[11]，因为在这一阶段我们是在总结这句话到底是在讲什么。因此，小结可能就是我们会在句子中间和结尾处都能看到模拟效应的原因。首先，我们在某一时刻接收到的语言片段以及它所跟随的语言片段负责推进递进式模拟，然后是小结，小结是一个相对较慢的过程，要对递进模拟的一些关键组成部分再执行一次模拟。

是什么促使人们开始做小结模拟？也许这么做是为一个目的服务的。你在模拟自己正在看或听的一个句子时，看上去是要经历一连串的波折，但你会认为自己听到的句子常常承载非常重要的信息，你可不想搞错，于是，一旦你确定自己对一个句子做出了一个切实可靠的解读，你就可能会觉得此时需要做一个小结。你之所以做小结还可能出于几个更加具体的目的。例如，小结模拟可能显得相对更加可靠，让你可以更新自己关于这个世界某些方面的知识，因为，你可不想单凭自己在句子中段经历的稍纵即逝的模拟就去进行这种更新。可能也是出于这同一个原因，在你准备对一句话做出回应时，你更愿意采用小结模拟，而不是自己在句子中段做出的稍纵即逝的且通常并不正确的模拟，毕竟，在句子中段形成的即时反应，有时候并不准确。以下面这个句子为例，"There is a bomb in my office"（有一个炸弹在我的办公室），可能你在听到句子结尾"clip-art collection"（剪贴画收藏）的时候才会意识到，你在句子中段的理解其实并不准确。

小结模拟可能特别适合用于达成这些目的，并不仅仅是因为它们往往显得更加准确，还在于从原则上讲，跟在句子理解过程中形成的模拟相比，它们能维持相对较长的时间，因为它们不大可能需要根据后续输入做出更新或改变。当你出于某种目的而要用到自己对一句话的理解时，能在脑海中坚定地将一个稳定的、大概率是准确的模拟维持一段时间是很有帮助的。

但到目前为止，我们关于小结模拟的作用依然处于猜测阶段。人们在理解一个句子的过程中所做的事，与在这之后所做的具身模拟之间有什么关系，依然有待后续研究的进一步探索。

与事实不符的模拟先启动，与事实相符的模拟随后启动

理解句子的过程并不必然终止于小结。你可能也有过这样的体验：等到渐渐接近句子的尾声，你才突然发现自己原来还得做更多的脑力工作，才能搞清楚这个句子到底在说什么。比如，假设你在招募人手，且正在看某人给一个特定候选人写的一封推荐信，其中有这样一句话，"I can't recommend this candidate any more strongly"（我不能推荐这位候选人更多），你的第一反应可能是，这推荐人是在极力推荐这位候选人，也就是说，推荐人无法做出更强烈的推荐，因为实在没有任何其他语言可以进一步描述这位候选人是多么让人感到惊为天人。但再仔细想一想，你会意识到推荐人的这句话也有

可能在表达另一个意思,是说他只能推荐到这里,因为他对这位候选人的了解有限,又或是实在想不到候选人还有什么其他值得推荐的优点。这里的重点是:我们理解一个句子的过程是连续的,并且处于动态变化之中,即使我们已经听到了最后一个单词,或是看到了最后一个标点符号,也是一样。

这一点在以否定方式表述的语言中表现得更为明显。到目前为止,我们一直聚焦在描述看上去像是真实场景的语言,但这世上每一种语言都能够描述过去没有发生、以后不会发生或此刻没有发生的事件。英语在自己的语法"弹药库"中就备有好几个类别的否定句式,可以是否定整个句子,比如"The shortstop didn't hurl the softball at the first baseman"(游击手没有把垒球投给一垒手);也可以是单独否定其中一部分,比如"No shortstop hurled the softball at the first baseman"(没有一个游击手把垒球投给一垒手),或者"The shortstop hurled not one softball at the first baseman"(游击手一个垒球都没有投给一垒手),等等。

谈到关于用模拟来理解语言的研究,我们对否定句式特别感兴趣,因为否定句式的确非常特殊。哪怕已经有充足的证据,表明我们会为了理解那些描述正在进行事件(比如几个垒球选手互相投球)的语言而启动具身模拟,但这是否也适用于并未发生的事件(比如几个垒球选手并没有互相投球),就不那么显而易见了。在遇到否定句式时,我们会做怎样的心理模拟,如果我们当真做了模拟的话?

一个主流的观点是:我们对于否定句式的理解分几个阶段进行处理。当你听或看到一个否定句时,你做的第一件事是具身模拟与这个句子所描述的事实不相符的场景,也就是说,你模拟的场景实际上并没有发生。例如,在理解"Your birthday presents aren't on top of the refrigerator"(你的生日礼物不在冰箱顶上)这句话的时候,与句子所描述的事实不相符的场景就是:礼物其实就在冰箱顶上,但这与事实不符的模拟接下来就会被抑制或者被修改，由此进入理解的第二阶段，也就是与事实相符的场景将会被激活，此时，你会模拟出句子所说的场景真实发生的情形。在我们这个例子里，这就意味着，你会模拟礼物不在冰箱顶上，而在别处，图6-7就是关于这一过程的示意图。

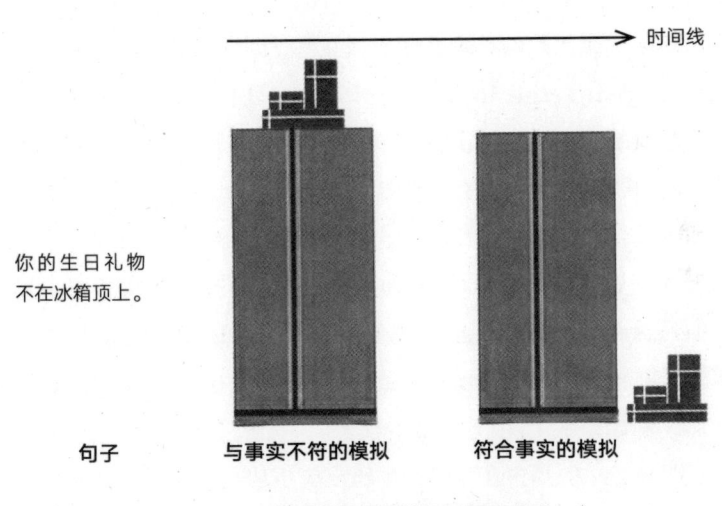

图 6-7　人们对否定句的模拟过程示意图

接下来，我们要首先验证上述这一过程的正确性，然后再尝试探讨这一过程是如何帮助我们理解否定语言的。

那么，我们如何才能用实验的方式确认，我们会先做与事实不符的模拟，然后做与事实相符的模拟？最简单的做法跟之前用于评估模拟的方法类似，只是这一次改为在处理过程中的不同时间点提供关键的刺激物。从逻辑上讲，我们应该看到的效应是：与事实不符的模拟先启动，与事实相符的模拟随后启动。我们先看针对句子结束之际紧接着发生了什么的研究，再转向关于在这之后几秒内又发生了什么的研究。德国心理学家芭芭拉·考普（Barbara Kaup）及其同事采用了跟之前提到的关于日语的研究很接近的一个方法，来考察在句子结束之际紧接着发生了什么。他们先给被试看否定的句子，比如"There was not an eagle in the sky"（天上没有一只鹰），或"There was not an eagle in the nest"（鸟巢里没有一只鹰），句子描述的主体可能呈现不同的外形，比如在前面这两个例句中，鹰的外形是不同的。[12] 然后，经过250毫秒，这个实验所应用的软件就会打出一张图片，上面呈现的是句子中描述的主体所呈现的两种可能的外形之一，研究者想要考察的是，被试对哪一张图片的处理速度更快一些。对于肯定句，我们已经有了结果："There was an eagle in the sky"（有一只鹰在天上）这句话导致人们对正在飞行的鹰的反应快于当时站立着的鹰（可以回顾第3章的相关实验）。那么，人们对否定句会有什么反应？

如果人们先模拟与事实不符的场景，再来模拟与事实相符的场景，那么，我们预计在句子显示完毕并消失之后过了250毫秒时，如果图片显示的主体外形跟与事实不符的场景一致，那么人们的反应就会更快，快于不一致的情形。例如，在上述否定句的实验中，被试看到的是天上没有一只鹰，但却会在图片显示的是正在飞行的鹰时反应更快。这恰是考普和她的同事们在实验中得到的结果。如果一个句子告诉你，天上没有一只鹰，你反而会模拟一只正在飞行的鹰。

还有一些采用其他研究方法的实验也得出了同样的结论，其中，有一种方法被称为"语义启动"（semantic priming）。[13] 使用这一方法的是蕾切尔·吉奥拉（Rachel Giora）和她的同事们，他们先请被试看一个句子，这个句子属于以下三种类型之一：

- 包含一个启动词的肯定句。

- 上述肯定句的否定形式。

- 用一个反义词作为启动词的肯定句。

06 时光飞逝如箭,果蝇喜欢香蕉?

下面是研究所用句子的译文,原文采用的是希伯来语,被试的母语均为希伯来语。

肯定句：This instrument is sharp.（这工具是尖的。）

否定句：This instrument is not sharp.（这工具不是尖的。）

反义词：This instrument is blunt.（这工具是钝的。）

被试要做的是,每看懂一个句子就按一个按钮,接着,间隔100毫秒之后,他们会看到连续出现的一组字母,这些字母或许能够依次组成一个单词,也可能什么也不是,他们的任务是判断这组字母从他们的母语看来是否构成一个正确的单词,这被称为"词汇判断任务"(lexical decision task)。极端情况是：目标单词是一个正确的单词,可能跟启动词有关,比如,"piercing"（刺穿）,也可能跟启动词无关,比如"glowing"（发光）。吉奥拉和她的同事们发现,在这个用希伯来语做的实验里,在肯定句的情况下,被试对相关的启动词反应更快,快于无关的启动词。这并不出人意料,我们已经从大量关于语义启动的研究中得知,人们对在具有相关意义单词后面出现的单词的处理速度更快。有意思的是,否定句也有这样的效果,这似乎表明：一个单词哪怕是出现在否定句中,依然可以激活人们关于其意义的心理表征。同时,我们知道,发生在否定句的这一启动不是源于符合事实的情况被激活,因为在反义词例子里,相关单词跟无关单词比起来,被试的反应速度并没有变快。也就是说,关于钝的想法并不会激活"刺穿"这个词的语义,倒是关于"不尖"的想法激活了"刺穿"的语义。这表明：我们对于否定句的模拟不是源于符合句子描述的事实的场景被激活,反而是源于不符合事实的场景被激活。

诚然,这一发现本身并不足以说明,我们在处理否定句的时候也在做具身模拟,很可能只是"尖的"这个词让你对"刺穿"的反应更快,因为它们

157

在意义上是相关的，不管你是否做了具身模拟都一样。这种想法也是相当有道理的，且这至少跟之前一项实验的结果相吻合，就是关于鹰是否处于飞行状态的那项实验，两者一致表明：在否定句里，不符合事实的场景确实是在句子结束之后才被我们模拟出来的。

上述这些研究得出的证据，至少对认为我们处理句子的过程分为两个阶段这一猜想的第一个阶段提供了支持。那么，紧接着我们是不是就会进入第二个阶段，对符合事实的情况进行具身模拟？想要了解答案，我们需要对被试的具身模拟的深入研究时间再推迟一点。以我们刚刚回顾的两项研究为例，研究人员分别选择在句子结束 250 毫秒和 100 毫秒之后打出图片或单词，但如果我们要想知道更晚一点发生了什么，我们就需要在句子结束之后隔上更长的时间再打出图片或单词，比如 750 毫秒或 1 500 毫秒。考普和她的同事们就是这么做的。[14]

他们创作了一些句子组（见图 6-8），这些句子提到的也是处于不同状态的物体。他们也请被试先看一个句子，然后按一个按钮表示他们看懂了。这个按钮一按下去就会在屏幕上打出一张图片，显示物体处于前面提到的两种状态之一，只不过这一次他们在每张图片出现前留出一段更长的时间间隔，分别是 750 毫秒和 1 500 毫秒。

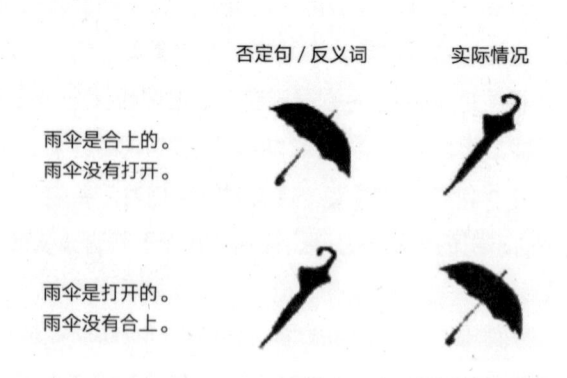

图 6-8　验证我们理解句子的过程是否分为两个阶段的实验

他们的实验结果完全符合两个阶段猜想的说法。从图 6-9 中你可以看到被试要花多长时间才能对图片做出反应。最左边是考普最初那项研究的结果，当时句子与图片出现之间的间隔只有 250 毫秒，你大概也记得，被试对不符合事实的图片反应更快，但当间隔增加到 750 毫秒时，被试对符合和不符合事实这两种图片的反应之间的差别已经消失。等到间隔变成 1 500 毫秒，情况刚好反过来了，被试对符合事实的场景出现在句子里的反应变得更快，快于对不符合事实的场景的反应。这是相当具有说服力的证据，可以证明我们在理解否定句时，会先构建不符合事实的模拟，然后再转向符合事实的模拟。

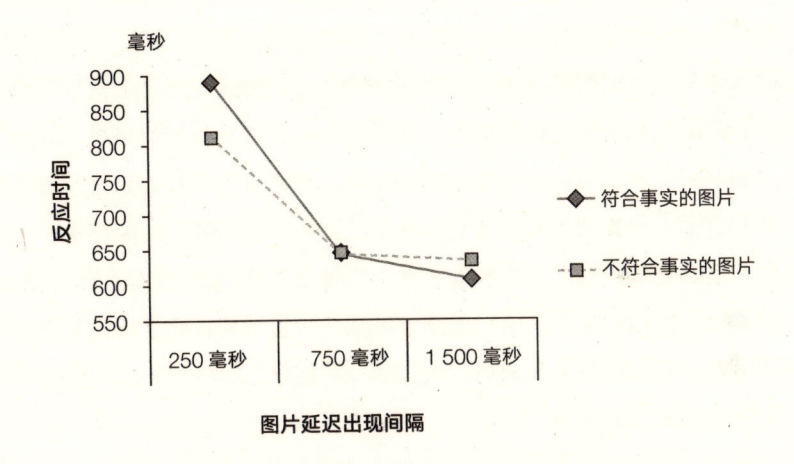

图 6-9 被试对在不同时间间隔后出现的图片在两种情形下的反应时间对比

由此看来，我们确实为理解一个句子做了大量的工作，这么做到底有什么好处呢？有可能，这个过程的每个部分都有自己特定的功能。符合事实的组成部分看上去应该是最重要的，因为从一定程度上看这就像一个小结模拟：对至关重要的信息进行编码，从而使我们能够采取恰如其分的行动。如果有人告诉你，"你的生日礼物不在冰箱顶上"，而且你也相信这个人，那么你就不会指望在冰箱顶上看见这份礼物，也就不会到那里去找，而是会到

159

别处去找，或是先问问说话的人，这礼物到底在哪里。

如果符合事实的模拟确实就是这样起作用的，那么，不符合事实的模拟又是做什么用的？

- 首先，不符合事实的模拟可能是对句子的整个理解过程中的一部分，让你可以在第一时间判断符合事实的情况可能是怎样的。通过逐步淘汰和清除对不符合事实的场景的模拟，你就能确保自己最终构建的符合事实的模拟跟说话者所说的话乍听起来的用意是不一致的，具体而言，就是将与事实不符的场景的否定属性排除在外。

- 与事实不符的模拟的第二个可能的功能是：通过经历这个与事实不符的阶段，你大概就能为理解一句话选择一个特定类型的路径，而这个路径跟你单是听到一个肯定句描述同一符合事实场景之后做的选择是不同的。对比"雨伞没有打开"和"雨伞是合上的"这两个句子，你可能会在理解这两个句子的时候最终做出相同的模拟——一把合上的雨伞，但你应该是从不同的路径抵达这一目的的，而且，你为构建一个符合事实的模拟而选择的认知路径可能也会对你所构建的模拟产生影响。

总之，你在模拟和排除一个与事实不符的模拟的过程中所得到的体验，可能属于你理解一个否定句的感知过程的一部分。

奔跑的意义

理解的过程可能跟结果一样重要，这个想法真是发人深思。你会发现这种情况不仅出现在否定句中，而且渗透在语言的方方面面。比如下面这个例子：

我姐姐曾是长跑明星。

你可以用不同的语调来说这句话，使用不同的语调能够强调不同的重点，其中语调是指一句话的音调、重音和语速。比如，假设你正在解释，你姐姐刚生下她的第二个小孩后没多久就奇迹般地溜出去跑了一趟马拉松，并觉得这事儿其实没什么值得大惊小怪的，那么，你可能会把重音放在"长跑明星"上：

我姐姐曾是**长跑明星**。

你也可以用别的语调来说这句话。假设你姐姐确实有过扬威赛道的光辉历史，但现在却终日窝在沙发上边看电视边吃夹心巧克力糖，那么，如果你想强调你姐姐尽管现在看上去身形走样、行动不够利索，但之前确实曾是一名优秀的运动员，你可能会这么说：

我姐姐**曾是**长跑明星。

对于这同一句话的两个版本，人们在理解方式上会有什么区别吗？一种猜测是，当你把重点放在"曾是"时，你就是在告诉听者，这个句子描述的情况曾经是事实，但现在早已不是了。与我合作的研究生尹熙妍（Heeyeon Yoon）以此作为学位论文的研究方向，她发现，类似这样将重点放在过去时的句子，很大程度上等同于否定句，并会促使我们经历两个阶段的模拟，先是与事实不符的模拟，再到与事实相符的模拟。不过，跟否定句不同的是，像"我姐姐**曾是**长跑明星"这样一个句子先让我们经历曾是事实的模拟——当时这位姐姐还是长跑明星，再来一个暗含不同情况的模拟——此后她再也不是长跑明星了，这跟重点放在"长跑明星"的说法"我姐姐曾是**长跑明星**"不同，这第二种说法促使我们做的模拟只包含一个阶段，我们只会模拟这位姐姐是长跑明星。因为这种说法并没有暗示姐姐现在已经不再是长跑明星了，所以我们没有必要进入第二阶段对模拟进行修正。

这就表明，存在微妙差别的句子可以导致模拟的过程出现微妙差别。我们再来看看使用夸张这种表现手法的句子的情形。假设你有一个十几岁的儿子，他一进家门就跟你说："我饿得可以吃下一只山羊！"他大概不是真心想让你用一整只成年山羊给他做晚餐，他甚至不会想到这晚餐应该包含与一只山羊等量的卡路里。他这么说只是想让你知道他饿得不行了，而这大概也是你会得出的结论，但你是怎么做到的？同样，可能发生的情况是：你会先经历模拟的第一个阶段，模拟的是这句话所描述的并不符合现实的场景，在这个场景中你的儿子准备吃掉一只山羊，这时，你会得出一个更合理的结论，你意识到他饿了，然后你会做出更切合实际、举止更自然的模拟。

不止夸张的表现手法会这样，许多其他类型的描述性语言也很有可能催生两个阶段的模拟。转喻就是一个例子，我们会在第 9 章详细讨论。这种表现手法是用一个表示某个事物的词代指另一个与之相关的事物。比如，你可能把一位求职者称为"红帽子"，因为他在面试的时候戴了一顶红帽子。当你这样使用转喻时，你就可能让听者进入这样一种模拟过程：先是对那顶红帽子进行的模拟，然后是对那位先生所做的全景模拟。如果你给他换个称呼，比如"雀斑"，你就会换一个方向进行模拟。即使"红帽子"和"雀斑"都能让你定位到这同一个人，但你经历的模拟过程可能是相当不同的。

理解过程的动态性对我们认识意义是如何运作的可能相当重要。接下来，我们暂时脱离实验研究的结果本身，来对本章的内容稍作反思，因此，请对我接下来要说的内容保持必要的怀疑。如我们在本章所见，理解过程是动态的，至少表现在两个方面。

- 首先，当你听或看到语言并对它们进行递进式的语法分析时，你就开始基于你当前就这些单词对模拟有什么贡献所做的最佳猜测，来构建具身模拟。

- 其次，有些语言会让你在模拟时经历一系列的不同的步骤。

但这一切都跟我们通常关于意义的认知很不同。一般情况下，当我们想要搞清楚某物的意义时，我们会问类似这样的问题："X是什么意思？"同时期待得到一个答案，也就是关于一种物体或一个事件的描述，就好像当真存在这样一种描述，可以确切定义一个词、短语或句子的意义。我怀疑，大多数从未正式研究过意义的人大概都是这样看待事物的，[15] 而且可以肯定的是，开拓关于意义的理论的专业人士也都会异口同声地认同这一假设。语言学家试图找到合适的类别、逻辑符号或描述，可以用于准确描述这个词或那个句子到底有几个意思。心理学家和计算机科学家试图找到简洁而优美的理论，来解释如何对意义的"积木"进行分门别类，以及这些"积木"又是怎样组合起来的。

然而，语言所指代的事物、事件或观点只是人们理解意义的整个过程的一部分。你理解"雀斑"和"红帽子"这两个绰号，也就是从看见这两个词到模拟出其各自指代的那个人，其过程并不一样。的确，这两种方式可能最终确实殊途同归，但你在整个理解的过程中的经历是有区别的，这就意味着，你的主观经历是不同的，对应于一句话提到的某人所具有的不同属性，你可能构建了不同的模拟，之后你会更可能记得他带有这些属性，同时，你可能还会基于这些属性做出不同的论断，比如关于那个人的种族、当时的天气以及他上的大学等。

也许，"X是什么意思"并不是一个有价值的问题，或者最多只是问题的一个部分。也许真正有价值的问题应该是："X会引发怎样的理解过程？"

163

我们会怎样将不同的片段整合在一起，在将它们整合起来之后还要经历哪些过程，这可能跟这些片段本身具有同等的重要性。你可以试着将一个句子想象为一盒拼图，如果说玩拼图的唯一乐趣在于最终拼出来的那幅画而与过程无关，你可能从一开始就根本没兴趣打开那盒拼图了。

LOUDER THAN WORDS

07

冰球选手知道什么

不同的经历，
不同的认知意义源头

07 冰球选手知道什么

　　到目前为止，我们一直着眼于人们通常会做的具身模拟可能包含哪些一致的特征，但实际情况远比这个来得丰富多彩。我们通常做的模拟不仅内容不尽相同，就连方式也不一样，其中一个原因是，我们所做的具身模拟都要以我们各自的经历为基础。如果每个人的经历都一样，那倒真有机会构建出一模一样的模拟，然而每个人的经历各不相同，因此我们所做的模拟也不同。即使是像狗这样的寻常事物，我们对其也有各不相同的体验。如果你小时候不幸被狗咬过，那么，单单听到"狗"这个字就有可能使你在脑海中唤起一头露齿咆哮的大型猛兽的形象，这是其他人听到"狗"这个字的时候未必会有的反应，除非他们另外再做一些延伸联想，或是结合必要的上下文。每个人的经历是如此独特，以致于我们从推理方式到各自珍视的事物都各有不同，因此，它会影响到我们对语言的理解就没什么好奇怪的了。

　　不同人的具身模拟的不同之处还有另一个表现方式。正如你肯定已经留意到的那样，我们每个人的认知能力与认知偏好并不完全相同。比如，我的视觉记忆就很糟糕，所以我实在不记得我家浴室的墙到底是什么颜色的，我想如果不是粉红就应该是蓝色，当然也可能是绿色，总之我得回去看一看才能告诉你。但是，我常常可以准确地记得别人说过什么，一周之后依然可以几乎一字不差地复述出来。每个人的大脑都有不同的工作方式，因此，每个人在理解语言时，都会调用不同的资源。若你具有相当靠谱且细致入微的视觉记忆，你在理解的过程中就有可能比其他人更多地运用自己的视觉系统，而我可能更多地依赖自己的运动和听觉系统。

这些差别会有多大的影响？如果阅读理解当真需要用到模拟，你可能会想，这是否意味着，讲者和听者必须构建非常相似的模拟才有机会达成相互理解？的确，具身模拟是否兼容，很有可能造成人与人之间的交流表现出不同的效果，其影响可能是：如果我们由于相似的个人经历或认知能力而具有了相似的思维层面的认知，我们的交流就有可能毫不费力；相反，如果我们在思维层面的认知截然不同，我们的交流就很可能随时会"翻车"。然而，我们依然能够让其他人听明白我们所说的话，哪怕在交流的过程中我们在以不同方式做着各自的模拟。

经历是我们创建意义的关键前提

跟所有人一样，你肯定也有自己的专业特长，可能是编织、理论天体物理学、汽车修理或关于美国职业棒球联赛的知识，对于大部分人来说，总是会有一些事情，你对其的了解超过了其他一些人。这种专长就是经历的产物，源于大量的经历，作为某个领域的专家，你会知道一些其他人不知道的事。那么问题来了：遇到涉及你擅长领域的语言，你的理解方式跟这个领域的新手有什么不同？比如，一位专家级的修理工可能不费吹灰之力就能飞快地构建出关于一把钩扳手的精准的心理表征，而经验不足的新手就可能分不清这跟活动扳手有什么不同，或是不确定钩扳手有没有可活动的部件（答案是有的）。于是专家与新手的交流可能很快就进行不下去了。设想如下的交流场景：瑟奇是胸腔外科医生，皮特是外卖员。某一天，皮特刚好要到瑟奇所在的医院送比萨，因为其他外科医护人员都在当地一个水上公园出外勤，所以瑟奇请皮特帮忙打下手，因为他要做一台肺移植手术，皮特只得按照做手术的规定先给自己的胳膊和双手消毒。下面是我虚构出来的两人之间的一段对话。

瑟奇：好了，现在可以夹紧了。（OK, now clamp it.）

皮特：你是让我闭嘴吗？（Are you telling me to shut up?）

瑟奇：不是，递给我那把夹钳就好。

皮特：我没看到有夹钳呀。

瑟奇：是看上去像一把剪刀的那个。

皮特：哦，看到了。（把夹钳递给瑟奇）

瑟奇：谢谢。

皮特：我居然觉得饿了，是不是有点奇怪？如果你刚好也有兴趣的话，我车里还有两大份"无肉不欢比萨"。

只要对某种事物的了解更多一些，你在说话时就可能会用到一些独特的表达方式，让不了解情况的其他人感到莫名其妙，或是最起码无法用与你相同的方式去理解，但这只不过是我们的直觉。上面这个关于外科医生瑟奇和比萨店外卖员皮特的故事无论听上去再怎么像模像样，也无法以客观的实验性方式解释"经历上的差异会对我们的理解产生何种影响"。说到底，这个故事也没有解释，专家和新手（甚至"门外汉"）的大脑在运行时有什么不同，从而导致他们最终的理解会出现不同，好在有一些研究者一直在研究这个问题。

我们首先要问的问题是：对某个领域的专业知识掌握程度不同的人，对同一句话的理解会不会在实际上也有所不同？说到具身模拟，有一些相当明显的可能性：首先，专家能够心理模拟的细节超出了普通公众的想象；其次，专家可能很快就能调用这些细节，好像不假思索一般自然。但是，我们如何才能知道他们是否真这样做了？

有一项研究对体育界的专家和新手提出了这个问题[1]，他们选择的体育项目是冰球。研究团队采用了我们在前几章提及的句子-图片匹配法，他们让被试先看句子，再来判断随后出现的图片是否跟句子匹配，图片上可能包含句子暗示的细节，也可能没有（回想一下前文中关于钉子的指向或鸡蛋的外形的实验）。这项研究的关键在于，有的句子描述了每个人都有可能有所体验的物体，比如指甲或鸡蛋，有的句子描述了只有冰球专业人士才会熟悉的物体，比如描述冰球装备的句子以及与之在上下文中相匹配的装备图片。例如，"裁判看见球员戴着头盔"这个句子可能暗示头盔上的面罩已经扣紧，而"裁判在长凳上看见那顶冰球头盔"这个句子可能暗示面罩没有扣上。如果你不明白这说的到底是什么，比如你可能跟我差不多，也是来自视冰球为稀罕运动的地方，你就姑且选择相信。很显然，除非你对冰球已经很了解，否则，你就搞不清楚到底哪个图片可以跟哪句话匹配。

研究者给两组被试做了这个实验。第一组为普通公众，他们对冰球没有任何深入的了解，鉴于冰球这项运动的普及度并不是很高，要找到对它不感冒的被试应该很容易。第二组由冰球专业选手组成，他们全都打过冰球比赛。我们猜测这可能产生两个结果：

- 一方面，经验可能不起什么作用，于是，不管普通公众组的表现如何，冰球专业选手的表现也是一样。打个比方：对于常识范畴的刺激物，比如鸡蛋和钉子，人们可以更快对跟句子匹配的图片做出反应，但具体到冰球领域就不行了。这比看上去更有可能发生，因为在某一领域具有丰富的知识这一点本身并不代表你就一定会调用这些知识，就好比面对这样一项具体任务，这么做对你完成任务根本就没有帮助。要记住，在实验中，被试的任务是回答"是的"，而无须在意图片上的物体是否在细节上与句子的描述相匹配，因此，若对物体的细节做心理模拟反而更有可能分散注意力。

- 另一方面，冰球专业知识可能真的会产生一些影响，也许冰球专业选手会自动激活对冰球相关物品的细节的模拟，就跟他们对日常生活中常见的事物所做的一样。普通公众就不同了，他们对这项运动知之甚少，或者干脆一无所知，而只对常识领域中的事物有足够的了解，足以对其做细节上的模拟，但他们对冰球相关的句子就不会表现出这种模拟的能力，因而他们在完成常识领域中的句子的匹配任务上更具优势。

实验结果显示的恰是这第二种可能性。关于常识领域中的物体的句子－图片组，所有被试都在图片与句子的描述匹配时更快地做出肯定的回答，但只有冰球专业选手能够在冰球领域更快地判断出图片与句子是否匹配。不过，令人感到奇怪的是，尽管他们对匹配的冰球图片有更快的反应，但其反应的准确度却跟普通公众不相上下。这就意味着，冰球专业选手和普通公众一样，都看懂了句子的基本意思，哪怕这句子说的是冰球，但他们对句子的理解方式各有不同。相比之下冰球专业选手更在意搭建视觉细节，基于他们对这一领域更丰富的经历。有意思的是，这么做没能在这一任务上给他们提供什么帮助，可能在那些感知细节可以引出不同结果的任务里，他们的这一做法才会有所帮助。

当然，我们也有理由怀疑这一专业知识效应是否只对冰球领域有效，是不是因为冰球选手只要看见赞博尼磨冰机[①]就会引发神经系统进入某种特殊的状态？于是，这些研究者还用关于橄榄球的刺激物对橄榄球专业选手和普通公众重做了这一实验。然后，研究者得到了同样的结果：专业知识对人们理解语言的细节有影响。

当然，这项研究还远未完成。我们还不清楚，这其中的区别是否仅仅是由"感知特异性"（perceptual specificity）引起的，还是同时由于专业选手跟普通公众相比更倾向于把自己投射到句中主角的心智和身体中，毕竟他们

[①] 赞博尼磨冰机是一种用以磨平溜冰场冰面的机器。——编者注

对此更有归属感，假如我也打冰球，我就更有可能把自己模拟成句子里提到的那位冰球选手，这是很合理的。我们也不清楚，存在于冰球专业选手与普通公众或橄榄球专业选手与普通公众之间的这些区别，是源于个体经历的不同还是其他方面的差异，比如，他们对体育运动的着迷程度或对体育相关句子的感兴趣程度等。将这些可能性区分开来的一个方式，就是设计一个巧妙的实验，比如让足球或橄榄球专业选手看描述冰球的句子，而让冰球专业选手看描述橄榄球或足球的句子。但目前还没有研究者做过此项研究。

但研究者对另一个问题做了进一步的研究，那就是个体差异的神经学基础。[2] 当冰球专业选手开始理解描述冰球的句子时，他们的大脑中都发生了什么，跟普通公众看到这同一组句子的反应有什么不同？这些发生在大脑内部的区别最后都转化成了什么？冰球专业选手跟普通公众相比在实际理解上都有哪些差异？

芝加哥大学的一组研究者用以下方式探索这些问题。他们分析，如果专业选手所做的心理模拟跟新手不同，那么，大脑内部最容易看出不同的部位就应该在运动皮层。我们已经知道，人类通常会用自己的运动系统去模拟句子所描述的动作若是真做起来会是什么情况，因此，如果句子描述的是某种体育项目的动作，那么，该项目的专家可能由于做了更多的运动模拟而在理解上跟新手相比就会有所差别。也许，若你是冰球选手，你就更有可能模拟冰球动作，而冰球新手就不太可能做到这个地步。运动模拟上的这一差别应该会在大脑的运动皮层上表现出来，具体表现为冰球专家只要遇到描述冰球动作的句子，其运动皮层中就会出现更大的激活范围，超过冰球新手。

于是，研究者让被试躺进 fMRI 扫描仪，再给他们看关于冰球动作的句子，比如"冰球选手完成了射门"，以及非冰球动作的句子，比如"那个人推着手推车"。这些被试有的是冰球专家，有的是新手。这时候，在冰球专家的大脑中，冰球句子会不会引发跟新手不一样的激活状态？拥有更丰富经验的被试（冰球专家）会在他们的左前运动皮层（left premotor cortex）激活更多的区域。你可能还记得，左脑半球控制身体右侧的动作，这也是被试的惯用侧，因为他们全都是惯用右手的人。如同我们之前所见，前运动皮层负责控制已经熟练掌握的复杂动作，并常常会在运动模拟过程被激活。这就是说，冰球选手大脑内部产生了更多激活的区域，恰好负责控制他们在身体的惯用侧完成已熟练掌握的动作。这不是总结性证据，不能说明更多的激活就意味着更强的运动模拟，但这是一个相当不错的间接证据。

实际上，这一实验的结果还有第二个部分，这个部分看上去更出人意料。如果专业人士总体而言就是会做更多的运动模拟，你大概会觉得，他们可能不仅会用到前运动皮层，还要用到负责向身体肌肉发送信号的初级运动皮层，但该实验的 fMRI 数据显示的情况恰恰相反：冰球专家在听冰球句子的时候，大脑两侧初级运动皮层的激活范围还比不上新手。这一现象背后可能有好几个原因，其中最有可能的原因是：相比之下，新手要花更多的精力去理解冰球句子，于是，就这些动作可能是怎么做的，他们做了更多详细但低水平的运动模拟，专家就不同了，他们对这些场景早就具备了丰富的经验，在实验中出现的句子只会在前运动皮层激活他们早已编码保存在那儿、处于更高水平的日常运动路线。这就导致了专家和新手的大脑对描述一种特定活动的语言出现不同的反应：专家更多地激活负责控制已然熟练掌握动作的大脑区域，新手则更多地激活初级感觉与运动区域。

但是冰球选手与新手在大脑活动上存在的这些差别，真的跟他们在语言理解上表现出来的不同有关系吗？换句话说，在前运动皮层和初级运动区域出现的不同激活情况真的能够解释，为什么冰球选手会启动关于冰球场景的详细的具身模拟而新手并没有这么做这个问题吗？研究者探究这个问题的一个办法就是，请同一批被试完成第二项任务：让被试躺在 fMRI 扫描仪里听句子，这些句子有的跟冰球相关，有的跟冰球无关，被试的任务就是完成句子 - 图片匹配任务，如图 7-1 所示。

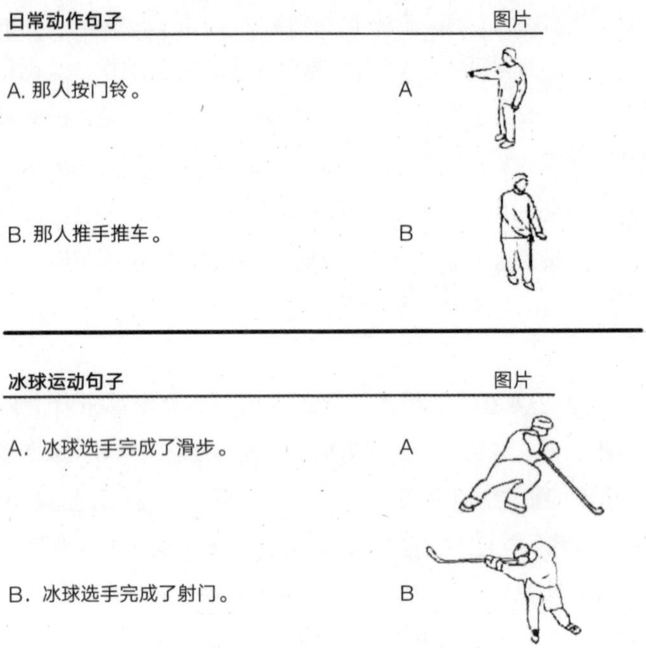

日常动作句子		图片
A. 那人按门铃。	A	
B. 那人推手推车。	B	

冰球运动句子		图片
A. 冰球选手完成了滑步。	A	
B. 冰球选手完成了射门。	B	

图 7-1　句子－图片匹配实验

　　这个实验的逻辑是要用统计学工具来考察，对于参与这项研究的被试，过往经历可以在多大程度预测他们的大脑活动，而大脑活动又可以在多大程度预测他们在完成句子－图片匹配任务过程中的行为。于是，研究者注意查看冰球经历可以在多大程度上预测运动区域的活跃程度——结果是相当准确。然后，由于这同一批被试在做句子－图片匹配任务时已经完成 fMRI 扫描，于是研究者集中查看，在这些大脑区域扫描得出的活跃程度在多大程度可以预测每一个被试在做句子－图片匹配任务时展现的匹配优势——结果也是相当不错。接着他们考察了第一个问题：将这些因素考虑在内，冰球经历跟大脑激活情况相比是否具有额外的预测功能，帮助判断被试完成匹配任务的优势？——答案是并没有。我们由此可以得出结论：当专业选手看到描绘冰球场景的图片时，他们的专业经历就会通过大脑运动区域的不同激活情况使他们可以更快认出与句子匹配的图片，快于辨认不匹配的图片。换句话说，与新手相比，专业选手之所

07 冰球选手知道什么

以会在理解描述动作的语言时表现出质的差别，至少有一部分原因可以归结到他们在理解过程中运用自己的运动系统的方式有所不同。

这些结果相当具有说服力，但还有一个问题挥之不去。冰球选手跟新手在很多方面都有不同，其中一点是他们关于冰球这个项目有着不同的经历，但他们之间的不同也可能表现在其他方面，比如他们的运动能力、对这一体育项目的兴趣、进取精神以及他们嘴里还有几颗原生牙齿是完好无损的，等等。在这些特质里，有一些特质可能比其他的特质更会影响其对语言的理解，但关键是这里提到的研究，冰球选手和新手分别是从不同人群中抽取的，区分不同人群的依据仅仅在于他们对冰球有不同的经历这一个因素，而没有加入其他的因素，[3]因此无法确保他们的行为和大脑活动与别人不同。

但你可以设法解答这个问题。要想确认就是经历本身造成了差别，你就得从同一个群体中选择被试，比如心理学专业的本科生，然后把他们随机分成经历不同的两组。如果这两组被试对语言的理解出现差别，你就可以相当有把握地认定，造成差别的原因就是经历，而不是其他的因素。

这也是近期一项研究的思路。[4]被试来到实验室准备完成两项任务。第一项任务是把英语单词跟物体图片进行配对。图片上的物品有不同的摆放方式，有一半的被试看到的是水平摆放的物品，比如一把牙刷水平摆放，另一半的被试看到的是垂直摆放的物品，比如直立在杯子里的牙刷，这就是"经历操纵"（experience manipulation）。然后，要他们做一个无关任务而使他们的注意力受到干扰，他们选择了我们在第 3 章中讲过的心理旋转任务。最后，被试需要看一些句子，并且一次只能看到一个词，他们的眼睛运动也在跟踪监测中。实验的诀窍在于有些句子提到被试之前从图片里看到的物品，并且这些句子暗示了物品的摆放方式，可能与图片里的物品一样，也可能不一样。例如，"Aunt Karin finally found the toothbrush in the sink"（卡琳阿姨终于在洗手盆里找到了那把牙刷）这句话暗示牙刷可能是水平摆放的，

175

但"Aunt Karin finally found the toothbrush in the cup"（卡琳阿姨终于在杯子里找到了那把牙刷）这句话就暗示牙刷可能是垂直摆放的。研究者推测，如果句子提到的牙刷的摆放位置跟 20 分钟之前图片显示的摆放位置不同，被试读这些句子时就会感到有点难度，哪怕这些实验之间是不相关的。

对被试的眼动跟踪的数据如图 7-2 所示。在大多数情况下，被试看每个句子的不同部分所需的时间是一样的，但在句子第 4 部分就有了重大不同，因为关键物体的摆放位置就是在这里提到的。如果句子描述的物体的摆放位置跟图片显示的不同，那么，跟句子描述的物体的摆放位置跟图片显示相符的情况相比，被试就要多花费大约 50 毫秒的时间才能读完这个句子。这个实验记录的较长阅读时间就预示着被试还不确定的部分会让他们感到比较棘手，因此这一结果似乎表明：经历的确跟理解大有关系。哪怕你只是看一次某个物体的图片，这也能影响你随后对相关语句的理解。有可能，在完成句子阅读任务的过程中，被试再度激活了对他们之前见过的物体的视觉表征，若是这一表征与他们正在看的句子提到的物体的感知特征（如摆放位置）发生冲突，他们就要花更长的时间才能把不断读取的新信息整合到正在进行的对句子意义的理解中。

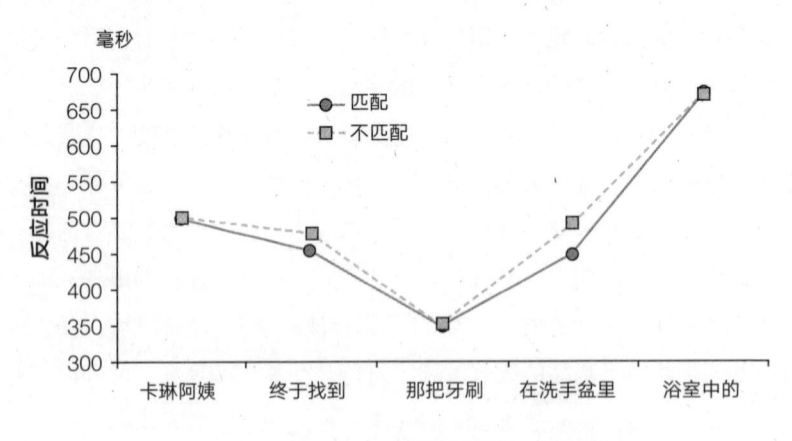

图 7-2 "经历操纵"实验中被试的眼动追踪数据

尽管被试在这个实验中得到的粗浅经历跟冰球运动员积累的关于冰球专业技能的丰富经历相比显得微不足道，却还是会对理解产生一定的影响。因此，假如哪怕就这么一点儿有限的经验也能使得人们为理解而做的具身模拟进程出现不同，那么，我们就有充足的理由相信，在更长的时间尺度上进行的潜心训练，比如冰球训练，足以对我们的具身模拟产生更大的影响。

经历会在模拟和理解成型的过程中发挥作用，这是一个重要的发现。我们都各有所长，也有各自的短处，因而，我们所做的具身模拟会随着被模拟领域的不同而在明确性、细致程度和精确性这些方面表现出差异。确切来说，不同的人对不同领域的认知是存在差异的，这就使交流的过程"危机四伏"。从更宽泛的视角来看，我们各自的独特经历会对我们的认知系统以及语言理解方式产生影响，专业知识只不过是其中一种方式。因此，如果我们拥有的经历——那些各不相同但都具有深远影响的瞬间，比如小时候曾被狗咬过，对我们头脑制造的意义所产生的影响，跟专业知识对专家的影响一样深刻，那是一点也不应该感到意外的。

有人更喜欢"看"，有人更喜欢"读"

人与人之间的差异，不仅源于人们各自不同的具体经历，还在于人们都各有所长。差异心理学研究者专门研究人与人之间的区别，并对此做了如下的细分。

- 首先，人们以认知方式做的事情，即"认知能力"（cognitive abilities）各有不同。比如，有些人做心理旋转非常拿手，有些人能记住整部奏鸣曲。

- 然后，还有一个更微妙的区别，至少在一定程度上以各人不同的认知能力为基础：人们通常对如何使用自己的大脑也各有不同的偏好，比如，在完成特定的认知任务时，这种偏好称为"认知风格"（cognitive style）。

接下来，我们先看看人们主要都有哪些途径来表现各自不同的认知风格，再看看具有不同认知风格的人在理解语言时会有什么不同的表现。

认知风格中最符合我们目的的一个相关维度，跟人们可能在多大程度上使用视觉系统完成除去视觉以外的其他任务有关。尽管到目前为止我们或多或少会有点想当然地认为每个人都会做视觉模拟，但实际上人与人之间模拟的程度还是存在很大差异的。举个最极端的例子，在视力正常的人群中，有大约3%的人表示他们从未做过视觉想象。[5] 不管他们关于自己有意识想象经历的直觉是否也能作为指标，用以反映他们怎样无意识地运用具身模拟，已经存在大量清晰的证据，表明有些人倾向于借助语言而非视觉模拟来完成认知任务，这些人往往被称为"言语型读者"（verbalizer），与之相对的是"视觉型读者"（visualizer）。[6] 我们来看一下这两种类型的差异。假设现在你要记住一串珠子的顺序，如图7-3所示。试试看，接下来会有一个测试。

图7-3 测一测你是言语型读者，还是视觉型读者

你记住了吗？如果记住了，就请回想一下，你是如何应对这个记忆任务的。言语型读者，会记住一连串用于概括这些珠子的颜色特征的词，以备日后检索。而视觉型读者会把这个图片转为视觉记忆，以备日后通过模拟把这个图片回想起来。

当然，大多数人都具备言语化或视觉化这两种能力中的一种，这两种人之间的区别，看上去更像是认知风格不同，而不是认知能力不同。有很多任务更适合用视觉化而非言语化的方式去完成，但反过来也成立。比如，以一个属性确认任务如"马有没有鬃毛？"为例，主体与其属性之间的具体关系将会影响到我们更倾向于用言语化还是视觉化的方式来应对。如果这两个词

是紧密联系的，即你说或听到这两种事物时，它们常常是连在一起的，那么，你更有可能选择以言语化的方式来应对。[7]例如，要确定"鬃毛"是否是"马"的一个属性，你可能不需要做多少视觉化工作。但是，如果换成不那么经常成对出现的另外两个词，比如"鬃毛"和"小马驹"，你就更有可能用到视觉化。这一现象跟马和小马驹之间的固有区别没有关系，因为在有些情景中，字词的关联就够用了，而在另一些情景中则是视觉化更有用。

甚至在某些方面，言语化和视觉化这两种方式看上去是会相互影响的。比如，假设你请被试先看一些图片，再凭自己的记忆原样画出来，你会发现图片上出现的那个词会影响被试凭记忆所绘的图形，如图7-4所示。如果第一行的原图，两个圆圈用一道横线连起来，并打上了"哑铃"这个标题，那么，被试随后凭记忆画出来的就会是图中左下方的样子，这跟标题是"眼镜"的时候被试画出来的图形是不一样的。也就是说，你对自己感知的某个事物（原图）所做的具身模拟，跟你用来对这个事物进行表征的词语并不是相互独立的，这两个处理过程可能同时活跃在你的记忆中，只不过强度不同。

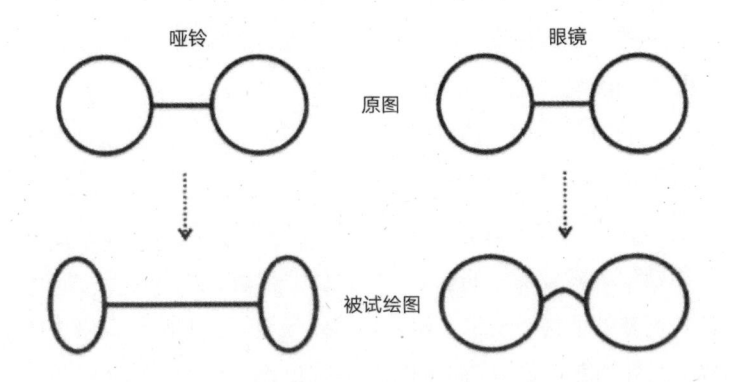

图7-4 证明言语化与视觉化这两种方式会相互影响的实验

我们知道有一些人属于视觉型，他们更喜欢视觉化，我们可以从所有关于视觉模拟的研究中相当清楚地看到这一点。那么，言语型读者是怎样进行认知的呢？言语型指的是运用语言完成认知任务，可以是外显的，也可以是隐蔽的。所谓"外显言语型"（overt verbalization）指的就是你要把词语说出来或写下来，作为你完成认知任务过程的一个组成部分。如果你在记住前面那些珠子的时候要用语言描述这些珠子的颜色排序，并且当真念念有词地说出来，你就可能属于外显言语型。相反，"隐蔽言语型"（covert verbalization）则只是默默地在自己的心里"说出"那些珠子的颜色排序并"听到"。外显言语型要用运动和听觉系统为你正在组织的词语的声音和感觉创造运动和感知记忆。隐蔽言语型也会用到运动和听觉系统，但只限于模拟说出或听到这些相关词语会是怎样的情形。

我们怎么知道隐蔽言语型用到了运动和听觉系统？答案是通过一些精心设计的研究。[9]想象你有一台机器，可以有选择地扰乱一个清醒之人的头脑中某个特定部位的活动，这台机器是一种无害的非侵入性工具，可以对大脑内部一个特定区域的神经元进行非常短暂的干扰。现实中，确实存在这样一种工具，那就是"经颅磁刺激仪"（Trans-cranial Magnetic Stimulation，TMS）。TMS 的工作原理是将一个强度很高的电磁铁放在颅骨上一个特定点上，由它形成一个高强度、定向的且短暂无害的磁场，对大脑内部一个特定区域的正常神经元的运作施加瞬时干扰。设想一下，若将 TMS 应用在负责控制说话功能的各个相关部位，比如嘴巴、舌头等，会发生什么？一个明显的结果就是被试会感到说话困难，这也难怪，因为这样会让控制相关肌肉的神经元没法正常工作。但引人注目的是：TMS 对语言中心的作用还会影响隐蔽言语型读者默念词语的能力，[10] 这就意味着，内在的默念，虽然完全没有声音，也算不上精心组织，却还是用到了负责控制嘴巴和舌头的运动皮层。当你只是在心里自言自语，即使你的嘴巴根本没动，你还是激活了大脑中负责控制说话功能的各个相关区域。

在人们基于这一事实所开发的应用中，给人留下深刻印象的是计算机界面开发，通过留意人的身体动静来看透人的想法。这一技术是由美国国家航空航天局（NASA）的科学家们开发的，他们想知道如何才能让人在无法打字甚至无法说话的时候控制一台计算机。[11] 你可以想象一下，当你坐上一枚加速飞行的火箭，你的身体需要承受的压力可能大到让你动弹不得，甚至就连动动嘴巴也做不到。幸运的是，我们现在已经知道，当你默默地在心里自言自语，你的运动皮层就会被激活，尽管强度比不上你开口说话的时候，但也足以发出可检测的电信号，并会被传送到面部的肌肉那儿，不同的单词会在面部肌肉中形成不同模式的电活动，哪怕区别其实非常细微。因此，NASA的研究者就把非常敏感的电极放在被试的喉咙，请他们用内心默念的方式"说"不同的话语，比如"右""左"等。然后，研究者训练一台计算机来识别这些不同的词所代表的不同运动形式。最终，软件可以区分6种不同指令，并且准确率达到92%，且基本对应了NASA认为重要的指令，比如"停""出发""右""左""发射光子鱼雷""激活磁通电容器"等。诚然，你可能觉得92%的准确率看起来还不错，但对于像导航一艘星际飞船这么重要的任务，这个准确率还远远不够，也是基于这个原因，该研究仍在继续。但我们依然可以从中看到：即使默默在心里自言自语，你也会用到自己的运动和感知系统。因此，视觉型和言语型的区别，并不是前者做心理模拟而后者不做，而是两者会模拟不同的东西：前者模拟视觉感知，后者模拟词语；而且是用不同的方式：前者是视觉，后者是运动和听觉。

不单言语型与视觉型是不同的，同为视觉型的读者也分为不同的种类，他们之间存在更加细微的差别。空间视觉型读者（spatial visualizer）喜欢琢磨许多物体在空间的组织结构以及这些物体的运动，回想第2章提到的"哪里"路径的功能；物体视觉型读者（object visualizer）更擅长感知和回想物体本身的视觉属性，就好像他们更依赖于"什么"路径似的。有一个小规律，那就是出色的空间视觉型读者通常是男性，而出色的物体视觉型读者通常为女性，但这远远没到普遍的地步。[12] 然而，实际情况甚至更加复杂：因为空间和物体这两种视觉型偏好是无关的，所以，你不仅可能是出色的空间视觉型或物体视觉型，还可能两者都做得很棒，又或是两者都很糟糕。

认知风格能很好地预测你在特定任务上的表现。具体到跟感知与回忆物体相关的任务，物体视觉型读者在这方面往往是一枝独秀。举个例子，如图 7-5 所示的这张不清晰的图片，里面藏着一个日常物品的轮廓。[13] 给自己计个时，看看你要花多长时间才能把这个物品找出来。物体视觉型读者看出这个物品的概率为 70%，其他人只有接近 50% 的概率可以看出来。在看出图中隐藏物品的人中，物体视觉型读者速度更快，平均用时 8 秒，其他人差不多要 12 秒。如果你感到无从下手，书后的注释部分有一个小提示也许可以帮上忙。[14]

图 7-5　如果你属于物体视觉型，你应该可以在 8 秒内看出图中隐藏的物品

现在可以回到前面的问题：认知风格不同的人，理解语言的方式也不同吗？

假设有两个人，一个经常做的是言语化，很少做物体视觉化，另一个刚好相反，然后让他们看以下片段，会发生什么呢？你可能很快就能认出来，这段文字节选自英国女作家夏洛蒂·勃朗特（Charlotte Brontë）的小说《简·爱》。

07 冰球选手知道什么

那个红房间是一个四四方方的卧室,很少有人睡在这里,或许可以说其实从来没有过,除非盖茨黑德府(Gateshead Hall)上突然来了一大波客人以至于不得不考虑把所有可以住人的地方全用上,但这间屋子却是府里最大、最华贵的卧室之一。一张由巨大红木柱子支撑的大床,上面挂着深红的锦缎帘幕,像古代犹太人的移动式神龛赫然矗立在中间。两个巨大的窗户,百叶窗始终紧闭,半掩在花饰与相似褶皱的瀑布里。地毯是红色的。床脚的桌子盖着深红的布。墙壁是一种柔和的浅黄褐色,带有一抹粉红在里面。衣橱、梳妆台和椅子都是乌黑发亮的红木做的。在这周遭一片深浓阴影之下,从床上高高隆起白得耀眼、堆在一处的床垫和枕头,上面覆盖着雪白的马赛布床罩。几乎同样令人瞩目的还有一把配了垫子的大安乐椅,被放在床头边上,前面有一个脚蹬,看上去,就像一个苍白的王座。

在物体视觉型读者看来,如此丰富细腻的描述可能演变成一场虚拟的视觉盛宴,但在言语型读者看来大概就没那么美妙了,说不定还会一路跳着读,直到看见下一场人物对话为止,我就是这样干的。[15] 机智的俏皮话,不带任何真实视觉细节的那种语言,可能会更吸引言语型读者,让他们看得全神贯注,而视觉型读者则做不到。比如,以奥斯卡·王尔德(Oscar Wilde)的剧本《不可儿戏》(*The Importance of Being Ernest*)为例,里面有这么一段对话,发生在阿尔杰农(Algernon)和莱恩(Lane)之间。

阿尔杰农:……哦!……对了,莱恩,我从你的本子上看到,星期四晚上,肖里曼爵爷(Lord Shoreman)和沃兴先生(Mr. Worthing)来我这儿吃饭,喝掉了 8 瓶香槟。

莱恩:是的,先生,8 瓶外加 1 品脱①。

---

① 品脱,是英美等国使用的容积单位,1 英制品脱约等于 0.6 升。——编者注

阿尔杰农： 为什么在一个单身汉的地盘，仆人们总是不约而同地要喝香槟？我只是想了解一下情况。

莱恩： 我认为原因在于这种香槟品质超群，先生。我经常留意到，在已婚夫妇的家里就难得喝到品质如此一流的香槟。

阿尔杰农： 天呢！难道婚姻就这样令人灰心丧气？

莱恩： 我认为婚姻是非常令人愉悦的，不过到目前为止我这方面的经验少得可怜。我只结了一次婚，而且那是我和一个年轻女孩之间的一场误会。

阿尔杰农：（懒洋洋地）莱恩，我对你的家庭生活可没有多大兴趣，莱恩。

莱恩： 当然了，先生，这的确不是个多有趣的话题，我自己都没空细想。

阿尔杰农： 看起来是这样。告诉我这些就够了，没事了莱恩，谢谢。

莱恩： 好的，先生。（莱恩下）

阿尔杰农： 莱恩对婚姻的看法似乎有点随意。说真的，如果下层人士不能给我们树立一个好榜样，那他们到底还有什么用？他们这个阶层看上去毫无道德责任感。

你是不是看得眼皮打架？如果是，你很有可能属于视觉型，因为这段文字真没什么可以吸引你注意力的地方。但对言语型就不同了，这段文字则化身为充满新奇的语言"佳肴"，让人迫不及待地一口吞下。

从原理上看，很有可能，具有不同认知风格的人不仅有不同的偏好，比如，有人喜欢栩栩如生的视觉描述，有人喜欢机智的俏皮话，而且，如果不得不读一段特定的文本，他们还会在对这段内容进行编码和回忆之际表现出不同的能力，这主要取决于文本的内容。于是，你可以预测，如果你请一群视觉型读者阅读前面引述的《简·爱》选段，他们可能会为那个红房间构建栩栩如生的视觉模拟，细腻程度远超言语型读者。然后，如果你请他们做阅读理解题，他们可能会在如房间里面各种物品分别放在哪儿、各有什么颜色等这些题目上有相当亮眼的表现。与此形成对比，若要回答王尔德的话剧里谁对谁说了哪些金句，言语型读者可能会做得更好。

关于认知风格是如何影响理解的，这方面的实证研究寥寥无几。但有一项研究独树一帜，它跟人们在有意的想象以及语言理解期间的具身模拟的属性有关。[16] 有一个有意思的视觉错觉叫作"运动后效"（motion aftereffect），你可能曾经遇到过。我遇到这种情况是在树林里散步时，当我突然停住脚步，有那么很短的一瞬间，我感觉眼前的树木像是在继续前进，离我而去。还有人说，他们在盯着一道瀑布看了一会儿之后也会遇到这种情况，等他们转头去看其他静止事物比如瀑布边上爬满青苔的石壁时，就会觉得石壁仿佛开始向上移动。在这两种情况下，以及一般而言，运动后效是指，你在刚刚适应了某一事物之后，就会发现其他事物似乎开始向相反方向移动的视觉体验。

为什么会有类似这样的效应发生，解释起来有点复杂，简单来说就是，我们拥有负责侦测不同方向运动的神经元，它们位于背侧视觉流（dorsal visual stream），也就是"哪里"路径上，当我们没有体会到来自任何方向的运动时，这些神经元就会相互竞争，但谁也不比谁更活跃。而一旦我们在一个特定方向上感知到运动，相应的神经元就会被激活，但是，只要它们持续活跃了较长的一段时间，这种激活就会有所减缓，这就是适应阶段。这时，如果我们立马不再看那个运动的事物，而把目光转向静止的事物时，运动后效就会出现，此时，我们负责侦测与运动事物同一方向的运动神经元并没有被触发，因为它们已经适应了这一方向上的运动，结果，负责侦测相反方向运动的神经元后来居上，它们变得比那些适应了的神经元更加活跃，这就让我们产生了运动似乎正朝相反方向进行的错觉体验。

并且，我们已经知道，运动后效不仅出现在我们注视运动一段时间之后，还出现在我们想象运动一段时间之后。[17] 这大概不会太过出人意料，毕竟我们通过前面的论述也已经了解到，有目的的视觉想象也要用到视觉系统，但在个体差异这方面有一个值得留意的关键发现，那就是对于不同的人来说，心理意象可能引发的运动后效的程度存在相当大的差异，有的人基本上就没表现出任何运动后效，有的人却相当明显。假如运动后效的程度可以表示人们的视觉空间想象的范围、强度和特异性，那么，它就可以作为一个合适的标准，来衡量人们是运动方面的强视觉型的程度（这是使人们成为空间视觉型的一个组成要素）。那么，强空间视觉型跟弱空间视觉型相比，在理解描述运动的语言时会有不同吗？

斯坦福大学的研究者找到了一种测试方法。他们先请被试听一段故事，故事中描述的是物体向上或向下的运动。例如，其中一个向上的故事是这样的：

> 你在做一个心理学实验，在实验中你训练了几百只松鼠，让它们互相赛跑，爬上一堵墙去争夺一块食物。现在，你想看看如果在墙角将全部松鼠同时放出来，会发生什么情况。你从隔壁房间一扇小窗那儿观察着，全部的笼子一起打开之后，松鼠们好像疯了一样冲上墙去。眼看着一团团"小毛球"一溜小跑爬上墙去，真是前赴后继、绵绵不绝，而且根本不在乎自己是不是早已注定了落败的命

运。砰！这灰色的小东西一个接一个跳上墙去，敏捷性实在令人惊叹。你看着它们一个接一个做这一模一样的动作，先纵身跳上墙，再拼命向上爬。哗！松鼠们全都爬上了墙，看上去就像一股巨大的洪流。你仿佛陷入恍惚一般，看到松鼠们争先恐后地从你眼前闪过，奋力争取第一个爬上墙头。哗！越来越多的松鼠爬上了墙，向上一溜急跑，你看着它们像一大团影子渐渐盖过那堵墙。松鼠们继续向前冲，像闪电一样快。它们一个接一个地跳上墙，一路向墙头狂奔而去。你的眼睛一直盯着这帮松鼠"狂徒"窜上墙壁，但再也分不清谁是谁，只见它们朝墙头狂奔而去……

向下的故事也是大同小异，只不过故事中描述的是向下的动作。

为检测这样一些片段在不同人那儿引发的运动后效的程度，每一段故事都设有几处隔断，以便让被试完成第二个任务，就是移动点任务。这一方法的基本思路在于，让被试看一个屏幕，上面有一百个点，且这些点正向四面八方移动。当这些点做随机运动时，你就看不出来它们在一起朝某个特定方向移动，但是，如果有足够数量的点开始向同一方向移动，你就会觉得它们更倾向于朝那个方向移动，需要注意的是，在本例中，一致性阈值也就是这个临界的点的数量是因人而异的。已知运动后效会干扰我们感知一致运动点的能力。如果你适应了向上的移动，你就更可能会说那些点正在向下移动，反之亦然。于是，如果人们因为阅读上述那段故事而体会到一种强烈的运动后效，那么，他们感知移动点的能力就应该会受到巨大的干扰。

研究者采用移动点研究范式作为对动作适应性的度量，他们请被试完成两项任务。第一项是要测量他们在视觉想象期间的运动后效的强度等级，他们要想象向上或向下的运动，然后看处于运动状态的点，并说出这些点正朝哪个方向移动。第二项与此相仿，唯一的区别在于这次不是请他们想象运动，而是看描述向上或向下运动的一段文字，再完成看移动的点而后回答问题这项任务。研究者这么做是想探究，在想象过程中表现出较强运动后效的人，会不会也在语言理解过程中表现出较强的运动后效。首先，有可能谁也不会因为理解语言而表现出运动后效。毕竟，要让运动后效发生，我们必须系统地使用位于脊背的"哪里"路径的特定神经元，以便侦测某个特定方向的运动，而且需要一直持续到这些神经元开始减缓触发的地步。其次，也有可能所有人都会表现出运动后效，因为也许认知风格的个体差异在语言理解过程中并不是那么重要。最后，还有可能，在想象过程中出现较强运动后效的人，也会在语言理解的过程中出现较强的运动后效。

这最后一种可能性恰恰就是上述实验数据显示的结果：不是每个人都会在看到描述松鼠们狂奔这样的文字后表现出运动后效，但有些人会，并且，他们在想象过程和阅读理解过程中显示出的运动后效程度之间确实存在正相关。如果在想象过程中更多地使用"哪里"路径，那么人们在理解描述运动的语言的过程中也会更多地使用这一路径。也就是说，人们会用自己的视觉系统处理语言以外的其他事情，比如想象，在这过程中出现的个体差异，会影响人们将视觉系统用于语言的方式。跟具有其他认知风格的人相比，空间视觉型在读到描述运动物体的语言时的确会为运动创造更栩栩如生且更持久的具身模拟。

诚然，视觉化风格不同的人，其认知过程也不同，但可能还存在其他方式使得他们在阅读同一段文本时从中得出不一样的理解。例如，假设有两个人，一个是物体视觉型，一个是空间视觉型，现在你请他们读一段文字，这段文字描述的是一个实体系统，比如一台机械钟或一个生态系统。空间视觉型可能会更快识别出其中各个物体的空间关系，以及它们是怎样相对运动的；而物体视觉型可能会更快注意到不同物体的视觉属性。于是，当你问他们从文本中看到了什么时，他们可能会提及文本中非常不同的方面。我们并不确切地知道事实是否如此，这还有待通过实验去检验。

当我们各有一套认知风格时，沟通更易卡壳

我们现在得到的实验性证据充其量只能大致勾勒出人们理解过程的轮廓，不同个体在意义理解上的差异可能远远超出我们目前的认知。一个近在眼前的问题是，如果人们确实使用不同的方式理解语言，这会引发什么样的后果？说到底，当我们用语言进行沟通时，我们用的是一个带宽相当有限的通道，每次就那么几个词，且以某个特定的顺序排列，并期待以此来传达一段高度复杂、包含丰富细节的经历。如果我们作为讲者将经历转换成词语的方式，与我们作为听者将词语转换成经历的方式当真是各有一套，那么我们之间的沟通可能就很容易卡壳。于是我们就会想，不同的认知风格，或者对一个领域的专业知识的了解不在一个层次，是不是就会造成人与人之间的沟通变得更低效、更不成功，以及更难令人满意。也就是说，发生在具有不同认知风格与经历的人群之间的沟通是不是更容易出问题？

这是一个令人着迷的想法，但简单来说，我们目前还不知道这一问题的答案。然而幸运的是，这应该不难检验。假设你请被试进入实验室，两两一组，每次进一组，而且他们并不认识对方，只是随机组合在一起，因而他们在认知风格和经历上自然是存在差异的。有时候，你会遇到两个人在认知风格和经历都很相似的情况，而在另一些时候，你可能会发现同组的两个人在这些方面有着天壤之别。如果你让这些两人组成的小组完成一些合作任务，会发生什么情况？比如，让一个人看一堆按照一种特定式样搭建的积木，然后让他告诉另一个人，如何按照同样的方式搭起另一堆积木。这些积木看上去每一个都是独一无二的，不仅外形不一，颜色也各不相同，上面还写有截然不同的词语。因此，被试可以用视觉描述或直接说出这些词的方式来指代每一块积木，由此来设法完成任务。

每个小组会用到的策略都各不相同，但如果把具有相似认知风格的人配对，他们之间的沟通会变得更顺畅。一般来说，我们可能会看到以下几个结果：

- 第一，具有相同认知风格的小组应该达成共识，选用可以充分利用他们的共同偏好的解决方案；

- 第二，与认知风格相同的小组相比，认知风格大不相同的小组应该要花更长的时间才能确定一个共同认可的策略；

- 第三，从完成任务所需时间以及照原样搭建的精确度这两个指标来看，认知风格迥异的小组应该比认知风格相同的小组表现更差；

- 第四，这个任务对认知风格大不相同小组来说也更不好玩。

以上当然全是推测，但也不全然如此，因为这些都是可以检验的猜想，进而可以揭示我们在创造意义的过程中存在的个体差异可能会在多大程度上影响我们与他人进行交流的能力。

在本章最后，因为我已经说过以上那些想法都是可检验的，现在我们就来做一个测试。不要往前翻，图7-6是你之前记住的那串珠子吗？

图7-6　这是你之前记住的那一串珠子吗

你是怎么知道的？你是默默记住了一串关于珠子排序的文字，还是视觉化了各个珠子颜色的分布？就像你现在已经知道的那样，一方面，不管你做的是言语化还是视觉化的模拟，都不重要，因为不管你做了什么，你都要用到模拟；但在另一些方面，比如你在模拟时所采用的方式以及你与他人进行交流的能力，这些方面的差异可能就重要得多了。

LOUDER THAN WORDS

08

失落于翻译

语言文化，要认识一种语言
就要用这种语言表达

08 失落于翻译

设想一下，你刚刚经历了一次悠闲的英国乡村旅行，不过，所有的好事都有走到尽头的那一刻，这就意味着，你该准备还车了。你把车停好，走进了租车公司的办公室，过了一两分钟，一个客户服务代表来到柜台前，跟你说你的车上似乎出现了损伤，在驾驶座一侧的车身上发现了一道很长的凹痕。你不安起来，心想：什么凹痕？我并没有撞到任何东西啊！当你望向窗外，你的车看上去就像图 8-1 所示的那样。

图 8-1　看起来完好无损的车

就跟你想的一样，从这个角度看的确完好无损。那是怎么回事？也许是租车公司搞错了，他们可能把别人的车跟你的车搞混了？这倒是有可能。

193

假设你正在现场跟客服代表交涉，而且，客服说你还的那辆车，也就是你现在正看着的那辆车是有损伤的，于是你必须据理力争，你坚持说这辆车并没有损伤，去外面看看就知道了！既然对方非常确定损伤就出现在驾驶座一侧，那么，你们当中肯定有一个人搞错了。你会认为肯定是他搞错了呀，对不对？

是的，除了一个小细节！突然之间，你想起来了，你这是在英国呀！于是局面瞬间反转。因为，英国就像日本和澳大利亚等一些其他国家一样，驾驶的规则是要靠道路左侧行驶，因而驾驶座设在车的右侧。但你无法从图8-1的那个视角看见车的另一侧，也许那儿真的有一道凹痕，只不过你现在看不见。

也许这就是萧伯纳的用意，他曾说英国和美国是被同一种语言分隔开的两个国家。从表面上看我们应该可以顺利沟通，当然了，也还是有一些广为人知的例外。比如，"boot"（靴子）在英国指的是汽车的一个部件；对英国人来说，"pants"（内裤）穿在"trousers"（在美国等同于 pants）里面，当然，还有一些不那么广为人知的区别。但说到底美国人跟英国人在绝大多数时候使用的单词是一样的，语法也非常相似，即使这样，当我们谈到"驾驶座一侧"时，还是可能会出问题。在一定程度上，"驾驶座一侧"的意义无论在哪里都是一样的，只是到了更深一层，我们在脑海里闪现其意义的时候才出现了差异：关于"驾驶座一侧"看上去是怎样的，我们可能会有不同的视觉表征，进而预期会在不同的位置看见它，结果导致我们看上去像是根本无法理解对方一样，这在很大程度上要归纠于我们对于沟通得以正常运作的假设出了问题。

在这里发生的情况，就是我们在前一章讨论的个体经历不同会导致理解语言存在差异这一效应的一个强化版，我们会凭各自拥有的经历去理解语言。在不同的文化中，人们会获得不同的经历。我们所说的文化，有一部分的意义就在于此：一个特定群体的成员常常具有相似的经历，且与另一个群体成员的经历可能有所不同。哪怕"驾驶座一侧"在英式英语和美式英语中的意义其实非常接近，我们还是会以我们各自所在社会的共同经历去解读这组单词并据此构建具身模拟。一旦这些经历的差别达到足够大的地步，就会让我们的交流变得相当困难，有时甚至导致无法沟通。

这是"蹲"的意思

如同我们在前一章所讨论的那样，我们在理解语言时构建的具身模拟取决于我们各自拥有的经历。由于这些经历在不同文化之间存在系统性差异，所以，从原理上看就可能会导致我们对同一个词做出不同的解读，也就是说，相同的词语会在不同的人群中引发不同的具身模拟。

举个例子，先看一个句子"All afternoon, I was waiting for my brother on the corner"（整个下午我都在墙角那儿等我兄弟），要理解这样一句话，你可能会模拟"在墙角等待"是什么感觉，或者，如果你和说话的人有强烈的共鸣，你可能会模拟等待是什么滋味。但无论如何，很可能在你的模拟中"我"的姿势不外乎站着、踱步或坐着，如果是坐着，可能是坐在一张长凳或路边，大概就这几种可能性。

实际情况是我们站、坐和等待的方式并非全球统一[1]，有很多不同的方式，同时，有些文化并不会把站和坐列为默认的等待姿态。比如，在有些国家，人们不想站的时候可能就会蹲着，他们会蹲在地面上，蹲在道路旁，有时候甚至蹲在长凳上，而不是坐在上面。另外，人们在等待的时候怎样安放自己的身体，这在不同的文化中也有不同的做法。因此，理解描述等待的语言可能需要涉及非常不同的具身模拟，比如对于来自中国文化或美国文化的人来说。

这同样适用于很多其他类型的动作。在世界各地，人们吃东西的方式可以说五花八门，比如用手、筷子，以及刀叉等。人们做祷告的方式也各不相同，双手合十、双膝跪地、画十字、前后摇摆、念念有词等各种形式都有。人们还会用不同的方式使用洗手间，清理方式也各不相同。这就导致对于同一个词，比如"吃""祷告"等，在不同文化群体的人看来，可能指向完全不同的事物。

再举一个东西方文化差异的例子。如果你是美国人，你想给他人递上自己的名片，那么，很可能你是用一只手（可能是你的惯用手）拿起名片，递给对方。但是，关于人们怎么用自己的双手给出和接收小物件，不同的文化有不同的礼仪。以日本和韩国为例，你是要用单手还是双手递名片，取决于对方的地位，若对方的地位低于你，比如说他是一个小朋友或公司的下属，你可以用单手，跟美国人的做法一样；但如果对方地位更高，比如他是你的老板或一位尊贵的访客，你就必须用双手（见图 8-2）。跟地位更高的人士打交道用单手递名片会被视为公然违反礼仪规范。

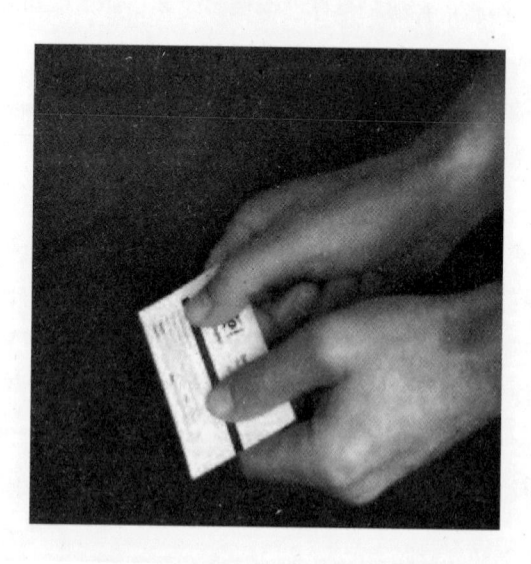

图 8-2　在中国、日本以及韩国，礼貌地用双手递出名片的姿势

不同国家的人在给出物品的时候有不同的习惯做法,这就跟世界各地的人们有不同的等待方式相似,都可能会对意义造成影响。由于美国人和韩国人在给出和接收物品的时候积累了不同的亲身经历,有可能他们在理解描述给出和接收物品的语言的过程中也会用到不同的具身模拟。在这方面我们还真的通过在我们实验室的一些研究得出了一些证据。[2]我们请被试听描述给出动作的句子,比如给某人递去一张名片、一个苹果或一杯茶,我们把接收者设定为地位更高者(如首席执行官)或地位较低者(如被试的小侄子)。被试的任务是判断这些句子说的是不是符合常理,其中有一半的时间,我们会给他们看不合常理的句子。不过,真正的机关在于,他们必须用一只手或两只手才能告诉我们他们对这种句子的判断。你可以从图 8-3 看到我们是怎么做的。

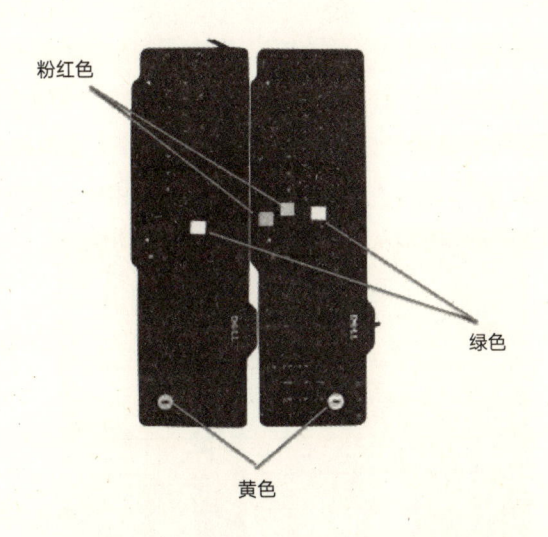

图 8-3　探究手势是否会对人们理解意义产生影响的实验设计

我们让被试坐在两个键盘前面,键盘摆放如图 8-3 所示,两个黄色的圆形按钮就在他们正前方,他们必须按这两个按钮才能听到一个句子,然后,如果他们想好了所听到的那句话是合理或不合理,就要分别按粉红色按钮

（只用右手）或绿色按钮（要用双手）。至于表示句子合理的按钮是粉红色的那个还是绿色的那个，则是由我们控制的。于是，被试必须按一个或两个按钮才能表示这个句子是合理的。由于句子描述的是向地位较高或较低人士给出物品，于是我们可以测量被试（包括韩国人和美国人）在对描述向地位较高或较低人士给出物品的句子做判断时，单手操作和双手操作的反应哪个更快一些。我们的基本思路是：接收者的地位应该对韩国被试很重要，也许，看到描述地位较高的接收者的句子后，他们用双手按按钮的反应会更快，相反，若是看到描述地位较低的接收者的句子，他们用单手按按钮的反应会更快。但对于美国人，我们猜测，他们对这两种情况的反应应该不会有什么差别。如果事实果真如此，那么就证明人们对动作的具身模拟取决于各自的文化经历。

我们得到的结果，既有符合预测的，也有不完全符合预测的。对于英语的使用者，跟我们的预测一样，他们听到描述地位较高或较低接收者的句子的反应时间没有任何差别，与他们要按一个还是两个按钮才能作答没有关系。这也说得通，因为美国人通常都用单手交接小物件，地位高低对此没有影响，相反，如图8-4所示，韩语使用者的确会受影响。

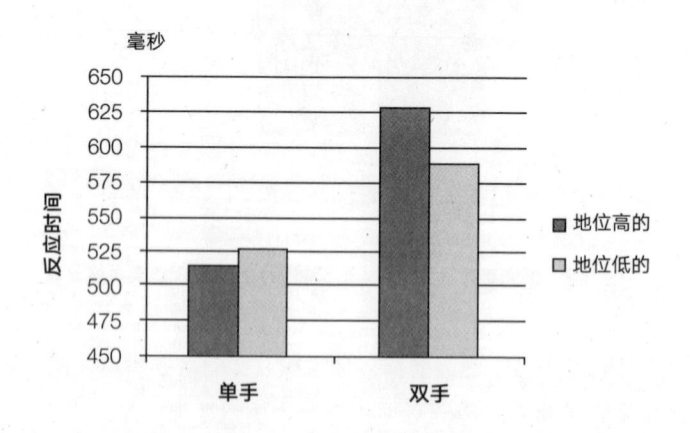

图8-4 韩语使用者的实验数据表明，文化确实会对人们所做的具身模拟产生影响

如果要用双手按按钮表示句子符合常理，那么韩国被试的反应就会在句子描述向地位较高者递送东西时更慢一些，慢于描述向地位较低者递送东西的句子。如果只用单手作答，情况就会反转，尽管此时两种情况的差别要小一点。因此，这一实验结果表明：接收者的地位在韩语使用者看来确实很重要，看上去影响了他们对动作所做的具身模拟。

奇怪的是，这种效应跟我们之前的预期恰好相反。为什么韩国被试在看到一个句子描述一个需要用双手才能完成的动作之后，要花更长时间才能用双手按按钮？我们现在最合理的猜测是，这可能跟动词出现的时机有关。在韩语里，动词出现在句子末尾，这跟英语不一样，而我们之前已经看到，单词的出现时机足以对类似这样一种效应的发展方向产生巨大影响。

这只是人们在以不同的方式理解语言的一个例子，而这又取决于我们所在文化怎样以不同的方式支配我们运用自己的身体。我们所构建的具身模拟并不存在一个全球统一的模板可以套用，相反，我们的具身模拟不仅渗透在我们独特的个体经历中，还渗透在我们作为一个特定文化中的成员而获得的体验中。

猫的皮肤，狗的卷毛

我们刚刚看过了我们可能怎样基于各自不同的文化实践，用不同的方式解读一连串排序相似的词，但文化差异对词语本身的意义能有多大影响呢？会不会存在一些词，它们在不同文化背景中的意义根本就是南辕北辙，因为，我们用以解读这些词语的不同文化背景本身就有着天壤之别？

这一问题的本质是：在不同的语言中是否存在完全对等的词语？当我们把一种语言翻译为另一种语言时，我们如何确保，这些词对这两种语言的使用者具有相同的影响？

先举一个例子：从澳大利亚到阿拉斯加，家猫在人类社会可以说无处不在，但人们跟猫咪打交道的方式各不相同，这跟人们所在的文化息息相关。在一些地方，人们把猫咪作为家庭成员看待，给猫咪提供食物、住宿，还有照料，比如生活在曼哈顿和巴黎这样一些猫族"世外桃源"的多数猫咪，都能乐享悠长、富足、健康而又无忧无虑的"猫生"。与此形成对比，在另外一些地方，比如秘鲁的安第斯山脉地区、瑞士的荒僻乡间，猫咪可能会被宰杀并进行处理，然后供给人们食用，说起来它们跟兔子或是我们更熟悉的鸡和猪的遭遇可能差不多。于是，那些地区的人们对猫咪就有更丰富的体验：不仅见过它们四处游荡，也见过它们被宰杀之后的样子，甚至还有变成食物以后出现在盘子里和嘴里的感觉。

关键是，不管在爱猫地区或吃猫地区的人讲的是哪一种语言，他们用来称呼"猫"的那个词，其意义可能从根本上就各不相同，因而可能引发具有巨大差异、甚至可能完全相反的具身模拟。

要了解原因，先看两个英语单词，poodle（贵宾犬）和lamb（小羊），看看你回想起来的知识有什么区别。第一个，你大概不会吃，第二个，你可能会吃。你怎么理解这两个单词？你要从大脑调取的知识，有些可能是非常相似的，一看到这两个单词，你可能就调取了这两者的视觉和听觉模拟。"小羊"引发了一头中等大小动物的想象，它"披"着一身卷毛，还会发出悲催的"咩～咩"叫声。"贵宾犬"引发的视觉模拟可能跟小羊差不多，但当然会搭配一个不一样的听觉模拟。重要的是，如果你是吃羊肉的，那么，"小羊"可能还会促使你调取关于羊肉的口感和香味的知识。你还知道小羊的触感是怎样的，不管是在你的嘴里还是在你的餐刀下，从感知的角度来说，但对于"贵宾犬"来说，你可能没有这么多具体的细节知识。

假如以下这种归纳是准确的，那么，在英语里，poodle 和 lamb 这两个单词之间的区别对你而言，可能跟我们可以观察到的爱猫人群与吃猫人群对

"猫"这个词及其相似事物的理解存在的区别差不多。吃猫人群对"猫"这个词的理解，很有可能包括了口腔触感模拟和味觉模拟，但来自爱猫文化的人就不可能在理解"猫"这个词的时候做类似的模拟，除非这个单词出现在一段描写吃猫的上下文里。总之，人们在文化经历上的差异可能对其理解意义的过程产生重大的影响。

就像冰球专家理解描述冰球相关动作和物品的语言的方式跟冰球新手不同，我们也可以做相似的推理，即不同文化之间存在的差异很有可能导致人们在对意义的理解上出现系统性差异。只不过，我们目前还没有看到关于这一课题的实验性证据。你可以想象一个实验，专门用来探究来自不同文化的人们在处理完全相同的字词时，他们的模拟中会出现哪些与文化相关的差异。但在目前，关于文化习俗可能极大地改变人们对于字词意义的理解这种观点，依然是一种猜测。

语言是一种文化因素

社会习俗与实践造就了我们各自截然不同的经历，因而我们理解语言的方式也会有所不同，比如我们以何种方式等待，以及我们怎么跟猫打交道，文化差异的呈现方式可以说多种多样。但到目前为止我们还没认真考虑一个至关重要的问题，那就是我们是如何与语言本身进行互动的。接下来我们就会看到，我们跟语言打交道的方式，可能影响我们对事物的思考方式。

世界上语言的多样性令人叹为观止。不同语言之间系统性差异的一个关键方面，就在于书写方式。当然了，在全球总共近 6 000 种语言中，大多数语言是不能写的，因此这一结论只适用于可以写的语言。跟口头语言相比书写是相对较新的技术，尽管我们相信人类早在距今至少 5 万年前（可能还要再早很多）就已经开始使用口语，但书写出现的第一个证据是在距今 15 000 年到 5 000 年。[3] 另外，尽管目前绝大多数的人类都达到了基本的文化水平，但依然有一些国家，其国民中有一多半不能读写。[4]

不过，语言只要可以书写，就必须按照某种规则来写，随着时间的流逝，从左向右写渐渐变得常见，这跟要写的内容没有关系。这一现象的出现有几个比较充分的理由。其中之一是，一个惯用右手的人在书写的时候，如果从左向右写，就能有效避免前面刚写的内容或刚盖的邮戳被自己不小心擦掉，然而，这种书写方式对一个惯用左手的人来说就不那么好用了，但因为他们只占总人口的 1/10 左右，也就只能被迫适应这一规则。长话短说，如今，大部分的语言都是从左向右书写或是出现在屏幕上的。

但也有些语言不使用这种常见的从左向右的书写方式，比如希伯来语和阿拉伯语，就是从右向左书写的；传统的繁体中文则是从上向下，然后从右向左书写的（见图8-5）。因此，尽管书写系统存在系统偏好，喜欢采取某个特定的方向，但人们还是会在读和写的时候表现出不同的方向，这主要取决于他们使用的语言。据我们所知，不管是哪一种书写方向，相对于其他书写方向都不存在一般意义上的认知优势。

英语，意大利语　　　阿拉伯语，希伯来语　　　中文（繁体）

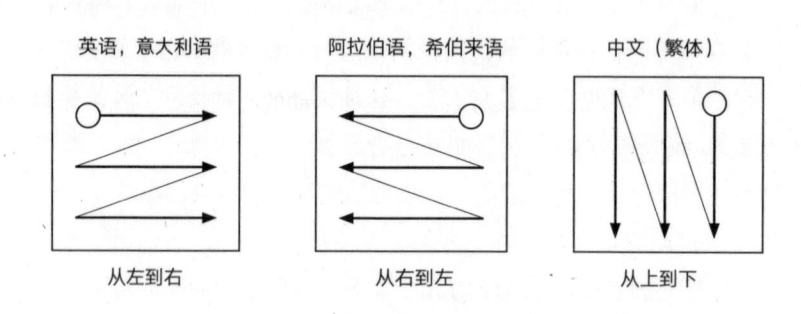

从左到右　　　　　　从右到左　　　　　　　从上到下

图 8-5　语言的三种典型的书写方式

近来，人们已经开始探讨，我们读和写的方向有没有可能影响我们理解语言的方式。举例而言，假设我跟你说，昨天我在公园散步时，看见一个穿着紫色运动服的人一路慢跑从我的身边经过。你觉得你在自己脑海中透过心智之眼"看见"的那个人,应该是在朝哪个方向跑?一般说来,有大量实验性证据显示,你更有可能看见那个人在你眼前从左向右跑过,而不是其他方向。这就让一些研究者开始思考:我们是不是有一种普遍的偏好,总是会模拟事件从左向右进行?[5] 看上去我们对事件的心理表征的研究当然可以支持这一想法,毕竟这些研究已经在英语、意大利语和其他一些欧洲语言上发现了类似的偏好。但问题是,以上这些语言都是从左向右书写的。这就留下了一个谜:我们不知道,说英语和意大利语的被试之所以心理表征事件从左向右进行,是因为我们对从左向右的运动存在某种全球统一的偏好,还是因为学习从左向右读和写一门语言的过程让我们以为运动就是按这方向进行的。

要想探明这一谜题的答案,我们可以考察当你跟以阿拉伯语或希伯来语为母语的被试提到公园里的那位慢跑者时会发生什么,这两种语言都是从右向左书写的,对方会"看到"这个人从左向右跑,还是从右向左跑?如果设想运动从左向右进行是全球统一且超越种群而存在的认知,那么,以阿拉伯语或希伯来语为母语的被试的反应应该跟以英语为母语的被试一模一样。但如果书写系统的方向对我们理解语言描述的动作的确有影响,那么,以阿拉伯语或希伯来语为母语的被试对语言描述的运动的心理表征,就可能与以英语为母语的被试的心理表征恰好形成镜像对应。

两位欧洲研究者采用了好几种方式来探索这个问题。[6] 他们请意大利语(从左向右书写)使用者和阿拉伯语(从右向左书写)使用者听描述动作的句子,比如"那姑娘推了那个男生"。然后,说意大利语和阿拉伯语的被试要分别把句子描述的事件画出来——第一个实验;或是看一张图片,并判断上面显示的是不是句子里说的事件——第二个实验。在第一个实验中,研究者们量度的是被试更有可能把句子的主语(前面句子里的姑娘)画在页面的哪一侧;而在第二个实验中,他们记录的是被试在看到句子的主语出现在画面的右侧或左侧时的反应速度。

这两个实验的结果清楚地说明了书写方式是如何影响意义的。图 8-6 表示的是在第二个实验中，在句子的主语出现在画面右侧或左侧时，被试的平均反应时间。从中我们可以看到，当句子的主语出现在画面的左侧时，说意大利语的被试能够更快说出图片匹配句子；当句子的主语出现在画面右侧时，说阿拉伯语的被试反应更快，哪怕他们跟说意大利语的被试一样，也是用意大利语完成任务！研究者在第一个实验中也得到了一个相似的结果：意大利人往往把主语画在左侧，而阿拉伯人会把主语画在右侧。

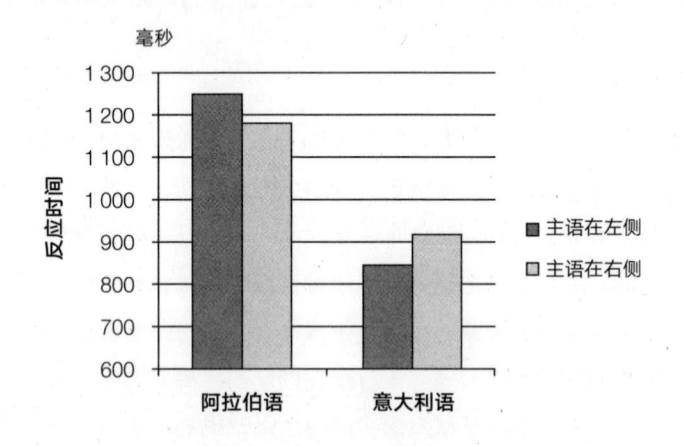

图 8-6 证明语言的书写方向会影响理解过程的实验结果

以上这些值得注意的结果似乎表明：已经习惯按某个特定方向读和写的人更容易把描述水平运动的语言理解为也在按同一方向运动。但我们对这一点必须谨慎看待，因为还有一些其他的文化习俗也可能跟书写方向存在相互影响，从而加大找到真实原因的难度。例如，在书写习惯以外，其他的潜在原因可能是：意大利语使用者在漫画书、动画片和电影中看到的关于事件的视觉描述往往就是从左向右的，而阿拉伯语使用者看到的版本往往是从右向左的。据我所知，目前还没有人认真研究过，不同的文化群体在拍电影时惯用哪个方向来表现事件的运动。但是，人们对事件的心理表征的区别，从原则上讲也可能是由事件的描述方式不同导致的，而不是由书写方向本身导致的，甚至还有可能，人们之所以在创作漫画书和其他艺术作品时会用属于各自文化的不同方式来描述水平方向的事件，是因为他们的语言的书写方向不同。这就可能让我们陷入一种因果循环论证的困境，书写方向可能直接影响我们怎么在脑海里"观察"运动，但这种影响可能也受到我们各自文化惯用的运动描述手法的调节。

重点在于，我们使用不同的语言，正是我们归属于各自文化的表现之一，然而，我们对用同一种语言描述同一事件的一段话，也会有不同的理解方式。

为说话"切割"世界，为说话"恰当地"思考

为什么书写方向可能影响人们思考问题的方式，这是因为，书写是语言的一部分，而语言本身又是文化的一部分。要学会一门语言，就是要学会用一种特定的方式谈论这个世界，把它分割成富有意义的片段，然后用我们自己特定的语言进行编码。纵观世界上的各种语言，其中最令人着迷的一点是：语言把我们这个世界分割成许多不同片段的组合。所以，想要学会一种语言，你就得先搞清楚万物之间的各种不同区别，并将其划分为不同的类别，还要留意细节上的不同。总之，要想学会使用一种语言，你就要先学会恰当的思考。本杰明·沃尔夫（Benjamin Lee Whorf）的说法比我的更有说服力[7]：

> 我们沿着各自母语设定的界限剖析自然，对这充满不同寻常现象的世界进行分门别类，但这些类目并不是就在那儿等着被我们发现，恰恰相反，世界在我们眼前就像一个由各种观感组成的不断变化的万花筒，需要经由我们的头脑组织，而这主要是通过我们头脑

里的语言系统。我们将自然"分割"，编成各种概念，同时附上重要性，很大程度上是因为我们作为一个协议的相关方，必须按照协议约定的这种方式对它进行组织，而且这个协议对使用同种语言的整个群体都有效，进而变成"法典"融入我们的语言模式……不是所有的观察者都会从同一个实体得出关于宇宙的同一个画面，除非他们的语言学背景相似，或者可以通过某种方式进行统一。

这段文字说得不错吧？但是我们的语言"分割"世界的方式到底会在多大程度上影响我们的思考方式？你心里那个充满怀疑的声音大概会说："从根上说，'人'这个词指的就是人呀！"不管人们说的是哪种语言，通常来说，来自不同文化、使用不同语言的人们都能思考同样复杂的想法、区分同样细微的感知，学会新的概念与行为的能力也是不相上下。

不同语言之间一个最令人印象深刻的特点是语言将事物在空间中进行定位的方式。有些语言，比如英语，在指代物体方位的时候往往偏爱采用一种被称为"自我中心"（egocentric）的框架。比如，假设你在看一套样板房，房地产经纪可能会一边向飘窗走过去，一边说："你的右边是这套房子最让人喜欢的区域之一。"对于短语"你的右边"，你就必须从你的视角进行解读，如果你当时正好面向其他方向，又或是在其他地方，这个"右边"就可能指代空间中一个截然不同的位置，因此这被称为"自我中心"。但不是所有语言都这样，有些语言采用"地球中心"（geocentric）系统来定位空间中的物体，比如，我们用到的基本方位：东、西、南、北，另外还有上坡和下坡、住宅区和商业区等。[8]

关于这些不同的空间位置指代框架，重点在于，你用的语言以及这种语言要求你使用的空间位置指代框架，决定了你会记住不同事物的移动轨迹。举个例子，澳大利亚有一种原住民语言叫"波姆普罗"（Pormpuraaw），心理学家莱拉·博罗迪茨基和语言学家爱丽丝·盖比（Alice Gaby）曾对它进行过一番深入研究。他们发现，波姆普罗语采用自我中心的指代框架，比英语还要更普遍，以至于当你跟别人打招呼说："你好，这是要去哪里呀？"对方的回复甚至会包含自己要去的方向，比如，对方可能会说："就附近啦，西北偏北。"[9]

所以，要说或听懂波姆普罗语，你就必须经常留意并记住各种方位，至少要能飞快地把这些方位检索出来。这显然跟英语有很大的不同，在英语里，人们在日常对话中很少会使用指代基本方向的单词，比如打招呼就是说"你好"而已。因此，你在用英语对话时所思考的事情，就跟你用波姆普罗语对话时思考的事情不一样，这一现象叫作"为说话而思考"。为了说和理解不同的语言，人们可能需要系统地启动不同的思维模式。

另一个关于语言如何导致人们有不同的思考方式的例子来自色彩感知。不同的语言有不同数量的色彩类别，这些类别有不同的边界。比如，在英语里，我们将"red"（红色）和"pink"（粉红色）分为两个类别：我们给这两种颜色不同的命名，并会据此判断一种颜色到底适用于哪一种表达。我们不会把粉红色视为红色的一种，反之亦然，这两种颜色分属不同的类别。由于英语做了这样的区分，因此，我们在使用英语的时候，如果要用颜色描述某一物体，我们就要留意这颜色具体落在从粉红色到红色的区间内的哪一点。但有些语言就没有这种区分，比如科特迪瓦的一种叫"沃比"（Wobé）的语言，用一个色彩类别概括了英语中的粉红色和红色。因此，在使用这种语言时，你就没必要密切留意从粉红色到红色这个区间中的颜色，你要做的只不过是认出这些颜色属于哪个区间，然后检索出相应的正确的色彩术语，就大功告成了。[10]

我们从"蓝色"可以看到上述这一现象的一个反面。就英语而言，浅蓝和深蓝都属于蓝色，不过它们毫无疑问具有不同的可感知的深度，但无论如何它们全都属于蓝色。而俄罗斯人就不一样了，他们会把这些蓝色区分开来，就像我们区分粉红色和红色一样。对于我们认为的蓝色，在俄语中被分为两个完全不同的颜色类别，一个是浅蓝（goluboy），另一个是深蓝（siniy）。若是用英语交流，你无须操心某个蓝色的东西究竟处于哪一种深度，也能顺利把它描述出来，当然了，如果你愿意，你可以说得更加具体一些，把一种蓝色描述为"浅蓝"或"深蓝"，又或者是其他说法，但这不是你必须做的事。俄语就不同了，你不能说两个物体都是蓝色。因此，每一种语言可供使用的单词决定了你要留意的特定的感知细节，只有这样我们才能好好说话。

为说话而思考的另一面就是为理解而思考。如果一个人用俄语描述一件东西是"深蓝"或"浅蓝"，这会比人们用英语描述这同一事物为"蓝色的"包含的信息更多。因此，只要你细想一下，就会发现，用英语说"天空是蓝色的"，跟用俄语这么说相比确实是显得不够具体。总之，有些语言就是会在你读到或听到的时候对某些特定事物提供了更多的信息。

不同语言会把不同的信息编码进日常词汇这一事实，可能对我们理解这些语言的方式产生一系列的影响。如果一种语言系统地对某种事物进行编码，就会导致人们有规律地把这一细节编码成他们所做的具身模拟的一部分。跟说英语的人相比，说俄语的人可能会为蓝色事物搭建更细致的关于颜色深浅的表征；说波姆普罗语的人可能通过心理表征空间上的基本方向来理解方位，而说英语的人会采用自我中心的心理表征来实现这同一目的。

另外还有一种可能，那就是人们理解描述给定领域的语言的方式说到底其实是一样的，跟语言没有关系，但为了达到理解的目的就有可能需要做多一点脑力训练。从"蓝色"这个词要得出它所描述的天空的颜色可能要花更长的时间，不像俄语单词"浅蓝"那样一步到位。再举一个例子，若要搭建自我中心的理解，关于房地产经纪说的那个飘窗在你的什么位置，听见"在你的右边"就会比听见"在你的北边"更好判断。

还有第三种可能性，这也是引起大家强烈兴趣的一点，就是语言上的差异可能对人们的认知存在长期且更加普遍的影响，甚至超越语言本身。例如：有可能，说波姆普罗语的人由于长年累月必须留意基本方向，因此学会了持续地关注这些表示方位的词，哪怕在并没有使用这些方位词的时候也不例外，其程度可能超过了说英语的人。与此相仿，也许，你使用的语言对颜色所做的分类，不仅在你使用表示颜色的词时影响你的关注点和思考方式，而且会影响你对颜色的感知以及区分不同颜色的难易程度。这就是所谓的"语言相对论"（linguistic relativism）：你使用的语言会影响你的思考方式。关于语言相对论的争论一直非常激烈，但语言何时以及如何影响非语言思维，目前依然没有定论。[11]

这一切都表明，每一种语言都对它的使用者有所要求。要使用并理解一种语言，你就必须思考，而语言在一定程度上控制了你思考和关注的内容以及你如何对世界中的各种事物进行分类。因此，说英语的人具有的常规思维方式就跟说俄语、沃比语或波姆普罗语的人不一样。以一种语言作为母语的人，也会以这种语言作为母语进行思考。

用一门语言思考

本章是从为什么不同文化和不同语言之间的沟通会发生"卡壳"现象说起的。一方面，我们的经历由文化背景主导，并影响着我们的思维方式。如果我们习惯了用某种特定的方式控制身体的姿势，或是习惯了某种特定类型的服装，诸如此类，那么我们就会在理解语言时构建反映这些倾向的具身模拟。另一方面，如果两个人的背景大不相同，不管他们来自同一文化还是不同文化，他们的话语在对方听来都会在各自的脑海中引发不同的具身模拟，如果他们要用语言完成的交流任务依赖于这些具身模拟的细节，那么，他们之间交流的质量就会大打折扣。

这是因为，语言说到底只提供了一个非常狭窄的"缝隙"，让我们得以通过这个缝隙交流各自的想法。我们在说话的时候往往用很快的语速蹦出一些我们飞快选定的词，我们希望这些词可以成为"种子"，并在听者的脑海中扎下根来，长成一片五彩缤纷的"意义花园"。但每个人的头脑都是不一样的，都是沿着不同的个体发展进程逐渐成形的，因此，我头脑中的这片"土壤"可能不会用你的方式让"模拟之花"绽放，在你看来像是西红柿的植物，可能结出一颗种子，在我的努力解读之下长成了一株南瓜。

使用不同语言的人也被迫采用了不同的思考方式，因为他们的语言迫使他们参与其中，还迫使他们对事物的类别做出绝对的区分。当然了，这不是专属于语言的独家影响；我们会有不同方式的关注和感知，还跟其他理由有关。即时战略游戏《星际争霸》的专业玩家看屏幕的方式跟新手是不一样的，他们能辨认并不明显但却很重要的信息，他们关注的细节也跟新手不一样，同样的道理也适用于专业的观鸟爱好者、厨师或网球选手。

如果说专业的观鸟爱好者做的不仅仅是观鸟，专业的厨师所做的也不仅仅是炒菜，那么，这多出来的部分就是对语言的使用。我们每个人可能各有所长，而在使用各自母语的能力上显然还要更杰出，这体现在周期性、强迫性地留意到具体的对比或特定的特点，从而让韩语、俄语、阿拉伯语或英语使用者有了一些不太一样的思维特征。

归根结底，我们所说的，决定了我们是谁。

任何一个人，只要曾经尝试过在上了一点年纪之后学习一门新的语言，就会知道这是一项多么残酷的建议，这条路上到处都是遭到词的变格碾压、饱受时态折磨的先烈。但是，若坚持走下去，当关于语法的了解越来越多、单词和习惯用语变得非常熟悉，那么，进入更高阶段的第二外语学习者常常感到自己进入了一个平行宇宙。单词的确是不同的，但这不是导致问题的原因。更令人着迷的是，随着学习者渐渐走进一门第二外语的"花园"，世界就越有可能变成不同的模样，不是因为它的每一块拼图有了不同的名字，而是因为同一个场景看上去是由另外一套拼图构成的，这些拼图跟学习者最熟悉的母语版本的拼图相比存在很多边界上的相切与重叠。让学习第二外语变得如此困难的一部分原因恰恰就在这里：我们从小就信奉一种特定的剖析世界的方式，之后就很难顿悟并意识到这只不过是许多种可信奉的方式之一，而就像这种顿悟很难做到一样，我们也很难放下这种执念。

不过，说到底，这就是学习一种语言的过程。这个过程需要你调用思维的这些习惯模式，让你和说这同一种语言、具有这种语言所参照的文化背景的其他人一样，富有创造力地、自然地、流畅地、有意义地使用这种语言。可以说，想要学会一种语言，就要学会用这种语言来进行表达。

LOUDER THAN WORDS

09

不断敲进你的脑袋

隐喻模拟，
为意义赋予意义

09 不断敲进你的脑袋

在前面 8 章，我把一项又一项的研究不断"敲"进你的脑袋（I've been clubbing you over the head with stucly ofter stucly），拼凑出了我自己的看法：为了理解语言，我们要用到自己的感知和运动系统去做具身模拟。这看上去很合理，并且，让我们假设你真如囫囵吞枣一般全盘接受了这个观点（Let's suppose you've even swallowed that idea），但你也可能灵光一现，留意到我基本上一直在聚焦于描述具体事物的语言，比如具有可见外表的北极熊、可以旋转的门把手以及听上去真像是有点内容的经典摇滚乐。然而，这在我们可以谈论的无数事物里只能算是沧海一粟。人类语言的一个独一无二而又强有力的特点，就是我们不仅可以用语言谈论简单且具体的事物，还可以谈论我们根本看不到或感受不到的观念。我们可以富有意义地谈论"真相"、"责任"或"正义"，这些词并不指代什么具体的事物。而且，我们还可以讨论意义本身，这也是本书的主要内容。总之，我们就是有办法给意义赋予意义，我们是怎么做到的？

我们是怎样理解抽象概念的？这个问题确实非常重要，因为它就像一块巨大的绊脚石，拦在具身模拟假说面前。假如模拟视觉、声音和动作真的处于理解意义的核心位置，那么，我们怎么就能理解描述我们看不到或做不了的事的语言？例如，你会如何理解一个讨论理解的句子的意义，就拿你现在看到的这个句子来说吧。

215

这似乎变成一道不可逾越的障碍：模拟抽象概念究竟是怎样一个过程呢？但其实，关于这一问题我们已经掌握了一些线索，第一条线索来自我们用于谈论抽象事物的语言本身。回头看看我是如何开始本章的论述的，我说"我把一项又一项的研究不断'敲进'（club）你的脑袋"，又说你可能"真如囫囵吞枣（swallow）一般全盘接受了这个观点"，然后提了一个问题，"你会如何理解一个讨论理解的句子的意义"。但是，即使用到这样一些说法，很显然我并没有像字面所说的那样把什么东西敲你的脑袋，你也没有真的吞下什么东西。当我说"我把研究不断地敲进你的脑袋"时，我真正想说的是我一直在列举大量的证据，目的是要彻底让你信服。因此，我是在用描述一种非常具体的动作（"敲"）的语言（这种语言描述的是看上去和感觉上都很像某种清晰可见的东西），来描述某种远远没有那么有形或令人信服的事物。换句话说，我这是在使用隐喻的手法来表达。[1] 隐喻的语言提供了一个线索，关于我们如何理解那些描述看上去不像任何东西的事物的语言。也许我们并不仅仅用描述具体事物比如"敲"这样的动作的语言来谈论"令人信服"和"理解"这类抽象概念，这可能也是我们思考这些概念的方式。

理解，以隐喻的方式

我们接下来要更深入地探究隐喻性语言是怎么起作用的。我们是如何谈论诸如"真相""爱""价值""无理数""社会"等抽象概念的？我们就从"社会"（society）说起，它是一个很典型的抽象概念。"社会"看上去有怎样的外形，闻起来有怎样的味道，或是听上去如何，我对此一概毫无头绪，而且我敢打赌你也一样，但我们却可以对其发表很有意义的内容。下面列举的是人们在谈论"社会"时说过的一些话：

> White's Residential & Family Services... serves more than 3,400 at-risk children and families annually — those who without assistance and guidance would fall through the cracks of society.（怀特住宿与家庭

服务公司……每年为遭遇危机的儿童与家庭提供超过 3 400 次服务，这些儿童和家庭若得不到帮助和指引就有可能从社会"缝隙"掉下去。)[2]

Japan has been a closed society for long despite its huge outward economic expansion with the world.（日本长久以来一直是一个封闭社会，尽管它庞大的对外经济一直在扩张。）[3]

War veterans struggle to fit back into society.（退伍老兵努力回归社会。）[4]

仔细观察你就会留意到，这些句子提到"社会"的方式跟我们提到具体事物的方式非常相似，并且不是随便什么具体的事物，而是某些特定的具体事物，这些具体事物具有"cracks"（缝隙）而让其他东西有机会"fall through"（从中掉下去），可以被"closed"（关闭），或是人们可以"fit into"（回归）其中。什么东西具有这些属性？看上去人们把社会说得好像是某种容器，且能够把社会成员包容在里面。当然，我们还会用其他方式来谈论社会，下面再看另外一组例子：

Farmers are the backbone of our society.（农民是社会的脊梁。）[5]

Sexual violence disempowers women and cripples society.（性暴力剥夺了女性的权利，会使社会陷入瘫痪。）[6]

A healthy society requires an ongoing dialogue between faith and reason.（一个健全的社会需要在信仰与理性之间维持对话。）[7]

这一组"社会"，跟我们在上一组所见的社会有着明显的区别。这一组

"社会"变成某种具有"backbone"(脊梁),可能会"crippled"(瘫痪),以及可以变得"healthy"(健康)或"不健康"的东西,那么,与其说它是一个容器,不如说它是一种有机体。于是,到这里我们已经至少看到有两种不同的模式在起作用。

而这一切都是隐喻性的,因为"社会"实际上并不是这两种更具体的事物之一:它既不是容器,也不是有机体。你可能会想这些句子并没有采用你曾学到的教科书式的隐喻模板"X 就是 Y",例如,"我的爱是一朵红玫瑰"。但虽然这些句子看上去不像你熟悉的那种隐喻,它们依然具有隐喻的性质。任何时候只要你遇见通常用于描述一种具体事物(比如容器或有机体)的语言被系统地用于描述另一种抽象事物(比如社会),你看到的就是隐喻。只不过这跟你在学校里学到的那种隐喻不太一样罢了。

研究隐喻性语言的主要价值在于,它揭示了我们如何通过具身模拟去理解抽象概念。当你使用隐喻手法,你会借用实物来对抽象概念进行描述,并且有可能你也是借用这些实物去理解抽象概念的,当然这是一个大胆的假说。换句话说,当你使用隐喻的句子时,比如"退伍老兵努力回归社会",你是把退伍老兵描述为试图重新回到某种像是容器的东西里,可能你当真就在脑海中心理模拟这个句子描写的这个具体的身体动作。也许你对抽象概念的理解,就是通过具体的(虽然是隐喻的)模拟来完成的,我们暂且将其称为"隐喻模拟假说"(metaphorical simulation hypothesis)。

假如真是这样,这事情可就大了。具身模拟假说的一个最迫在眉睫的潜在弱点就是抽象概念,这时就可以通过人们在理解具体概念时所做的同一套具身模拟进行处理,也许模拟的深度比我们之前想的还要深很多。于是,具身模拟最大的弱点就有可能变成实际上最大的优点。

那么,我们该从哪儿着手,研究这一崭新的隐喻模拟假说呢?我们如何才能判断，我们是不是会通过模拟具体概念来理解描述抽象概念的语言？首先要搞清楚，我们会借助哪些具体事物来描述抽象事物，这就需要认真考察隐喻性语言了。只要用心寻找，我们就会发现隐喻性语言其实无所不在，看看前面几段文字就知道了，前面"这事情可就大了"说的不是字面意思的大；具身模拟不会像字面所说"比我们之前想的还要深很多"；抽象概念引发的问题也不是字面所说的"不可逾越的障碍"，因此，我们有大量的隐喻说法可以选用。从哪儿开始呢？关于隐喻性语言，研究最深入的一个部分在于隐喻性的习惯用语。[8] 习惯用语是一种约定俗成的说法，可以赋予一组单词一种具体的、约定俗成的意义，比如"你敬我一尺，我敬你一丈""多多益善"等。有些习惯用语还会用到隐喻手法，比如，"spill the beans"（走漏风声）的字面意思是豆子从容器里漏了出来，"swallow your pride"（忍气吞声）的字面意思是"吞"下了你的骄傲，在这两个习惯用语里，我们用隐喻手法描述抽象概念"秘密"和"骄傲"，把它们比作有形的实物，好像是可以漏掉或被吞下去似的。

因此，我们算是找到一些具有代表性的隐喻性语言的例子，接下来我们想要知道的就是：到底听众会不会模拟这些用隐喻手法描述的物体和动作？比如，在你从一句话里听到"忍气吞声"时，你会不会真的去模拟吞下什么东西？与此相仿，在你从一句话里听到"走漏风声"这个说法时，你会不会模拟什么东西从一个容器里漏了出来？"隐喻模拟假说"预测你会做这样的事。也许，你解读隐喻性语言的方式是半字面式的，你在为理解抽象概念而用到的具身模拟中会包含句子描述的那些具体事物和动作。

研究者已经通过好几种不同方式验证了这个想法，其中最直接的方式可能来自加州大学圣塔克鲁兹分校。[9] 当被试来到实验室，在真正的实验开始前，先要接受培训，学会一看到符号就做指定动作，例如，如果在屏幕上看到左双引号""，就应该用手做握的动作；如果看到井号"#"，就要做吞咽的动作，诸如此类。接着，实验正式开始。在这个过程中，被试先看到一个刚刚学过的符号,他们要尽快做出与之对应的指定动作,随后,一个隐喻性短语出现在屏幕上,这个短语可能与前面的动作匹配,比如,被试刚刚做出"grasp"(把握)的动作,就看到"grasp a concept"(把握一个概念)这个短语;也可能不匹配,比如,被试刚刚做出把握的动作,就看到"swallow your pride"(放下你的骄傲)这个短语。被试的任务是只要看懂这个短语就按下空格键,而且越快越好。如果理解一个短语需要用到握或吞咽的具身模拟,那么,刚刚做完相应动作的被试应该可以更快地看懂隐喻性语言。

实验结果显示:如果被试刚刚做过与其后出现的短语匹配的动作,他们就能够提前大约半秒时间看懂隐喻性短语。也就是说,如果刚刚做过把握的动作,与做吞咽动作相比,被试理解"把握一个概念"所需要的时间就会变得更短一些。但就在想要直接跳到(顺便提一下,"跳"是另一个隐喻性的习惯用语)下结论这一步之前,我们需要注意的是,这一结果实际上有可能意味着两种非常不同的情况。第一种可能性是做动作可以加快你理解一个短语的速度,如果这个短语刚好用到描述同一动作的隐喻;第二种可能性是做动作可能让你理解描述另一个动作的隐喻性短语的速度变慢。因此,为了探究到底是哪种可能性在起作用,研究者就要同时考察这样一种情况:被试如果在句子前面看见一个空格,就表示这时什么动作也不要做。研究者发现,这一基准情况引出的反应时间跟动作与句子不匹配的情况是一样的,但跟动作与句子匹配的情况相比就有显著的延迟。唯一有所不同的情况出现在被试先后要做的两个动作相同时。由此我们可以推断:如果接下来要看到的隐喻性短语包含一个具体的动作,那么,先做这个动作可以加快对这个短语的理解。

有几种方法可以解释这一结果,其中,跟我们在之前的章节回顾的相关研究最一致的方式是,理解一个隐喻性短语,比如"把握一个概念",会激活负责完成相同动作的运动器官,即我们会心理模拟这个隐喻性的动作。这就可以解释,为什么先做一个动作可以让人们更快地理解随后出现的与之匹配的隐喻性短语：做这个动作预热了你的运动系统，于是，当后来需要理解关于这同一动作的隐喻性短语时，你就更容易按相同方式使用你的运动系统。

如果这个说法是正确的，那么，人们理解兼容的隐喻性语言的速度，甚至应该在没有做动作而只是想象做这个动作时就能同样有所提升。不管是哪一种情况，由此启动的负责控制具体身体部位运动的系统应该有助于接下来对兼容的隐喻性语言的理解。为了检验这一假说，这同一组研究者做了第二个实验，跟第一个实验大致一样，唯一区别在于，当被试看到一个动作符号如"#"时，他们的任务变成只需想象自己在做这个指定动作，而无须真做。不出所料，研究者得到了一样的结果：想象的动作能够加快人们对隐喻性短语的理解，快于想象不匹配的动作或不做动作的情况。这似乎表明：如果一个短语用隐喻手法提到了一个动作，那么，仅仅模拟这个动作就能加快你对这个短语的理解。这就暗示了我们对隐喻性语言的理解包含对隐喻性语言的具体细节做具身模拟，这细节可以是该隐喻性语言借以描述抽象活动的具体动作。

还有一个方法能够研究隐喻性语言是如何跟负责感知与运动的系统联系起来的，这个方法需要用到意义非常相似的单词。先看单词 joy（欢乐）与 happiness（幸福），两者的意义是一模一样的吗？如果不是，它们之间到底存在什么差别？可能你还没留意到，其中一个差别恰恰出在我们用于这两个词的隐喻上。我们更有可能像讨论一种我们正在寻找的物品那样讨论 happiness，比如，我们可能会说我们正在 "searching for happiness"（寻找幸福）或者 "sharing happiness"（分享幸福）。而对于 joy 而言，我们可能会将其描述为类似一种液体的东西，并且需要搭配一个容器才能盛放这种感情，比如，"I'm filled with joy"（我的心中充满欢乐）、"He's overflowing with joy"（他按捺不住欢乐之情）。这些差别不仅非常微妙，而且只不过是从统计数据中发现的一种倾向而已，只要我们愿意，我们当然也可以说我们正在"searching for joy"（寻找欢乐）或者"full of happiness"（充满幸福），只是从英语角度来看，这种说法比较少见。如果你不相信，请看图 9-1 的数据，这些数据是从一项研究得出来的，这项研究主要考察在来源不同且数量庞大的英文书面语和口语内容中，这两个单词出现在每一种隐喻手法里的频率。[10] 结果发现，人们用 joy 这个单词时，搭配"容器"做隐喻的次数，是搭配"寻找"做隐喻的次数的将近 2 倍；人们用 happiness 这个单词时，搭配"寻找"做隐喻的次数是搭配"容器"做隐喻的将近 10 倍。

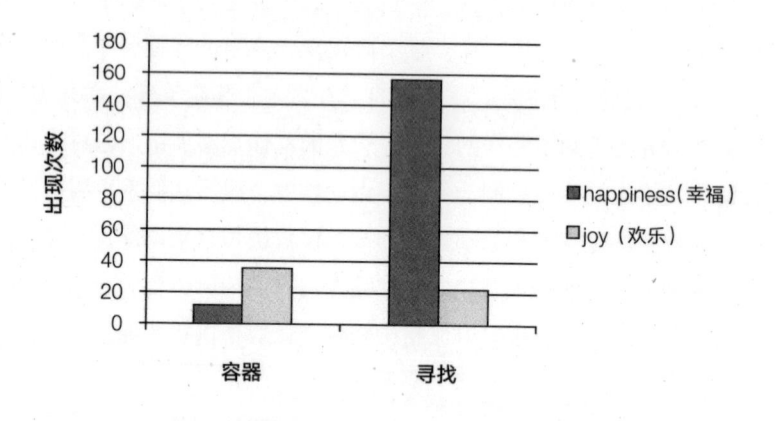

图 9-1 探究隐喻性语言与其惯用搭配的实验结果

实验中所呈现的这种差别到底有多大呢？这是否意味着我们也用不同的方式理解这些单词？我们在想到 joy 和 happiness 时会不会做不同的具身模拟？一种检验这一想法的方式，就是测量我们在给一个容器装液体时会不会更多地用 joy 这个单词，同样地，我们会不会在埋头寻找什么东西时更多地用 happiness 这个单词。如果答案是肯定的，这大概可以证明，joy 和 happiness 这两个单词的意义，的确分别与负责体验"容纳"与"寻找"的身体和大脑系统有关。

我们可以通过以下方法对上述观点进行检验。[11] 我们打印了图 9-2 的图片，并把一个问题附在图片下面。

这个人此刻体验到的情绪是什么？
A joy　　　B happiness

图 9-2　探究人们会如何理解隐喻性语言的实验

然后，与我合作的三位研究生开始四处请人回答这个问题，关键在于他们问的是三个不同群体的人。第一组正在咖啡馆或酒吧里喝东西；第二组正在埋头寻找某样东西，比如在图书馆找一本书；第三组是控制组，既没在喝东西，也没在找东西，就是坐在一间教室里。我们发现，正在喝东西的人更可能会说图中的那个人正在体验的情绪是 joy（欢乐），而正在搜寻的人更可能会选 happiness（幸福），而控制组的选择介于前两组之间。你可以从图 9-3 看到这一实验的结果。

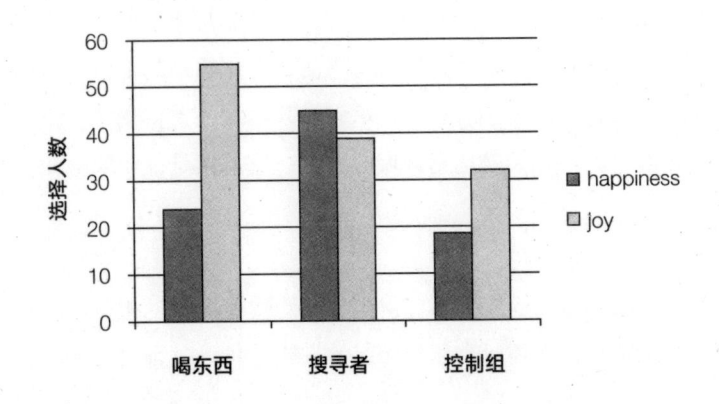

图 9-3　身体处于不同状态的人对同一事物可能会做出不同的模拟

结果表明，人们的身体状态对他们的选择是有影响的。这也再次印证了以下想法：我们对抽象词语的意义的理解，基于我们对更具体的事物所构建的具身模拟，这个具体事物正是我们用隐喻手法描述抽象词语时所借用的那种事物。

隐喻说法越深入人心，就越少激活运动系统

当然了，假如人们真的在理解隐喻性语言时构建了关于具体事物的模拟，那么，我们应该可以从大脑的活动中看出一点端倪。近年来，有好几项研究都在借助脑成像技术展开的，我们到底有没有用到运动系统去理解诸如"把握一个想法"或"把一项又一项的研究不断'敲'进你的脑袋"这样的句子。第一项直接提出这个问题的研究，先让被试进入fMRI扫描仪，然后给他们看一些句子，有的描述的是真实的动作，有的是隐喻性动作，比如"bite the apple"（咬苹果）与"bite the bullet"（咬紧牙关）。[12] 接着，研究者让被试在扫描设备里做相同的身体动作，这样研究者就可以准确分辨出大脑中识别这些动作的区域，以及这些区域会不会在被试处理句子的时候再次被激活。但他们发现：描述用到身体不同部位的动作的隐喻句并没有激活运动系统的相关区域。后来还有一项研究用一种非常相似的方式探讨了这同一个问题。[13] 研究者请被试在扫描设备里活动身体的不同部位，从而确定相应的运动区，再请被试分别理解非隐喻句和隐喻句，也得出了非常相似的结果：隐喻句没有激活相关的运动区域。那么，这是不是证明隐喻模拟假说实际上并不成立？

然而，一些其他的脑成像研究得出了与隐喻模拟假说相符的结果。有一项研究采用了跟上述两项研究非常相似的方法，只不过有两点不同。[14]

- 第一，这项研究也用到了隐喻性习惯用语，比如"kick the bucket"（蹬腿儿），但使用的数量要大得多，想验证前面两项研究未能看到模拟效

应是否因为数据不够多。

- 第二，跟之前的研究不同的是，这次句子的呈现方式不是整句话一次性出现在被试眼前，而是研究者将字词逐个打出来。这就意味着，尽管被试是在用眼睛看句子，但他们看句子的方式可能有点像是在听别人说出这些句子，因为他们都是渐进式地获得句子的全貌。

就因为做了以上两点调整，仿佛突然之间，在被试看到动作隐喻句时，运动系统中的一些区域被激活了。还不止这样：如果看到隐喻句里提到要用身体具体部位完成的动作，负责控制身体相应部位完成动作的区域也会变得更加活跃。

这是什么情况？为什么提到动作的隐喻句有时会启动运动系统，有时又不会？一个可能的解释是，由于后一个得出隐喻模拟效应的研究，给被试看句子的方式是一次打出一个词，因此，一开始你可能被误导了，以为那个句子其实是非隐喻句，且句子说的动作是真实发生的，于是你启动了运动系统并开始模拟句子描述的动作，直到突然之间，你才猛然醒悟：原来自己在看的是一个隐喻句。

还有一个可能的解释，那就是各项研究使用的句子数量，也许隐喻句用到模拟跟非隐喻句用到模拟相比不那么容易觉察，因而需要更多的数据才能让它现身。此外，关于这一解释还有一个间接推测证据：回顾前面提到的全部研究中用到的隐喻句类型，你就会发现它们全都属于习惯用语，这些人们烂熟于心的句子自有它们约定俗成的用法，就像我们常会看到的诸如"咬紧牙关"或"蹬腿儿"这些说法。也许，这些隐喻说法作为语言里的"资深前辈"，经过长年累月的使用，其字面意思已经荡然无存。[15] 作为对比，更具创新精神的隐喻性语言"新秀"，比如"Bite into this idea"（接受这种想法）以及"Kick this meeting into overdrive"（会议进入打鸡血模式），可能会

225

激发相对更多的运动模拟。

近期一项应用脑成像技术的研究准备探索这第二个可能的解释，看看与那些还不那么为人熟知的隐喻性语言相比习惯用语是不是更难以调动运动系统。[16] 研究者再次让被试进入 fMRI 扫描仪，并请他们看提到了动作的陈述句或隐喻句，其中一些句子用了更加广为人知的隐喻说法，另一些则用了不那么广为人知的隐喻说法。研究者打出句子的方式是前述几项研究的混合体，句子被分成两部分，因而被试可以先看到"The public"（公众），再看到第二部分"grasped the idea"（把握这个观点），这就让阅读再一次变得有那么一点儿像聆听语言，句子被分为几部分并以渐进式的呈现，这样就消除了人们被动词引入"花园小径"的可能性。他们发现，首先，两种类型的隐喻说法，都会激活被试的运动系统，但更令人感到好奇的是，隐喻说法越是深入人心，运动系统的激活程度越小。换句话说，随着一种隐喻说法融入语言的时间越来越长，其中包含的隐喻也会渐渐变得越来越不明显，缺少新鲜感，至少从它们激发隐喻性模拟的能力来衡量就会得出这样的结果。

所以大脑告诉了我们什么？

- 首先，隐喻模拟假说并非具有无可辩驳的正确性。可能存在某些语言，看上去就像我们熟悉的隐喻性习惯用语那样具有隐喻性，以至于当我们看到整个句子时，未必总是大规模地激活大脑的相应区域——那些我们预测只要我们一做运动模拟就一定会变得活跃起来的区域。

- 然后，当隐喻性语言不是那么深入人心，又或是渐进式地出现，那么在理解句子的过程中，我们可能会突然间发现，其中包含可以模拟的隐喻性。

总之，这个过程中一定发生了什么，只不过我们现在还没搞清楚到底发生的是什么。

想要理解隐喻模拟，必须搭建具身模拟

到目前为止，我们已经看过一些行为以及脑成像方面的证据，表明人们在解读隐喻性语言的过程中至少有时候会做具身模拟。这就给出了一种令人好奇的可能性：也许，我们理解涉及抽象事物如"社会"与"欢乐"的语言，跟我们理解关于具体事物的语言是差不多的。

然而，这一想法却引出了更多的问题。我们已经知道，当我们听到隐喻性语言时，比如"John grasped the idea"（约翰把握到了那个想法），我们看上去经常要用到我们的运动系统去模拟一个动作，但这种模拟到底是怎样的呢？一个想法并不是一个有形的物体，因此，对于"把握一个想法"这句话，我们在模拟把握的时候到底在做什么？有没有可能，我们仅仅模拟了把握，而并没有某种具体的事物出现在脑海里？还有，与此相仿，当我们用可视化的隐喻性语言来描述抽象概念时，比如"The idea is becoming clearer"（这个想法正变得越来越清晰），我们会不会做可视化模拟，在这种模拟中有一个具体的事物正变得越来越清晰？若真这样，它看上去是怎样的，因为根本就没有跟"想法"相似的东西！又或者，是不是存在一种方法，可以使我们模拟一个物体变得越来越清晰而又无须让这个物体看上去像任何特定的其他物体？

我们之前提到过的一个实验，其采用的方法倒是可以给我们一些启发，让我们了解到隐喻模拟可能有多具体，就是那个请被试听描述了向上或向下运动的句子的那项实验，比如"The mule climbed"（驴在攀登），以及与之相对的"The chair toppled"（椅子跌倒），你大概也记得，这会干扰被试感知出现在屏幕相同区域的一种外形的能力。如果我们还用这相同的动词，

比如"climb"(攀登)和"topple"(跌倒),然后用隐喻手法将其与抽象名词组合起来,结果会怎样?比如"The rates climbed"(利率攀升)或"The prices toppled"(价格跌了)。如果我们在处理类似这样的隐喻句时会用自己的视觉系统心理模拟物体向某个方向移动,那么,由于在这两种情况下动词是保持不变的,它们的隐喻用法也该同样显示出跟非隐喻的本意用法相同的干扰效应。我们在实验室里做了这个实验,结果发现什么都没有发生——并没有出现干扰效应。[17] 描述向上运动的隐喻句,比如"利率攀升",并不会干扰被试感知一种外形,不管这一外形出现在屏幕上的哪个位置。

有意思的是,我们这个实验没有丝毫迹象可以证明被试在理解隐喻句的时候做了视觉模拟,尽管我们讨论过的其他关于隐喻性语言的研究显示是有的。为什么不同的方法没能得出同一个答案?有可能,实验设计上的区别其实已经给了我们一些非常重要的提示,那就是我们做隐喻模拟的具体程度。我们在本章提到过两个实验,分别是动作模拟与"欢乐－幸福"实验,这两个实验并不要求被试感知某个特定物体或是与其交互,结果显示,被试在理解隐喻性语言的过程中也会做具身模拟,但我们用在"利率攀升"这句话的派基方法取决于视觉系统特定区域之间的干扰,具体来说是指感知一个特定物体与心理模拟一个出现在相同位置的不同物体这两者间的相互干扰,用这个方法做实验,没能得出任何有做模拟的迹象。这两种实验方法的区别,在于我们要观测的模拟是否包含物体。

因此,可能如"The rates climbed"或"Grasp an idea"这样的隐喻性语言,涉及向上或向下动作的具身模拟,但这些隐喻模拟跟非隐喻陈述句所引发的具身模拟相比显得不够细致,因为这里用到的隐喻性语言其实没有包括一个有形物体。这或许可以解释,为什么派基方法对隐喻性语言没有效果:如果没有一个特定物体需要做心理模拟,就不存在任何的想象能够对真实的感知构成干扰。另外,动作模拟与"欢乐－幸福"这两个隐喻研究仅仅考察了做动作会不会对辨认或使用一个特定语言片段起到铺垫作用。在这些研究里并没有具体物体与之兼容或不兼容，比如，在把握的例子里，被试只做了一个握的动作，而并没有物体出现。结果就是，这很可能跟适合人们正在理解的隐喻性语言的具身模拟更兼容一点。

总而言之，为了理解隐喻性语言，我们看起来的确要构建具身模拟，只不过其细致程度低于我们为非隐喻性语言构建的具身模拟，但两者的运动或感知的激活程度是一致的。这一发现有点儿振奋人心。我们已经知道，在我们理解描述具体事物的语言的过程中是会构建具身模拟的，但除了具体的事物，我们在日常生活中还可能会讨论到那么多抽象的事物，因此，如果不搞清楚我们是怎样理解抽象概念的，我们就不能说自己掌握了理解的过程。我们逐步得出的想法是：我们掌握了感知具体事物以及完成动作的方法，并会将其用于描述和思考抽象概念。这样一来，我们把较难思考和谈论的事物（抽象概念）与较易思考和谈论的事物（具体事物）区分开了。

抽象地说话

如果你认为我们已经搞清楚人们是如何理解隐喻性语言这项非常艰巨的任务了，并急着表示五体投地，那你就高兴得太早了，因为，隐喻性语言最起码还给我们留了一个明确提示，让我们知道接下来要做心理模拟的具体事物究竟是哪一个，就以"五体投地"这个隐喻性习惯用语为例，它告诉了我们，要模拟的动作（投地）以及物体（五体）分别是什么，但关于抽象概念的语言就未必能够为我们提供这些信息了。大量关于抽象概念的语言根本没有明确的关于到底要以哪个具体事物为基准进行模拟的提示。以英语为例，思考以下两个隐喻句的区别：

The prices toppled.（价格跌了。）

The prices decreased.（价格减少。）

两者的区别很微妙吧？但很显然其区别在于：第一句中的动词"跌"提示我们要模拟向下的运动，而第二句中的动词"减少"则完全没有涉及空间中的运动。跟"跌"不同，"减少"不包含具体的空间意义，如果你说"The leaves on the tree decreased"（树上的树叶减少了），这并不意味着树叶就是在向下移动。

　　我们到底是如何理解没有明确隐喻对象的抽象语言的？比如"价格减少"或"我坚信社会正义"？这对具身模拟假说而言是一道难题，甚至比我们是如何理解隐喻性语言的这一问题更难，但同样重要。接下来我们就来看看，我们是如何用具身模拟来理解抽象语言的。最明显的一种可能性应该是：我们通过模拟不同的具体事物来理解抽象概念，就像是在做隐喻一样，即使这些抽象概念与相应的具体事物之间的联系在句子里并不总是被表达得非常明确。例如，对于"价格跌了"和"价格减少"这两句话，我们可能是用同样的方式理解的，都要做向下运动的心理模拟。换句话说，我们可能通过构建隐喻模拟来理解抽象概念，哪怕我们面对的语言本身并没有隐喻性。

　　那么，我们怎么知道应该隐喻模拟什么？抽象语言并没有明确表示在模拟的过程中到底要用到哪个领域中的具体物体，也正是这一点使抽象概念变得抽象而非具有隐喻性。但我们知道，抽象概念实际上可以隐喻性地投射到许多不同的可模拟的具体事物上去，比如，我们可以将社会比作一个容器或一种有机体，以及很多其他的东西。这就让我们开始猜测，我们会把这些抽象概念投射到哪个具体领域去做隐喻模拟，答案会不会因人而异，百花齐放？也就是说，我可能按照向下运动的思路去模拟"价格减少"，而你却有不同的模拟方式，比如，你可能会将其模拟为空间体积的减少，就跟你理解"价格缩水"的时候所做的模拟一样。

　　幸运的是，已经有一些人在研究我们如何理解抽象语言这一课题了，其中一项研究是请被试做我们已经非常熟悉的动作－句子兼容实验，就是被试需要先看一个句子，然后做一个兼容或不兼容动作的实验，只不过要把具体句子换成抽象句子。[18]这项研究所需的抽象语言，是那种能够通过朝向或远离身体的运动来理解的句型，哪怕句子本身并没有隐喻性，最终他们选择了描述信息传递的语言，比如"你发信息给警察"或"警察发信息给你"。这两个句子没有用到具体的空间语言，比如"给出"或"接收"，因此没有隐喻性，但若是换成其他的上下文，我们就会用"给出"和"接收"来隐喻性地描述我们的交流，比如"让我给你出个主意"以及"我从她那儿得到了一个好点子"。因此，有理由设想，我们是不是也会用给出和接收的方式思考交流这件事。果然，当研究者将类似前面提到的"发（信息）"的抽象句子用在动作-句子兼容实验中时，他们确实发现，由此引发的效应从强度上看跟描述具体事物的句子引发的效应是一样的。

这个关于隐喻性模拟的实验结果真是讨人喜欢，因为它表明我们会用相同的方式来理解描述抽象概念的语言，而不管其是否具有隐喻性。但这可能不是事情的全貌，其中有一个理由，并且这个理由实际上也适用于隐喻性语言。假设我们在理解关于抽象概念的语言的过程中做了关于具体事物的模拟，跟我们理解具体事物的过程差不多，如果这些模拟对语言理解确实有用，比如通过某种方式促成恰如其分的推论、恰如其分地更新我们的知识等，那么，在具体概念和抽象概念这两者的模拟之间就必然存在某种区别。毕竟，当你听到"价格减少"或"价格跌了"，很显然你并不会以为真有什么具体的事物掉下来了。因此，在我们为具体事物和抽象事物所做的模拟之间，以及我们做这两种模拟的方式之间，必然存在某种区别。我们为抽象概念做的模拟看上去确实没那么详细，至少在关于物体的描述方面不如对具体事物的模拟，但仅仅是没那么详细这一点区别，并不足以确保我们不会误以为价格这东西当真会像字面所说的那样在做向下运动。直到我写作本书之际，我们对这一问题还没有答案。我们不知道隐喻模拟跟非隐喻模拟到底有什么区别，以确保我们能够做出正确的模拟。但科学就是这样：你得到的答案越多，它们带来的问题就越多。

脱离语言的隐喻？

针对隐喻性语言的研究引发了研究者的巨大兴趣，他们聚焦于这样一个想法：人们不仅借用具体概念来表述抽象概念，可能还会用具体概念去思考抽象概念。在一定程度上，对这个想法最有力的论证可能是：探究人们会不会在根本没有用到隐喻性语言或抽象语言时用具体事物去理解抽象概念。近年来，关于这一点的研究掀起了一大波热潮。

我将从一个非常具有说服力但同时也相当复杂的研究说起，这项研究聚焦于我们思考时间的方式。[19] 时间显然比较抽象，它没有外观，也没有触感。我们思考时间的方式是将它与空间挂钩，这至少是一种人们普遍采用的方式。与时间不同，空间是具体的，比如，我们可以识别距离以及位置的改变，我们可以通过四处游走来探索空间，而且，这两者是有联系的，当我们要测量时间时，我们常常要以空间为依托，比如，看一看钟表的时针走过多长的距离，或是太阳在天空划过多大的弧度，等等。我们的语言也反映了这一点，我们常常从空间的角度来谈论时间，却极少从时间的角度去谈论空间。下面列举的是一些隐喻性语言，它们都将时间描述为空间：

Spring break is still way ahead of us.（春假离我们还很遥远啊！）

Two hours is way too short for me to finish the exam, I need a longer time.（两个小时实在太短了，我肯定完不成这项测验，我需要更长的时间。）

My sister's birthday is so close to Christmas that she gets like half the presents that the rest of us do.（我姐姐的生日离圣诞节太近了，所以她得到的礼物只有我们其他人的一半。）

但是，反过来就不行了，我们不会从时间的角度来谈论空间。如果非要用"那辆蓝色的旅行车还在将来"表示那辆车的空间位置是在你前面，这也未免太奇怪了。同样，用"如果你在商场迷了路，请停在相同的时间"来表示你应该站在原地也很奇怪。总之，我们会用距离来表示时间，但却不会用时间来表示距离。[20]

斯坦福的研究者要研究的问题是：我们会不会不仅从空间的角度来谈论时间，也从空间的角度来思考时间，哪怕在谈话的过程中根本没有出现语言。以下就是他们为研究这一问题而设计的实验：被试会在电脑屏幕上看见一根线段从左向右移动，持续时长不定，经过的距离也不定，具体来说，可供选择的距离和持续时长分别有9种。关键在于线段的移动时长与距离没有任何关系，也就是说，对于每一个被试，他们看见的那根线段都是9种移动时长之一与9种长度之一的组合。有一点很重要，所以我们在这里强调一下：线段的长度与出现时长之间并不存在任何关系，你不能通过其中一点来确定另外一点。

被试的任务是看着一根线段，并对它做一个估计。他们要估计的对象有两种，要么是时间，要么是距离，他们要等到线段的行动结束后才能得知自己具体要估计什么，这时他们会看到两种提示中的一种。如果他们看到一个沙漏，这就表示他们需要估计的是这条线段移动了多长时间，做法是点击鼠标两次，第一次点击沙漏图标的中心表示开始，等到了他们认为的合适时长之后再次点击同一点表示结束；如果他们看到一个英文大写字母"X"，他们就要估计线段移动了多长的距离，做法也是在屏幕上点击两次鼠标，第一次点击X的中心表示开始，然后沿直线向右移动鼠标，在他们认为与刚才看到的线段长度一致的地方再点击一次。这里要讨论的问题是，线段的长度这一空间属性会不会影响人们对时长的估计，反过来又如何，会不会两者都成立。

实验结果跟人们使用隐喻性语言的情形完全一致。当被试按要求去估计线段出现在屏幕上的时间时，就会发现线段在空间上的长度对他们有强烈的影响。他们对时长估计的平均值与线段延伸的长度存在几乎完全的正相关关系：在实际时长相同的情况下，线段移动的距离越长，他们估计的时长也越长。这一点很重要，因为，你应该还记得我前面所强调的，这种相关性并不属于这两种刺激物的属性：线段移动的距离与实际所用时长根本就是毫无关系的。可见，被试会用距离去估计时长，哪怕这会让他们得出错误的答案也在所不惜，你可以从图9-4的a图中看到这一点，在该实验中，正确答案是图中上半部的那道水平虚线（实际时长都是3 000毫秒），可以证明横轴代表的距离对纵轴代表的估计时长毫无影响。让我们把这一点换成更符合直觉的另一种情形：假设你在看跳远比赛，你对参赛者每一跳的持续时长的感知，几乎完全取决于他们跳了多远，他们跳得越远，你就越会觉得他们这一跳用了更长的时间。

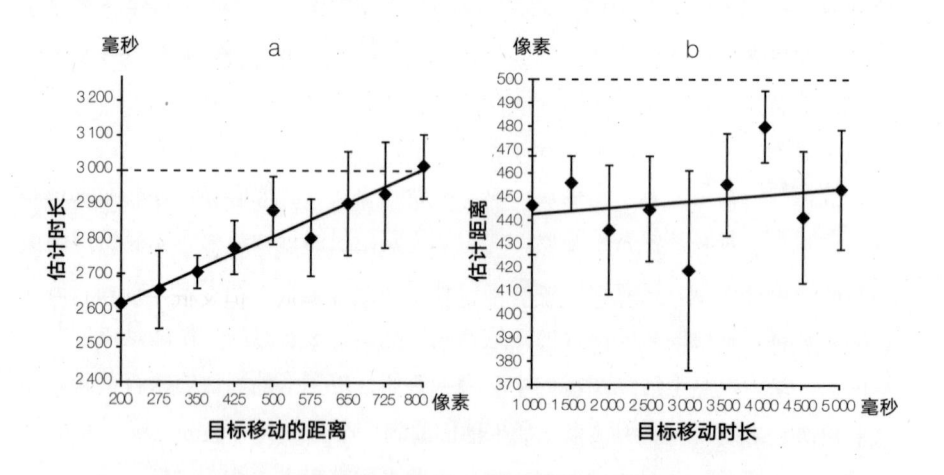

图9-4 探究人们对空间与时间的理解之间存在何种关系的实验结果

反过来是否同样成立呢？时长会不会影响被试对距离的估计？图9-4的b图表示的是，在线段实际移动长度相同时（这里是500个像素点），被试对线段移动距离的估计情况，我们从中可以看到，在线段移动时长不同的情况下，被试对线段移动距离的估计基本上没有差异。也就是说，他们认为线段移动的距离跟线段移动了多长时间毫无关系。同样用跳远的例子来说明，你不会认为参赛者跳得更远是因为参赛者这一跳用了更长的时间。换句话说，即使在没有语言的情况下，比如上述实验中的屏幕上只有线段，被试依然会用空间去做关于时间的判断，但不会反过来用时间去做关于空间的判断。这进一步支持了以下观点：一般而言，人们都会依据更具体的概念来理解抽象概念，哪怕在没有任何语言提示的情况下，人们也会这么做。

从 2005 年起，陆续出现了一系列其他的研究，得出了相似的结果。例如，我们会用温度谈论情感，对比一下"a warm smile"（温暖的笑容）与"anicy stare"（冰冷的凝视）。有一项研究别具匠心地操纵了人们的体感温度，做法是在不经意间让被试捧起一杯咖啡，可能是热的，也可能是冰的，再请他们判断一个想象中的人物是否友好。[21] 结果发现，捧着热咖啡的被试觉得那个想象中的人物更宽容、快乐以及善于交际，这些都是我们会用温度来描述的特点；但不会觉得这个人更强壮或更诚实，这两个特点我们一般不会用温度来描述。另一项实验请被试回想自己在社交场合中感到被接纳或被排斥的情形，研究人员也很机智，若无其事地跟被试提起大楼的中央空调出了点问题，并请他们顺便猜一猜当时的室内温度有多高。结果，被试对室温的猜测，在他们回想自己感到被排斥的情形时明显偏低，但又低于回想自己感到被接纳的情形。[22] 换句话说，孤独给人的感觉是冷的。

另外，我们会用洁净度来谈论道德。例如，如果你做了肮脏之事，你就会玷污自己原本清白的履历。我们还会用洁净度来思考道德。如果你请被试回忆他们过去做过的一件合乎道德或不合乎道德的事，做完之后请他们选一件表示答谢的小礼物，一个是铅笔，另一个是橡皮擦，你就会发现，更多的被试在回忆不合乎道德的事之后愿意选橡皮擦，其人数是选择铅笔的被试人数的 3 倍；在另一组中，更多的被试在回忆合乎道德的事之后更愿意选铅笔，人数是选择橡皮擦的被试人数的 2 倍。[23] 换句话说，当被试回想了不合乎道德的事之后，他们更觉得有必要"清洗"自己，这被称作"麦克白效应"（Macbeth effct）。不过，这个效应最令人感到不可思议之处在于，这里说的清洗，实际上看上去像是要帮助他们"抹掉"违规行为。有一项研究先请全体被试回忆过去曾经做过的一件不道德的事，然后研究者先让其中一半的被试用湿巾把双手擦干净，而另一半被试则没有这个环节，接着，研究者问他们是否愿意给另一个实验做无偿的志愿服务，也就是去给别人免费帮一个忙。值得注意的是，跟没擦手的被试相比，擦过手的被试更不愿意去做志愿者，其报名人数只有前者的一半。这有可能是因为他们感到自己已经抹掉了违规行为，无须再做好事就能让自己感觉更好；但对于没有擦过手的被试来说，他们依然能感到自己的不道德，所以觉得有必要通过为他人做好事来扭转现状。

以上这些新的研究说明了什么？最起码，这些研究说明，诸如时间、道德与情感这样的抽象概念，是与非常具体的事物密切相关的，比如距离、洁净度和温度，并且，即使隐喻性语言没有出现，上述观点也照样成立，这看上去支持了关于我们如何理解抽象概念的隐喻模拟这一假说。尽管目前关于人们如何理解抽象语言的研究才刚刚起步，但相关的证据已经证明：我们对于抽象概念的理解是基于具体概念的，不管是在理解语言的过程中还是在抽象概念独立出现的情形中都是如此。

语言在变化

隐喻模拟假说的巧妙之处在于：我们可以通过模拟一种事物来理解另一种事物。实际上这种方式还适用于另外一种情况，只不过这种情况不像人们理解隐喻语言那样把抽象概念与具体模拟联系起来，相反，它跟两种不同类型的具体事物有关。为了便于理解，我们先来看一个例子。假设你正站在位于半山腰的自家阳台上，端详一条小路从你家门前沿着小山坡一路延伸到远方。如果你要描述这条小路，你的说法很可能会是：那条小路"runs down the hill"（通向山下）。现在，请进行片刻的反思，为什么你会用"run"（基本意思为"跑"）这个单词？毕竟，在你端详或准备描述这条小路时，你眼前并没有发生"跑"这个动作。你可能会想，你之所以要用这个动词是因为有人可能会沿着这条小路跑下山去，这是有可能的，但再仔细想一想我们会意识到情况可能并不是这样，因为还有一些事物是不能跑的，比如刮痕和裂缝，却照样可以用"run"来描述其延伸的状态，还不止这样，我们还可能会用"meander"（蜿蜒）、"zigzag"（曲折前进）以及"climb"（攀爬）等单词来描述它们，例如下面几个句子。

The used monitor has a scratch that runs all the way across the top. （那台二手的显示器有一道刮痕，一直延伸到顶部。）

The river meanders down through the foothills. （那条河蜿蜒流过丘陵地带。）

The crack zigzags across the wall of the garage. （那道裂缝曲折地穿过车库的墙壁。）

The gutter climbs to a relatively high apex in the exact middle of the house. （屋檐下的檐槽一路向上延伸到位于房子正中的最高处。）

如上述这些例句所示，我们通常会选用描述空间中的运动的语言，来描述事物在空间中的静态分布，这种运动就叫作"虚拟运动"（fictive motion）。虚拟运动可能有点像隐喻性语言，都能在我们理解一种事物时引起对另一种事物的模拟。具体而言，使用虚拟运动可能会把运动嵌入我们正在做的具身模拟中，哪怕语言所描述的场景中根本就没有运动。我们来看一看下面两个句子。

The highway runs parallel to the river.（高速公路沿着河流平行延伸。）

The highway is parallel to the river.（高速公路跟河流是平行的。）

第一句话通过动词"run"表示了一种虚拟运动，而第二句话没有，因为其用的是静态的系动词"is"。因此这两句话的区别可能是：你在理解第一句话时模拟了运动，而在理解第二句话时模拟了一种静态的空间结构。

假如这一直觉是准确的，那就应该有办法用实验去验证。例如，对于较长的、因为不好走而不得不放慢脚步摸索着前进的小路，我们可能要花更长时间才能做完心理模拟，相较于较短的、走起来很轻松的小路。加州大学默塞德分校的认知科学家提尼·马特洛克用以下方法来验证这一想法。[24] 首先，她请被试看一组句子，描述的是一条道路，有的很短，有的很长。例如，以下分别是相对较短和较长路程的场景：

短途场景：

设想一个沙漠。从上俯瞰下来，这沙漠近似圆形，而且很小，直径只有50千米。沙漠里有一条公路，叫作49号公路，这条公路从沙漠北部开始，结束于沙漠的南部。玛利亚住在沙漠北部一个小镇上，她的姑妈住在南部一个小镇上，这两个小镇就靠49号公路连接。今天，玛利亚要开车去她姑妈家，她开车上了49号公路，只要20分钟就能到她姑妈家。到了以后，玛利亚说："这一路真快啊！"

长途场景：

设想一个沙漠。从上俯瞰下来，这沙漠近似圆形，而且很大，直径约为640千米。沙漠里有一条公路，叫作49号公路，这条公路从沙漠北部开始，结束于沙漠的南部。玛利亚住在沙漠北部一个小镇上，她的姑妈住在南部一个小镇上，这两个小镇就靠49号公路连接。今天玛利亚要开车去她姑妈家，她开车上了49号公路，花了7个多小时才到她姑妈家。到了以后，玛利亚说："这一路真漫长！"

看完每个场景后，被试都会看到一个虚拟运动句子，比如下面这句话，他们的任务就是要判断这个句子跟前面那个故事有没有关系：

49号公路穿过沙漠。

结果显示，如果前面段落描述的是长途场景，那么与描述短途场景相比，被试要多用差不多半秒时间才能对这个包含虚拟动作的句子做出肯定的回答，也就是表示这个句子跟前面的故事有关。这就意味着，在语言所描述的运动确实要花更长时间执行或观察的时候，他们做了更长时间的模拟，这跟人们通过模拟实际动作来理解描述虚拟动作的句子时会发生的情况完全吻合。

但对于这个结果还有一种可能的解释：可能只是由于一般而言长途场景会减慢人们的理解速度而已。也许长途场景能让被试对之后的任务的反应变慢，无论这个任务是什么，而短途场景则会刺激人们加快速度，于是他们处理后续任务也会变得更加干脆利落。为了验证这一点，马特洛克将虚拟动作句"49号公路穿过沙漠"改为字面意思为静态的句子，比如"49号公路位于沙漠里"。如果人们在长途场景中的反应会变慢，而在短途场景中的反应会变快，那么，他们在被问到这个新的句子是否与之前的故事相关时应该会有跟之前一样的反应——短途故事让人反应变快，长途故事让人反应变慢。但实验结果显示：人们刚刚看到的故事是长途版本还是短途版本，跟后续回答问题的反应时间没有关系。也就是说，处理虚拟动作句要花的时间有多长，反映的其实是虚拟动作要走多远，但对于静态句，我们并没有看出动作模拟的蛛丝马迹。另外，马特洛克还设计了更多场景，在旅行速度和地形难度上都有区别，但都得到了相同的结果。

这样看来，理解虚拟运动句的确会让你模拟运动，但具体是哪种类型的运动，则有两种可能性。

- 第一种可能性是，我们可能想象一个物体以一个特定速率移动，或者移动一段特定距离。这看上去应该适用于关于路径的虚拟运动句，比如公路，但对于不像路径的事物就有点勉为其难，比如刮痕与屋顶。

- 第二种可能性是，我们没有把场景模拟为移动的，相反，我们模拟的是自己的目光扫过这个场景。换句话说，如果你看到"那条河蜿蜒流过丘陵地带"这个句子，也许你会想象一个视觉场景，然后将自己的目光沿着虚拟运动句描述的路径一路移动过去，在这个例子中就是蜿蜒流过丘陵地带，而正在移动的物体可能担当了你在模拟过程中关注的焦点。

这第二个解释看上去更令人信服，因为它直接就能解释两种类型的虚拟运动：沿着某一路径（比如公路）的运动和没有路径的运动（比如裂缝）。

假如第二种可能性是正确的，那就暗示了虚拟运动语言跟我们如何移动自己的目光有很大关系。在我们谈论如何看世界的时候，我们常常会用隐喻性语言描述眼睛或目光是怎样接触到我们正在看的事物的。我们会说"making eye contact"（要有目光交流），或是"our gaze alighting on someone's face"（我们的目光落在某人脸上）以及"a piercing stare"（看穿内心的目光）。假如聚焦于某个事物就是隐喻性地"触摸"它，那么，转移你的焦点从隐喻角度来看就像是在移动你的目光，让你能够看到不同的事物。有可能，虚拟运动其实很像这种类型的隐喻性语言。

马特洛克与眼动追踪研究者丹尼尔·理查森合作，设计了一个实验来验证这个想法。[25] 他们请被试看物品的图片，比如书排列在书架上（见图9-5），与此同时，让被试听一个句子，这个句子可能是虚拟运动句，比如"The books run along the wall"（书沿着墙一路排过去），也可能是静态句，比如"The books are on the wall"（书都放在墙上）。被试的任务是判断这句话描述的是不是图片的内容。在这整个过程中，研究者用眼动追踪设备观察被试的眼睛聚焦于何处。结果发现，与静态句相比，当句子是虚拟运动句时，被试会花更多的时间观察沿着水平方向"运动"的物体，也就是书本。

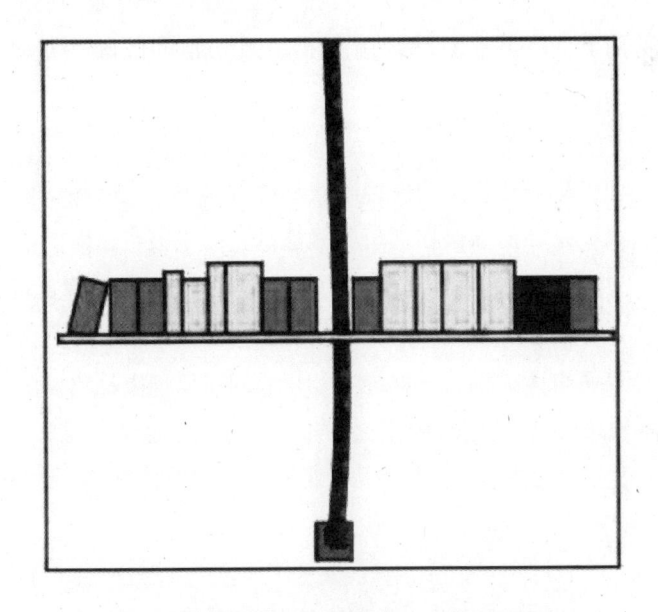

图 9-5 探究我们是如何理解虚拟运动语言的实验

眼睛的实际运动是心智注意力一个很好的"指针"。这个实验提示我们，虚拟运动语言如果描述到实际上根本没有在移动的事物，那么，我们的理解方式就是在自己的脑海中用心智之眼扫过模拟场景。这也可以说明，我们似乎会通过模拟一种事物去理解描述另一种差别相当大的事物的语言，毕竟，书本并没有像虚拟运动句的动词"run"所描述的那样在运动。

很多打开的窗

我的高中英语老师过去常说，给一篇文章下结论的时候，你要谨记做到"关门与开窗"：你要关的这扇门指的是你手上这个课题，这时应该已经解决了，而你要开的窗则包括你提出的一整套问题以及对后续研究的展望。这个建议相当有道理，请留意它也有隐喻性：你也模拟了一扇门和一扇窗，对不对？但很不幸，本章的收尾不仅没能关好门，还打开了更多的窗，这不符合我的高中英语老师的要求，这是因为抽象概念的确很难理解。本章提到的研究只是冰山一角，在一定程度上，我们知道我们能够理解描述抽象概念的语言，也看到了支持这一看法的一些证据，但与此同时，还有很多难题有待解答。

例如，如果隐喻与抽象的模拟跟我们处理具体语言时做的模拟是相似的，那么，人们是如何确保在理解隐喻性语言时不被自己做的模拟迷惑的呢？比如，为什么我们不会误以为"约翰把握了这个想法"当真包括了"把手握紧"这个动作？以及，你当然知道我的高中英语老师关于门窗的建议跟真实的门窗其实毫无关系。这就说明，让我们得以理解抽象概念的认知过程，不可能跟理解具体概念的认知过程完全一样。从这个角度来说，理解抽象语言的过程看上去越像理解具体语言的过程，我们就越有必要找出两者之间的区别。

抽象概念与具体概念有什么区别？具身模拟是如何跟我们据此而得出的推论关联起来的？我们又是怎样用模拟来更新自己关于这个世界的信念的？这些全都是悬而未决的大问题，毫无疑问这一切全都特别值得我们为之打开一扇窗。

LOUDER THAN WORDS

10

当我们把猪的
翅膀捆起来时

植入干扰，
具身模拟究竟是否有效

10 当我们把猪的翅膀捆起来时

在前面 9 个章节中，我已经就语言使用过程中的具身模拟是如何具体、多变而又无所不在，进行了一番详尽的论述，我希望这些论述是相当具有说服力且前后连贯的。一旦口语的声波触及我们的耳朵，又或是书面文字进入我们的视线，我们马上就会调动自己的视觉和运动系统，去再现这些语言所描写的并不在我们眼前的画面和动作。

让我们暂且认为事实就是这样。在本章中，我们要就模拟提出一些难题，把明亮的怀疑之光照在它的"脸"上，看看"皱纹"都长在什么地方。在关于模拟的研究中仍存在争议的是一个根本问题：虽然我们已经能充分地证明我们在理解语言的过程中的确要做具身模拟，但这个结论并没有明确告诉我们，这里所说的模拟到底有什么用。而且，它甚至无法回答一个更根本的问题：模拟真是为我们理解语言过程中的某个目的服务的吗？完全有可能，你对北极熊、会飞的猪、黄色卡车司机帽所做的具身模拟，不管做得多么细致而又不假思索，充其量只是某种"装饰品"，而对理解过程本身并没有任何帮助。由于这是一个新兴领域，因此目前该领域的大多数研究都聚焦于什么模拟会在什么时候以什么方式出现，至于模拟到底有什么用，人们的关注就相对少一些。事实上，这一直是怀疑论者经常提出的对这一研究领域的主要批评。所以，接下来我们就试着解决这个问题。

在正式开始之前，我们先就怀疑主义做一个简要的说明。怀疑态度对任何一项科学事业都具有难以估量的价值，这不仅仅是因为怀疑态度为我们的"智力瞄准练习"提供了标靶（这的确非常有价值）。每一位出色的科学家都是怀疑论者，科学探究的前提恰恰就是不要轻易相信任何事情，除非得到足够有说服力的证据来支持某种理论，并同时否定了其他所有合理的可能性。问题在于，科学家并不总是持同样的怀疑态度，对自己的工作表示怀疑往往比对别人的工作表示怀疑更难，这可能源于个人心理上以及其他方面的差异。因此我们常常有必要从自己聪明的同行那儿吸收一点有价值的质疑。怀疑态度从本质上说是有用的，可以用作对一个理论令人信服程度的度量：如果你对我的理论就像我对你的理论一样持怀疑态度，那么，我们就必须找到更具说服力的证据，进一步将我们的理论区分开来，进而确认到底哪个理论才是正确的。

接下来我们就看看，一个怀疑论者会如何看待前几章提出的证据。他很可能会认同，这些证据毫无疑问表明了我们在做很多事情的过程中都会构建具身模拟，包括理解语言的过程，比如理解描述北极熊如何猎捕海豹的语言。他可能会被说服，并认同具身模拟不仅包括视觉模拟，还包括运动和听觉模拟，比如北极熊看上去长什么样，北极熊发出的声音听起来如何，当它在冰面上快速前进、蹑手蹑脚地跟踪一头海豹时又会是什么感觉。他可能不得不接受我们的看法，认为具身模拟看上去像是要用到原本专属于感知和动作的认知系统来完成，但他可能会在此处提出质疑，并会问：证据呢？如何证明具身模拟真的有用？我们能不能不做模拟就理解语言，比如，我们能不能不做模拟就得知北极熊到底准备干什么？模拟真的对我们的理解有帮助吗？又或者，情况会不会恰恰相反，具身模拟其实是非常次要的？模拟会不会只是语言理解的一个自然产物？有没有可能，在理解的过程中，模拟其实没有任何实际的作用？

对于我们已经看到的实验结果，怀疑论者可能会得出另一种解读。你大概还记得，在第1章里我们提到了关于意义的思想语言假说。怀疑论者可能会用下面的方式重提这一观点：没错，模拟确实会发生，但是，有没有可能我们对语言的理解根本无须依赖模拟就能发生呢？也许，在理解语言的过程中，我们其实只是在接收关于这个世界的内在表征信息，也就是思想语言字符，其中并不包含任何感知或运动的内容。这些思想语言字符通过关联与我们关于感知和动作方面的知识挂钩，比如，当你想到"踢"这个动作，并启动思想语言中对应"踢"这一概念的字符时，你常常也会感知或完成"踢"这个动作。因此，如同大脑所做的那样，你在思想语言字符与感知和运动系统的相关组成部分之间建立了强联系。因此，当你激活思想语言中对应"北极熊"的字符时，可能是因为你正在理解"北极熊"这个词，这时，你的视觉系统就有一部分变得活跃起来，你开始模拟一头北极熊长什么样，但这显而易见的模拟实际上并不是理解过程的一个环节，因为，整个理解过程都是在这套字符里运行的。不管怎样，这就是怀疑论者可能会有的观点。

图 10-1 的示意图大概有助于阐明我们到目前为止看到的研究结果，其背后可能存在哪几种不同的解释。

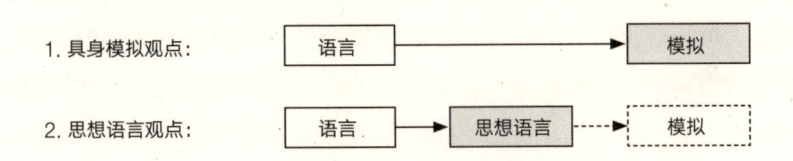

1. 具身模拟观点：　语言 ──────→ 模拟

2. 思想语言观点：　语言 ──→ 思想语言 ┄┄→ 模拟

图 10-1　关于我们如何理解语言的两种观点

注：灰色方框表示理解过程的功能性组成部分；虚线框表示非必需进程。

首先，具身模拟可能在语言理解过程中发挥一种功能性作用，如图中第一行所示，我们将其称为具身模拟观点。至于具体说来模拟对我们理解语言到底有多重要，这个问题我们先放一放。关于具身模拟观点，一方面，它认为具身模拟对语言理解来说是必要的，即如果没有具身模拟，我们就无法理解语言；另一方面，它又把具身模拟视为理解语言的充分条件，即我们只要完成心理模拟，就能顺利达成理解的目标。考虑到目前完全认可这一观点的人可以说是寥寥无几，因此，我们暂且将具身模拟观点归纳为：具身模拟负责控制语言理解过程中的某些方面，可以说有时它是必要的，起码是部分充分的。简单来说，具身模拟有时会在语言理解的过程中发挥功能性作用。

其次，图 10-1 中的第二种观点是对思想语言假说的一个粗略概述。按照这个观点，我们在理解语言时会激活思想语言字符，因此，选择与激活这些字符中的正确组合对语言理解而言要么是必要的，要么是充分的，又或是充分且必要的。但这种观点认为，具身模拟对真实的理解过程不存在任何的功能性作用（图中用虚线框标记，表示这是可有可无的），它们确实存在，但似乎没有什么实际用途。

若要区分这两种理论，我们可以从这两者分别给出的不同预测入手。假如思想语言观点是正确的，即具身模拟在语言理解过程中实际上是无关紧要的，那么，人们在不做具身模拟时，在语言理解上的表现应该跟他们做具身模拟时是一样的。相反，根据具身模拟观点，假如我们设法干扰具身模拟，具体而言就是对这一理论认为的负责处理特定句子的具身模拟进行干扰，那么，语言理解的表现就应该大打折扣。如果对具身模拟进行有选择的干扰，那么，人们理解一个句子所花费的时间可能会延长；或者，人们对句子的理解可能变得缺少细节，精确度也不够；又或者，人们可能感到做出判断或记住细节变得更难了，诸如此类，具体会出现什么情况要视该模拟的实际用途而定。

对具身模拟进行干扰

为便于讨论，我们暂且假定你是一位生物学家。一天，你的研究助理冲进实验室，背后拖着一个大麻袋，你打开一看，差点儿惊掉下巴，里面居然有一头会飞的猪！作为一位专业的生物学家，你马上认出它属于"皮加索

10 当我们把猪的翅膀捆起来时

斯"这个品种（见第 1 章），其最著名的特征就是粉红色的鼻头、小卷尾以及长了羽毛的翅膀。于是，很自然地，你把这头猪放进一个舒适的猪圈，那是你为它量身定做的：有一个饲料槽和一根位于高处的栖木。在这个过程你开始琢磨它那纤细的翅膀怎么就能让这个体形庞大的动物停留在空中？你还可能会想，这翅膀只不过是装饰品，虽然可以用来完成一些特定任务，比如可以用来赶蚊子，但对飞行并没有任何实际的贡献。

如何检验这对翅膀对飞行是否具有功能性用途呢？一种方法是让这头猪的翅膀执行某项任务，比如赶蚊子，同时让它飞起来。如果翅膀忙于其他任务确实影响了猪的飞行能力，这当然可以证明这对翅膀在飞行过程确实具有某种功能性作用；如果这头猪依然设法飞了起来，只不过飞得不那么轻松，这就表明翅膀是飞行的一个功能性组件，但不是必需的；如果这头猪完全飞不起来了，这就证明翅膀对飞行而言是一个绝对必需的部件；而如果这头猪在飞行的一些特定方面表现欠佳（比如俯仰控制），在另一些方面表现正常（比如升降控制），你就可以非常确切地知道这对翅膀的功能是什么。

同样的推理方法也可以用在语言上。下面我来详细说明这个类比：具身模拟就像是那对翅膀，我们想了解它到底有什么功能性用途，语言理解能力就像是飞行的能力。当然了，这个实验要经过一些改良才能起作用。在飞猪的例子中，我们可以通过引入蚊子来让这头猪的翅膀先忙于一项任务，但在理解语言这个问题上，削弱具身模拟的影响的方法就不那么直截了当了。想要让人们在理解语言时不能使用具身模拟，一种方法是同时让视觉或运动系统忙于应付某项其他的任务，其基本逻辑跟我们在第 3 章中提到的发现派基效应的实验是相似的。如果大脑专门负责一些特定功能的部位（比如负责感知物体向你移动的神经元），在我们处理语言的过程中也要用上（比如描述物体向你移动的语言），那么，在我们理解语言的过程中用一个移动的视觉刺激物来让大脑中这些相应的区域先活跃起来，就应该会对我们的理解构成干扰。区别在于，之前的派基效应实验让我们看到语言驱动的模拟干扰了后续的视觉感知，现在我们感兴趣的其实是反向的干扰链。我们想要探究的是：阻碍模拟会不会对语言理解构成干扰。如果在大脑负责构建模拟的特定结构受到干扰时，人们对语言的理解变慢了，或是理解得不那么准确，又或是其他任何情况，这就表明具身模拟在我们理解语言的过程中发挥了一种功能性作用。

检验这一点的一个简单方法是调整一下派基效应任务的刺激物排序，沙恩·林赛（Shane Lindsay）在萨塞克斯大学读研究生时做了这样一个实验。[1] 在他的实验里，每一个回合，被试都会看到一个小小的黑色矩形出现在电脑屏幕上，这个矩形会向上、向下或水平移动 4 秒，接着，在这个移动的黑色矩形消失 1.5 秒后，马上在屏幕上打出一个描述向上运动（如 "潜水员向水面游去"）或向下运动（如 "陨石撞进地面"）的句子，被试的任务很简单，就是看这句话，并且一旦理解就马上按按钮。研究者预测会出现如下的干扰效应：被试如果刚刚看完一个向上移动的矩形，就要花更长时间才能看完且看懂一个描述向上运动的句子。如果负责这两项任务的神经元结构是同一组，那么，先让它们忙于感知一种事物就会使人感到难以同时调用它们去理解描述另一种事物的语言，于是理解过程就会显著变慢。实验结果证实了这一预测，如果一个句子跟在一个朝相同方向移动的矩形后面出现，被试平均要多花 100 毫秒才能看懂这个描述特定方向运动的句子。因此，如果你无法用自己的视觉系统去心理模拟句子描述的运动，你可能就要花更长的时间才能读懂这个句子。

这项实验的结果很有价值，但并没有告诉我们，具体是哪个感知运动的机制干扰了后续的句子理解过程。这存在以下两种可能性。

- 第一种是以运动后效为基础，我们之前提到过，还记得竞相冲上围墙的松鼠吗？也许，感知移动矩形的过程引发了一种运动后效，负责侦测运动的神经元 "累垮" 了，因而人们变得很难再对同一方向的运动做心理模拟。尽管移动的矩形只持续了 4 秒，这对于形成类似运动后效这样一种效应来说是相当短暂的，但从原理上看还是有可能的。所以，这是一种说得过去的解释。

- 另一种关于干扰效应的可能解释，源于在矩形消失与句子出现之间存在一段停顿这一事实。这就意味着，这一效应可能受到被试记忆系统的调节。被试可能正对他们观察到的矩形移动这一事件进行编码，然后保存在记忆里，并在理解随后出现的句子的过程中一直保留着这段记忆。若是这样，之所以会出现干扰效应，就不是因为专门负责侦测某个方向真实运动的细胞已经习惯了一个运动场景（运动后效），恰恰相反，原因出在记忆里存在这一事件。类似这样由回忆中的事件对一个完全不同的物体经历的另一个非常相似的事件形成的干扰，不能归结为负责感知某个特定方向运动的细胞没有被激活，而应该说是因为它们已经为另一个目的活跃起来了。

我们还是不知道，具体是哪一种机制导致了林赛的研究里会出现干扰效应，但这两种说法都表明：当人们不能调用详细的具身模拟时，人们对语言的理解速度会变慢。于是我们可以推论，具身模拟在我们理解语言的过程中起到某种功能性作用，至于具体是什么功能性作用，这项研究并没有告诉我们。我们只知道这种作用应该介于辨认单词与判断这些单词组合起来是不是有意义之间。

还有一些其他干扰研究也指向这同一结论。迈克尔·卡沙克和他在佛罗里达州立大学的同事们做了一个实验，他们采用了一个稍有不同的任务。[2]他们的实验内容不是请被试先看运动而后对一个句子做出反应，而是让被试同时做这两件事，他们想知道这时会发生什么情况。他们请被试看电脑屏幕上的图片，这些图片是移动的，可能正向被试移动而来，也可能正在远离被试或向下移动。在被试看这些图片的过程中，他们还要听一些句子，这些句子描述的运动可能是相同方向的，也可能是不同方向的。移动的图片有两种生成方式：一种是让一条螺旋线按照顺时针或逆时针转动，创造出向前或向后运动的错觉；另一种是让水平线向上或向下移动，创造出向下或向上运动的效果，图10-2表示的是这些样本图片的静态版本。在这些视觉效应一个接一个地出现在电脑屏幕上的同时，被试会听到一些句子，并需要判断这些句子听上去是否合理。这些句子可能描述向上的运动（如"猫爬树"）、向下的运动（如"水从水龙头滴下来"）、朝向被试的运动（如"水牛朝你冲过来了"）或远离被试的运动（如"车子一溜烟地离你而去"），其中还有一些并不合理的句子如"肋骨掉下一团火"，选择这些句子的目的是要确保意义判断任务起作用。研究者预测，就像林赛的研究所揭示的那样，人们要花更长的时间才能看懂描述相同运动方向的句子，因为他们还要同时忙于感知真实出现在屏幕上的同一方向的运动。他们的实验结果表明，尽管这种时间上的滞后只有区区 20 毫秒，但从统计学角度来看已经足够显著。

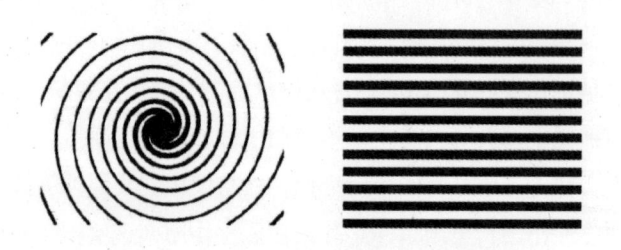

图 10-2　卡沙克的实验所使用的图片的静态版本

跟林赛的研究一样，我们还是没能搞清楚，这种干扰效应具体的成因，是感知特定方向的细胞的适应性，还是在现场感知到的事件（如螺旋线正在远去）与句子描述的事件（如汽车开走了）之间出现了感知不兼容。但这项实验还是证明了之前的发现：感知一个特定方向的运动会对理解描述相同方向运动的语言造成干扰，不管这个句子是跟图片一起出现的，还是在图片出现后不久才出现的，都一样。

怀疑论者可能会对上述这两项研究提出一点异议：这些研究只能证明，

人们在判断一个句子是否合理时会构建具身模拟，也许具身模拟只在需要判断一个句子是否合理时才具有某种功能性作用，而在理解句子意义的过程中并不具有什么特定的作用。在日常生活中，一般情况下，我们并不需要对句子的意义做精准的判断。因此，这一异议实际上是在说，让人们判断句子是否合理，会让人们的注意力过于集中在句子的意义上，因此这才引发了模拟，但只是作为一种副产品。为回应这一质疑，卡沙克和他的同事们做了第二个实验，这一次他们只让被试判断句子是否符合语法。这样一来，被试无须再对句子的意义做判断，而只要判断句子是否符合英语语法就够了。这项实验的目的是不再让被试的注意力聚焦在句子的意义上，因为，你无须太留意句子的意义就能做出简单的语法上的判断。假如被试还是要花更长的时间，才能在观察一个特定方向的运动的同时对描述相同方向运动的句子做出反应，哪怕当时并没有要求他们对句子的意义做判断，那么我们大概就可以认为具身模拟对理解句子具有功能性作用，哪怕当时人们正在完成的任务并不需要特别关注句子的意义。实验结果再次符合预测：当句子描述的方向与视觉错觉的方向一致时，被试的反应时间显著放慢（大约慢了40毫秒）。

　　这两项研究都表明：我们理解描述运动的语言的速度可能会变慢，如果我们同时注视着同样的运动，或是刚刚看完一个不同物体在相同方向的运动（其他方向亦然）。[3] 这些不同的行为影响研究全都指向这一相同的结论。前面我们提到，如果你让一头会飞的猪先忙于用翅膀赶蚊子，然后发现这会让它的飞行能力大打折扣，那就可以证明翅膀对飞行可能具有功能性作用。同样的道理，如果让人们构建具身模拟的能力打折扣会干扰他们理解描述视觉或运动内容的语言，那就表明模拟的确具有实际用处。但这些研究的结果并不能证明，具身模拟是理解过程的全部（即具身模拟是理解的充分条件），也没有表明理解离不开具身模拟（即具身模拟是理解的必要条件）。另外，这些研究也没有表明模拟具体对理解的哪一个方面有帮助，但这些结果告诉我们，模拟确实在构建意义的过程中具有功能性作用。

物理干扰

如果可以把前面提到的行为影响研究类比为先让一头会飞的猪的翅膀忙于其他任务，从而导致这头猪不能在飞行时充分发挥这对翅膀的作用，那么，还有另一个做法可以达到同样的效果，比如，把这对翅膀捆起来，甚至干脆卸下来。众所周知，模拟是由大脑中专门负责动作以及感知的区域完成的，至少在很大程度上可以这么说。而大脑是一个精密的器官，有可能遭受局部的损伤，如果大脑中的一些部位暂时或永久无法正常运行，会导致什么问题？失去模拟做一个动作的能力会不会让我们处理描述同一动作的语言的能力打折扣？失去感知一个特定类型的空间关系的能力会不会让我们难以继续使用描述同一空间关系的语言？这些都是在无法将具身模拟在物理上进行呈现的前提下进行的研究可以考虑的问题。这样一种损伤的成因，可能是类似车祸这样的物理创伤导致大脑受伤，也可能是类似中风这样的疾病，当然，还有一种可能，就是在实验室里人为制造出来。

先看描述物体在空间位置的语言。现在你已经非常熟悉，视觉系统是怎样通过"哪里"路径来确定物体在空间的位置。只要你看过前面的内容，那么，当我说人们在理解关于空间关系的语言时也要用到大脑的相应区域，你就不会对此感到惊讶。艾奥瓦大学的安东尼奥·达马西奥（Antonio Damasio）[①]和他的同事们做了一项实验，他们先让被试看一张静态图片，上面的两个物体正处于某种空间关系，然后应用 PET（正电子发射断层扫描技术）对被试的大脑进行扫描。[4] 例如，被试可能看到桌上有一台烤面包机，他们要完成以下两个任务之一：要么说出其中一个物体（"烤面包机"），

[①] 知名神经科学家达马西奥的著作《笛卡尔的错误》旨在阐述这样一种观点：人类的理性决策离不开对身体情绪状态的感知，这从根本上颠覆了支配西方几百年的身心二元论。自《笛卡尔的错误》出版以来，西方世界的哲学思想发生了根本性的转变。该书的中文简体字版已由湛庐策划，北京联合出版公司 2018 年出版。——编者注

要么说出两个物体之间的关系("在上面")。PET 扫描结果显示,"哪里"路径上专门负责感知空间关系的区域在完成任务的过程中会保持活跃,并且,其活跃程度在被试选择说物体之间的关系("在上面")时更高,高于说物体("烤面包机")的时候。换句话说,当人们组织语言去描述空间关系时,也要用到负责感知空间关系的神经组织。到目前为止这些实验结果还是相当符合预期的。

但我们的问题是,"哪里"路径的启动,是否会在人们使用语言描述空间时发挥某种作用,偏偏这项研究只告诉了我们"哪里"路径是活跃的,却没有告诉我们它是不是具有某种功能。普渡大学的另一组研究者做了一系列研究,试图解决这个问题,他们的做法是观察那些大脑受过损伤且"哪里"路径受到影响的人。[5] 他们请被试完成一项稍有不同的任务,但同样会用到类似"on"(在上面)和"in"(在里面)这样的介词。被试会看到特定的句子,句子中缺了一个单词,他们需要补上合适的介词。句子有两种:一种用介词描述空间,比如"John shopped for vegetables __ the store"(约翰 __ 商店买菜);另一种也是要用介词填空,只不过这一次要用到的介词,其意义跟时间有关,比如"John shopped for vegetables __ nine o'clock"(约翰 __ 9点买菜)。"哪里"路径受损的被试做空间句子的表现远不如健康的被试,但"哪里"路径没有受损而有其他脑损伤问题的被试却能够在两类句子上都顺利地说出介词,表现令人满意。这些研究清楚地证明了:专门负责感知的大脑系统在语言处理过程中发挥了功能性作用,如果大脑中专门负责处理空间关系的区域功能异常,我们就难以正确地使用语言来描述空间关系,但并不一定会影响我们对于其他类型语言的正常使用。"哪里"路径看上去对使用语言去描述空间具有功能性作用。

这一发现背后的逻辑方法叫"解离"(dissociation),是脑损伤后遗症研究的常用方法。研究过程是这样的:假设我们观察到大脑中某个特定区域受到损伤(如"哪里"路径),还观察到一个特定的认知功能 A(如对描述空间的语言的认知）出现了选择性的障碍，但另一个认知功能 B（如对描述时间的语言的认知）却没有问题，那么我们就可以推测，这一区域对实现功能 A 是有用的，因为它一旦受损，功能 A 就无法实现，而如果该区域没有受损，功能 A 就可以正常实现。同时我们还可以推测，这一区域只负责 A 这个特定功能，因为该区域受损并不会影响其他认知功能，比如 B 功能。说到评估大脑不同系统与其功能之间的关系，解离是一种主要的工具。

如果具身模拟在语言使用上具有功能性作用，那么我们还能看到什么其他类型的解离呢？我们先从一个非常简单的案例说起。一般说来，名词跟动词是不同的，名词往往形容具体、可见的事物，比如"猪""长臂猿""卡车司机帽"；而动词往往形容动作，比如"摇摆""跺脚""微笑"。于是，我们设想：大脑中负责理解名词和动词意义的区域应该是不同的，运动区更可能会处理动词，而"什么"路径上的一部分区域更可能会处理名词，这也是我们在大脑完好的被试身上看到的情况。哈佛的研究者找来语言功能完好的被试完成与名词或动词有关的简单任务，比如写出名词（比如"猫"）或动词（比如"跑"）的单数或复数形式，在这个过程中用 PET 设备对被试的大脑进行扫描。[6] 结果发现，使用动词会有选择性地激活靠近大脑前部的专门负责控制运动的区域，如图 10-3 中左图箭头所指的位置；使用名词则会激活"什么"路径，在图 10-3 中右图所示的颞叶后部下方的区域。

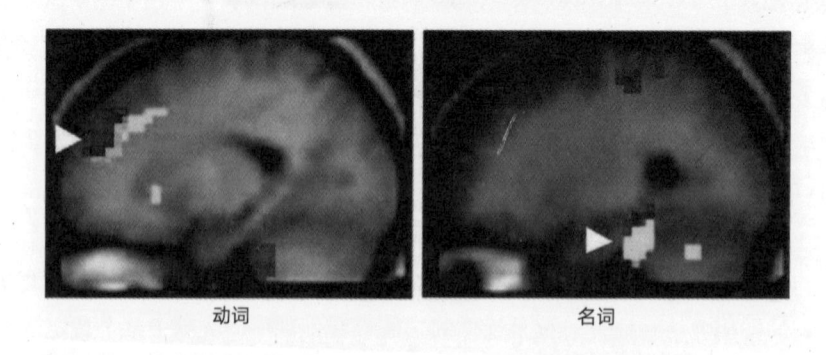

动词　　　　　　　　　　名词

图 10-3　人们在使用动词和名词时，大脑中被激活的区域

换句话说，使用动词可以激活运动区域，而使用相对具体的名词就会激活视觉对象标识区域。到目前为止一切尽在预计之中。但要了解大脑中的这两个区域是不是分别在理解名词和动词的过程中发挥功能性作用，我们还得借助于解离的方法。我们有充分的理由相信这有可能奏效，因为我们早已知道，尽管有些脑损伤患者可能出现选择性失能，比如，有些患者无法使用名词，但也有另一些患者感到使用动词非常吃力。我们发现有一点最引人注目：造成这些缺陷的脑损伤部位往往恰好位于图 10-3 上标记的位置，需要说明的是，图 10-3 显示的是一个健康的人的脑成像图。[7] 无法理解名词的患者，常常就是左颞叶皮层损伤的患者，这是"什么"路径所处的区域，用于表示物体及其外形以及其他属性；而难以理解动词的患者往往是左前额叶受损，该区域专门负责运动控制。我们不仅得到了一种解离，而且，实际上这是一种双重解离。额叶运动区域受损会影响对动词的理解而不是对名词的理解，位于颞叶的"什么"路径受损会影响人们对名词的理解而不是对动词的理解。

然而，问题可能并没有这么简单。遭受脑损伤的患者，大脑往往会有一个广泛的区域受到影响，这个区域里任何一个部分出问题都可能会造成语言能力受损。要彻底搞清楚"罪魁"到底是不是我们关注的那个区域，我们还得排除其他因素的干扰，确保每一种情况只有一个特定的大脑区域功能受损。因此，我们必须从研究自然引起的脑损伤，转向研究通过实验手法影响大脑正常运作的情形。我们已经提到过一种方法，就是 TMS（经颅磁刺激仪）。你大概还记得，借助 TMS，研究者可以通过头盖骨向大脑中的一个特定区域施加一个磁场，这会在非常短暂的时间内影响该区域的正常运作。实质上，如果使用得当，TMS 可以充当一种暂时性脑损伤的替代方案。

直到我写作本书之际，我们还没听说有人做过这方面的实验，用 TMS 去干扰"什么"路径，来确认这样做会不会选择性地干扰人们对名词的理解而对动词的理解没有影响，但是，已经有一些研究是针对动词进行的。当对运动区域使用TMS，没想到，被试完成辨别动词任务的表现大大降低，但其辨别名词的能力不受影响。[8] 对一个特定的大脑区域施加磁场刺激就会引出这样一种解离，这应该能够证明，这个特定的大脑区域对理解受影响类型的语言承担一部分责任。具体到这个实验，结论就是：大脑中控制运动的区域对理解动词具有功能性作用。

这样看来，名词依赖于"什么"路径，动词依赖于运动区域。但你也可能想到了：不是所有名词都跟物体有关，同样，不是所有动词都跟动作有关。比如，名词"马拉松"并不代表一个物体，动词"暗示"也并不指代一种肢体动作。于是你可能预计，不同的名词可能依赖于大脑中的不同区域。当你观察不同类型的名词，以及谁在用到这些名词的时候遇到困难，你就会发现，大脑不同部位遭受的损伤确实会以可预见的方式影响患者使用不同类型的动词。名词可以代表各种不同类型的物体，当然也可以代表其他事物，其中，有一些物体我们主要通过视觉来认识，比如鸟儿与面孔；还有一些物体，我们主要通过亲手使用它们而对其有所了解，比如工具和玩具。我们可能因此猜想，如果大脑的视觉中心或运动中心受伤，那么，对于我们分别主要通过视觉和运动方式来认识的这两类物体，我们可能会在理解表示它们的单词时遇到相应的阻碍。这一想法严格来说还没有人在研究，但有一项与之相关的研究。有一项研究提出了一种双重解离：当"什么"路径的不同区域受损时，被试对描述运动与工具的词分别受到了影响。[9] 至于运动系统受损会不会有针对性地让你难以理解一些特定的名词——那些用于描述你通过亲身使用而变得非常熟悉的事物的名词，这一课题依然有待验证。

类似这样一些解离表明：具身模拟并不是一种无关紧要的过程。具身模拟对语言理解具有功能性作用，至少对于理解描述物体、动作以及空间关系的语言来说是这样。

具身模拟是功能性的，但它是必要的还是充分的？

以下几点是我们到目前为止已知的情况：

- 第一，我们在理解语言的过程中，会做感知和运动模拟，并且用的就是我们用来感知世界和完成同一动作的相同的大脑区域。

- 第二，一旦具身模拟的特定方面受阻，我们就会在理解关于感知或动作的特定方面的语言时感到特别吃力。

- 第三，如果专门负责动作或感知的大脑区域受损，或暂时功能失常，我们就会感到描述由这区一域负责编码的特定感知或运动事件的语言变得难以理解。

总之，所有这些证据给出了一个相当有力的证明，证明具身模拟在语言理解过程中确实具有功能性作用。不过，关于具身模拟对于理解语言来说是充分条件还是必要条件，这一问题依然有待研究。

接下来我们将依次讨论这些问题，先从必要性开始。有没有可能，不做具身模拟，我们也照样能理解语言？答案很可能是肯定的，如果在合适的上下文里。例如，假设你正在丛林里徒步，四周环绕低垂的树枝，上面满是出了名的具有攻击性的猴子，这时，如果你的徒步伙伴突然大喊一声"蹲下"，你很可能不会先心理模拟下蹲这个动作，而是先分析同伴让你这样做的意图到底是什么，然后才开始做出下蹲这个动作来，相反，你可能不做模拟就直接采取行动。行动跟模拟可以说是近亲，我们之前已经证明，只要听到描述动作的语言，听者就会调动自己的运动系统，因此，在适当的情境中，听者完全可以不再抑制实际行动（可以认为这是无意识地完成的），即不再浪费时间去模拟语言所描述的动作，而是直接运用运动系统去完成这个动作。回到前面列举的那个例子，听者可能会在受到刺激后直接采取行动，而不是先做模拟，原因在于在当时的情境中，具有攻击性的猴子近在眼前就够让人神经紧张的了，也有可能跟你的伙伴喊出那句话的方式有关，比如音量、音高或频率等。从外部视角看，我们可以说，快速且成功地做出了下蹲动作的人理解了这句话，哪怕他们可能并没有做具身模拟。可见，如果采取行动有了比模拟更高的优先级，那么，不构建具身模拟我们也能实现理解。

很多类似的情况都表明：模拟可能不是必需的。例如，设想一个你非常擅长的领域，假如你是一位工程师，一天早上，你的制图员同事走来跟你说，他画了一些简图。此时，你真有必要先模拟他画简图的场景是怎样的吗？如果你已经多次遇到这同一场景，此刻你会不会直接跳到结论上，并知道接下来会有些简图要看，而你应该恰如其分地采取行动或给予回应？因为，在这种情况下做具身模拟可能毫无帮助：假如你对自己听到的语言所做的推论是可预见的，那么你就有可能学会省略具身模拟过程，抄个近道，让你接收到的语言得以直接激活合适的推论。因为，与先就语言描述的整个场景做具身模拟相比，这样做可能效率更高。

由此可见，在不同的情况下，具身模拟对理解语言而言并不是必需的，但这个想法还需要用实验的方式进行检验。

下面我们来看一看充分性：要理解一段语言，是不是只要有了模拟就足够了？实际上，有大量的语言，其理解过程看上去并不依赖模拟，因为，有些语言并不描述场景，而是用于标记社交互动，我们就以这样的语言为例进行讨论。例如，我们如何通过模拟来透彻理解"嗨"这种打招呼用语？即便在理解"嗨"的过程中确实用到了具身模拟，但同时还应该包括其他东西，比如，推论这个说"嗨"的人认为他们准备启动的社交互动属于哪种类型，让自己做好准备给出与之适应的回应（比如也"嗨"一声作为回应），又或是根据当时场合的正式程度、对方的个性特征等来进行判断。尽管其中有些部分可能涉及模拟，但很显然，理解"嗨"需要用到大量的认知处理过程，而不是仅仅对语言方面的内容做具身模拟就可以实现的。并且，这并不仅仅适用于"嗨"这样的话语，还适用于一些其他的话语，比如"需要我搭把手吗""我现在宣布你们成为夫妻""随便"等，这些话语都跟特定类型的社交场景密不可分。

还有一类语言的理解需要除了具身模拟以外的过程，那就是描述抽象概念的语言，我们在上一章讨论过这一点。假设你看到这样一句话，"Stock prices have dropped through the floor, and there are bargain basement deals out there for ambitious investors"（直译为：股价跌穿地板价，对雄心勃勃的投资者来说仍有地下室甩卖的交易机会）。这句话里充满隐喻，比如股价并不会像句子中所说的那样跌穿实体的地板，而且据我所知也不存在像商店那样专门用于清仓甩卖的地下室可以去买股票。如同我们在前文指出的那样，很有可能，具身模拟有它的作用，你可能在视觉上模拟有什么东西跌穿了地板又或是摆满甩卖货物的地下室，但你的理解过程不可能到此为止，因为你对这句话的理解远远不止这段隐喻性语言所激发的具身模拟那么简单。你对类似这样的语言所做的总结是要驱使你采取恰当行动的，这可能得益于具身模拟的提示，但也可能从其他进程得到提示。比如，你有必要知道怎样从一种类型的具身模拟中得到启发，比如高度的改变，然后将这种启发应用于另一个领域，比如价格的改变。[10] 因此，对于理解抽象语言或隐喻性语言，具身模拟可能有作用，但这种作用不是充分的。

如果事情确实是这样，即具身模拟在处理很多语言的过程中都发挥了功能性作用，却并不总是必要的或充分的，那么，我们该怎样看待语言理解过程中的具身模拟？我们是否应该将这一问题探究到底？或者，我们应该干脆把这一问题丢在一边，因为具身模拟对于语言理解来说，可能既非充分也非必要。接下来，我们又需要关注什么问题呢？

将语言理解与我们已经熟知的其他相似的认知功能进行对比，我们可以从中获得一点启示。理解语言是一种复杂的混合行为，因此我们先从与之相似的且我们已经非常了解的功能入手，比如视觉。人类的视觉系统是由许多部分组成的，其中的每一个部分都承担了重要的功能性作用，把它们聚合在一起我们才能看见。我们的眼睛负责收集光线，然后将光线聚焦在视网膜上，视网膜细胞将光子转为电化学信号，脑脊髓轴将这些信号传送到大脑皮层，大脑皮层上的不同区域分别负责侦测线条、色彩、运动、物体以及面孔等。所有这些部位都是功能性的，如果你的视觉系统中负责辨认面孔的区域功能失常，你就无法辨认面孔，但这每一个组成部分对于让我们能看见都不是充分条件，每一个部位都有各自的功能，但如果将其单独抽离出来就会变成一团毫无用处的脑纤维。

事实上，我们很难想象一种强大的认知功能，比如语言理解或视觉功能，会包含真正称得上充分条件的组成部分。原因在于，从本质上讲，这些认知功能是非常复杂的，需要大脑内部的许多组成部分通力合作，才能确保每一项认知功能得以正常运行。基于这一认识，模拟不是语言理解过程的充分条件，这根本谈不上出人意料，也不该引起太多关注。

甚至，模拟对于语言理解来说可能是非必要的，这是非同小可的大事件。假如我们观察到，对于某种语言的理解并不需要具身模拟发挥功能，那就表明，理解可能会通过其他方式实现。也许就像本章开头讲的那样，人们的头脑里面漂浮着思想语言的字符，一旦模拟没有发挥必要的功能，这些字符就会苏醒过来。至于它们怎样制造意义，这是一个大问题，我们暂且放一边，但这就引出了一个有趣的想法：用具身模拟去理解语言，与不用具身模拟去理解，都是有可能的，而且这两种情况应该是不一样的。

具身模拟的六大功能

语言与视觉之间的类比是具有启发性的。尝试搞清楚视觉系统的特定区域是否在视觉中起到功能性作用是重要的第一步,但真正引人入胜的问题在于:从功能上看,这些区域具体服务于视觉的哪些方面?语言也是一样。一旦我们确认具身模拟在意义制造过程中发挥某种作用,我们的好奇心就会更进一步:确切来说,具身模拟对语言理解的哪个方面起作用?

这个问题很重要,原因有很多,其中几个跟基础科学的应用有关。如果我们能确切地知道特定类型的具身模拟对语言理解过程中的哪些方面起什么作用,我们就能弄清楚,具身模拟能力的缺失跟脑损伤患者表现出的特定的语言障碍之间有什么关系。我们甚至能够为失去模拟能力的患者开发相应的疗法,帮助他们找到变通的方法,从而再度获得接近常人的语言能力。同样的道理,如果我们想要研发计算机软件,使计算机可以像人一样理解语言,那么,通过确切了解不同部位之间是怎样合作的,将有助于我们找到设计人工语言使用者(如智能语音助手)的最佳路径。

识别单词

要想理解语言,你必须先搞清楚你面对的字词是什么,也就是你必须能认出这些字词,但我们平时接收到的话语不仅速度很快,有时还可能不够清楚,尤其在说话的时候,环境噪声和口误常常导致信号传递受阻。不过,如同我们前面提到的那样,在一个句子出现的过程中,我们会尽早尽多地开始模拟,而这会影响我们对接下来会出现的单词的预期。也就是说,通过模拟,我们可以预测下一个最有可能出现的单词是什么,这有助于降低识别单词这一要求很高而又容易受到影响的任务的难度。例如,假设你正处在一个非常嘈杂的环境中,比如正坐在飞机上,谈话对象是你的邻座,对方说的每个字你都听得很清楚,就只有结尾听不到,比如,"In my research with rabid monkeys, I've found that they're most likely to bite you when you're feeding them— you get little scars on your h____s"（我是研究疯猴子的。我发现他们最有可能在你给它们喂食的时候咬你，你会被咬出许多小疤痕在你的_____），即使你没听到这最后一个单词，你大概也能猜到这个单词是"hands"（手），因为，可能你在听到这个句子时会模拟一个人大概是怎样喂猴子的，来推测这个人身上哪个部位最容易被猴子咬到。

识别语义

在英语里，一些单词有多重语义，比如"ring"可能指拳击台，也可能指戴在手指上的戒指。也许，在理解这样具有多重语义的语言的过程中，你通过进行模拟，能够在第一次尝试的时候就选中了其在句子里的正确语义。假如你看到"The boxer sliped on his way into the ring"（拳击手一个趔趄滑进了拳击台）这个句子，你大概不会认为"ring"这个单词在这里用的是在婚礼上要用到的语义（戒指），而对于下面这个句子，就正好相反："The boxer put on his coat and slipped on his ring"（拳击手披上大衣，戴上戒指）。

表征意义

如同我们在第1章所提到的，大多数认知心理学家和语言学家都认为，我们理解语言的方式，有一部分是通过激活关于语言所描述的内容的内在心理表征来实现的，但关于这些表征是如何编码的，大家还没有达成共识。有些人则认为意义是由思想语言清晰表达的。另外，还有一些人认为，是具身模拟在负责完成表征的工作，即对语言描述的外在场景构建出内在的心理表征，假如事实果真如此，那么，对于那些依赖于心理表征的语言类型，一旦听者的模拟能力受损，那么他基本上就无法理解这些语言到底说了什么。

创造理解的主观经历

我们不是机械的思考机器，我们还有主观经历，比如，感知一种味道、体会一种感情或者理解语言，在我们看来都有某种真切的感受。模拟可能让我们得以体验，了解某一事物意义的内在感觉。基本思路就是，当我们实实在在地进行感知或活动我们的身体时，我们会产生主观体验。在理解语言的过程中将我们的大脑系统反复用于感知和运动控制方面，可能也给我们提供了相似的主观体验。理解描述一头会飞的猪的语言会有什么感受，大概就跟在现场感知一头会飞的猪差不多。

进行推理

语言中包含的内容大部分是隐性的，我们必须要做一点推理才能真正理解。假设你的孩子放学回来，外套破了，嘴唇在流血。他进门后说的第一句话是："你该看看另一个家伙。"你大概就会推断他应该是跟人打架了，并且相对而言他的伤势算是很轻的，而且他为此感到自豪。可他那句话里压根儿就没有明确提到这些内容，是你在设想有什么情况可能导致他看上去变成这副模样，并且说出那样一句话，然后，你做了相关的模拟，从而得出了上述推论。

准备行动

有时候，要对语言进行回应非常容易。比如，某人大喊一声"蹲下"，你就照办就好，但也有一些时候，你得略做思考才能知道最恰当的回应应该是什么。比如，假设你在帮一个朋友搬家，她有一个很大、很笨重，而且特别不方便挪动的长条软垫椅，现在你正准备搬这个笨重的椅子。她对你说："嗯，这东西放客房卧室，在楼上。"然后呢？你准备一个人把它弄上楼去？你会不会请求援助，因为这看上去是需要两个人合力才能完成的任务。你要判断：你能不能独力完成；如果两个人一起做，会不会轻松很多；现场有没有人刚好有空可以帮你，等等。你可能会通过模拟来确定你的正确做法是什么。

在众多认知功能中，语言理解作为高级的且又包含全然不同的组成部分的后起之秀，若说它会依附于其他认知功能，比如具身模拟，又或是这些组成部分早已具有其各自的功能性作用，这一点也不出人意料。而且，这些组成部分可能对于意义的理解过程来说并不充分，也不会让人觉得有多么意外，就像视觉的具体组成部分对整体视觉功能而言也不充分一样。

这些都是该领域目前面临的重大问题。模拟到底有什么功能？模拟在什么时候需要发挥这些功能？会不会对于某些类型的语言的理解，我们是非做模拟不可的，而对于另一些语言哪怕不构建模拟，我们也能理解？这就是关于意义的新科学。有不少非常聪明的科学家，正通过使用一系列的工具来试图搞清楚，制造意义作为我们人类一项了不起的能力，到底是怎么发生的，以及为什么。

LOUDER THAN WORDS

11

创造像我们一样聪明的机器

自然语言，不做模拟
也可以继续制造意义

11 创造像我们一样聪明的机器

在你第一次翻开这本书时，不管是 5 小时前还是 5 年前，你看到的第 1 章第 1 段是这样的：

北极熊爱吃海豹肉，而且爱吃新鲜的。因此，对于一头北极熊来说，学会活捉海豹是非常重要的。若是在陆地上捕猎，北极熊常常会像猫一样跟踪自己的猎物，肚皮贴地快速前行，直到足够逼近，这才一跃而起，伸出爪子，露出獠牙。北极熊几乎可以完美地将自己隐身于冰天雪地的环境中，视觉欠发达的海豹在这方面显然落了下风，但海豹也有它的优势，那就是动作很快。

19 世纪遇到过北极熊的水手们都说，他们发现北极熊会做一件非常聪明的事来提高自己活捉一头海豹的胜算。根据他们的说法，当北极熊悄然逼近自己的猎物时，它们会用爪子遮住自己的鼻头，这会让它们变得更不易被察觉。也就是说，北极熊会捂住自己的鼻子。

我在这里重复这段文字是为了形象说明，你在前 10 章里走过了多长的一段旅程。我说的可不是你现在应该知道，所谓的北极熊遮掩鼻子的行为极有可能是人们虚构出来的，我想说的是现在的你应该非常了解，当时刚刚看到这两段话的自己到底在干吗。那些画面、声音、动作，甚至可能还有气味，你通过模拟让这一切变得栩栩如生。为了做到这一点，你全神贯注地留意语法细节，尽早、尽多地开始模拟，而这些模拟具体而言就基于你自己的认知风格与个人经验，你的认知风格和个人经验则从你的语言和所在文化中汲取养分。

传统的意义理论就是一种把意义视为思想语言字符的理论，这种理念无法为我们之前回顾的众多研究提供什么理论支持。这倒不是说这些研究中有哪一项切实地驳斥了思想语言假说这一理论，因为这种反驳其实很难做到，并没有什么显而易见的方法能证明到底是否真的存在一种思想语言。恰恰相反，无法提供理论支持是因为思想语言假说对我们提到的这些研究不具有解释力。它不能预测冰球选手要用到前运动皮质去理解描述冰球相关动作的语言，也无法解释为什么日语使用者甚至能在动词出现之前就对句子描述的物体长什么样做到心里有数。

与此形成对比的是，关于我们在制造意义的过程中到底做了什么，具身模拟假说能够做出非常清晰的预测。比如，它预测到，当你读到描写北极熊鼻子的那一段文字时，你就会按我们现在已经知道的那种方式去做一系列的事情。还有一些证据表明，具身模拟在理解意义的过程中具有功能性作用：我们如果不做模拟，就无法理解或至少会做出不同的理解。

这可不是说意义这个"山头"就被我们拿下了，实际上我们这才刚到山脚下。我们依然没有搞清楚以下问题：从功能上看，具身模拟对理解意义有什么用？当模拟出现差异时，我们所理解的意义会有什么不同？我们能不能在不做模拟的情况下制造意义？我们不知道答案，但的确这些都是好问题。

我们知道这些都是好问题，原因在于：首先，这些问题都是可以回答的。我们完全有能力发现，如同我们在前几章中提到的许多研究所做的那样，大脑有哪些部位用于理解，在什么情况下，有什么目的等。比如，我们知道，在理解描述动作的语言时，我们常常要用到运动系统，并且，进行时语言比完成时语言更可能会用到运动系统。我们还知道，对感知系统进行干扰，比如，让被试看向某个方向移动的线段或螺旋线，会影响他们判断一句话是否合理所需的时间长短。

另外，关于什么时候出于什么目的要用到哪些大脑机制的问题，都是好问题，因为这些问题背后的原理全都具有明确的现实用途。一旦大脑受损，认知功能就有可能出现障碍。有时语言理解会因此受到影响，而理解语言的能力对我们来说至关重要，从学习到社交我们都需要用到这种能力，因此，搞清楚怎样才能帮助患者恢复语言能力就变得非常重要。关于大脑各特定区域对语言理解分别发挥什么作用，我们对这件事了解得越深入，就越有机会通过语言障碍去诊断出脑损伤情况，从而为患者研发出相应的疗法和康复策略。另外，还有一系列发展失调可能对语言造成影响，包括具体的语言障碍以及孤独症谱系障碍，这时，我们对大脑各个区域在语言理解和意义制造过程中所发挥的功能的了解越深入，我们就越能确定合适的诊断与治疗方法。最后，如果我们想要制造一台像我们人类自身一样聪明的机器，那么，对大脑如何制造意义的充分了解就变得很重要。如果你想要开发一个软件，使它不仅行动起来像人类，而且也能像人类一样理解语言，那么，你就得设法内置某种东西，比如，人类用于制造意义的这一整套解决方案。

你可能已经留意到，这些富有创造性的问题恰好也是贯穿本书的问题。虽然，想要彻底解决这些问题，我们还有很多专业的研究工作要做，但这些答案的初步轮廓已经开始浮现。心智科学新时代已是曙光初现。

从形式年代到意义年代

从许多方面来看，在认知科学领域，20世纪是形式的世纪。在这个世纪，我们发明了计算机，先是硬件，然后又用上软件。没过多久，我们渐渐把计算机的认知框架用于关于大脑与心智的研究，并将这些研究视为完成形式句法运算的过程,尽管在很大程度上是以并行的、基于概率的方式运行的,这其中包括了大脑是如何处理语言的研究。但还有第二个跟语言密切相关的方式,使20世纪成为形式的世纪。从把计算机视作大脑的角度来看,语言的某些特定方面更适合做相关研究,因而这些方面得到了最深入的研究。其中包括对词的形式的研究,比如研究词的声音结构的音位学（phonology）；研究词的复合结构的词法学（morphology）；还有对句子形式即句法（syntax）的研究。

21世纪是一个新的千年,也唤起了人们新的关注焦点,人们不仅聚焦于形式,还关注形式的用途。既然现在我们对形式运算的工作原理已经有了充分的认识,我们就可以把注意力放在它们的意义上了。[1]在关于语言与心智的研究上,这就可以类比为,不仅研究语言的形式（尽管我们仍然非常重视语法的运作方式）,还要研究语言的意义。

然而,理解意义并非易事,因为意义是如此深藏不露、富有变化并且难以归类,但我们必须理解意义,因为传递意义就是语言存在的目的。这是运用语言的能力得以在人类这个物种中进化出来的原因；是孩子们需要掌握这一能力的原因；也是我们愿意不厌其烦地应用语言的原因。研究语言而不关注意义,就好比研究跑步却无视运动。我们怎能不去研究意义呢,这可是人类语言得以在自然的沟通系统中独树一帜的原因之一！它是如此高度的个性化,并且包含了关于我们是谁的大量线索,我们怎么可能避而不谈？意义构成了我们个人语言经历的内容,并且使这些经历对我们每个人而言都是独一无二的。转向意义的研究是不可避免的,因为恰是意义让我们成为如此独特且具有认知能力的物种。

当然,这并不是说针对语言形式的研究就此烟消云散,但在一门以意义为中心的语言科学里,关于形式的研究也会发生变化,就像随着意义的"引力"的牵引而弯曲,原因在于语言的形式及其意义之间存在一种紧密的联系。人们不会随机给一个句子选择主动式或被动式，而是常常根据富有意义的理由去作自己的选择。人们也不会按照随机顺序说出一堆话，语序对意义而言很关键，因为我们处理一个句子的方式是不同的，假设你说"我看完论文就吃了午餐"（I ate my lunch after reading the paper），听者对这句话的理解就跟另一个说法"看完论文之后，我吃了午餐"（After reading the paper, I ate my lunch）不一样。语言形态会受到意义的影响。因此，一门聚焦于意义的语言科学必然包含对语言形态的研究，这会让其更具解释力，来解释如果缺了意义就没法理解的大量现象，比如，为什么人们有时候喜欢用主动式，有时候喜欢用被动式，并对之后可能观察到的信息做出更好的预测？换句话说，更多地聚焦于意义可以让语言科学变得更完善。

所有迹象都表明，迈向意义的时代，21世纪已经有了一个很好的开头。这当然是一件好事。我们因而能够将语言视为我们人类设法用于交流的一种非同寻常的方式，在完整而自然的状态下对其进行研究。

理解意义，我们拥有独一无二的遗传学禀赋

从许多方面来看，人类这一物种在自然界众多物种之中上其实一点也不起眼。我们的速度不及绝大多数的大型哺乳动物，我们也没有特别引人注目的羽毛，我们的牙齿和"爪子"不可能在大型食肉动物内心深处激起半点儿的畏惧，说到这一点，甚至还不如我们家的宠物。但是，在古往今来曾为地球增色的所有动物中，我们确实也有一技之长：我们很聪明。这可不是黑猩猩学会拿木棍戳白蚁窝那种聪明，而是建造飞船把黑猩猩送入太空那种聪明，而这在很大程度上就跟语言有关。

其他动物也能交流，比如，蜜蜂可以通过跳舞给同伴传递信息，告诉它们哪里有美味的花朵；还有海豚，它们知道其他小伙伴都在干吗，这看上去当然也像是交流的结果，不过，只有我们人类有能力胜任规模如此庞大的

语言。如果任选一种非人类的动物，并尝试教给它任何一种形式的人类语言，从口语、书面语或手势语任选其一，你就会发现这家伙完全学不会。有些黑猩猩和狗可以学会好几百甚至上千个词，甚至还可能学会一些基本句法，这非常了不起，[2] 但没有一个动物能够理解，在我们之前提到的那些例子中，原来是律师受到了盘问、股价也不会按字面意思那样穿过地板。哪怕你按养育一个人类小孩的方式抚养一头黑猩猩，情况也一样。我们从凯洛格夫妇（Kelloggs）的经历中看到了这一点，这两位科学家在 20 世纪 30 年代做了一个实验，现在看来就像 50 年代美国电影《君子红颜》（*Bedtime for Bonzo*）的真人版。[3] 与其他动物相比，人类有一个生物学上的特点，使我们有能力用语言做难度大得令人匪夷所思的而其他动物做不到的事，比如，阅读这段话。这一生物学上的特点是进化的产物。

人类是怎么变成现在这个样子的？在物种进化的过程中到底发生了什么，使得也是黑猩猩和倭黑猩猩的共同祖先的那种动物最终演变出了我们？[4] 我们有什么独一无二的基因禀赋？当真是一次随机的基因突变导致了早期人科动物长出最初的心理语言器官，并作为一个独立的新生器官，简单地附加在我们灵长目祖先的身体里？还是说，在进化的过程中，我们的灵长目祖先的大脑内部，有些部位发生了非常微妙的进化，使得我们可以将它们派上更大的用场？

遗憾的是，我们对以上这些问题的答案还不是十分清楚。不过，至少在意义这方面，我在本书概述的意义新科学给我们提供了一些线索。意义是由一组不同的认知系统共同创造的，在语言出现以前就存在了。我们可以通过具身模拟来表达想法、意图和观点，这会用到我们实现感知或做动作等功能的大脑区域，实际上，我们也可以在其他动物身上找到非常接近的由相关大脑区域构成的系统。我们用来制造意义的这些大脑部位从进化的时间跨度上来看都是老部件，只不过这些部件在哺乳动物几亿年漫长的进化过程中渐渐变得擅长语言以外的一些功能，比如感知和运动的功能。

11 创造像我们一样聪明的机器

换句话说,我们用来制造意义的系统看上去并不像是无中生有地自然萌发出来的,并且只有服务语言这一个目的。相反,在人类理解语言的能力中,进化在大脑的"废物堆积场"中找了一堆老部件并组装出了一台新机器。就意义而言,人类跟其他动物的区别并不在于我们进化出了一套全新的心智器官,而在于我们循环使用了老系统,并用它实现了一个新目标。我们不仅将感知和运动系统用于真实感知及行动,而且将其用于理解描述感知及运动的语言。进化重置了我们大脑不同部位的功能。

这就切入到我们如何变成今日之我们这一问题的核心了。我们并不是聪明的黑猩猩,为意义进化出一套新的大脑系统,应该说我们是进化了能力,可以将自己已有的大脑系统用新的方式加以运用的聪明的人类,这完全符合我们已知的进化在更普遍范围内运作的原理。进化是一个精于小修小补的"修补匠",用新的方式使用已有的系统,即对这些系统进行扩展,而这是一个相当有效的做法,可以高效地、渐进地开发认知系统,使其得以完成一系列复杂的功能,比如理解语言。这似乎就是进化的结果。

但事情当然没有这么简单。设想一下,怎么做才能扩展一套运动控制系统,使其得以兼顾理解描述运动控制的语言,以及想象或回忆运动控制?很显然,这里必然包括要以某种方式调整一下回路,不然,下次你想到运动的时候恐怕就真要动起来了。感知模拟也一样,你可不希望每次想到北极熊就必须产生幻觉,看见一头北极熊站在自己面前,而且也很难想象这能给基因的传播带来什么优势。事实也的确不是那样的,事实上,运动和感知回路做了一点小调整,使其得以进行某种"离线"操作,也就是说,我们有时也可以只激活前运动皮层而不用同时向肌肉发送收缩信号。

有好几种不同方式可以实现这一点,我们目前还没有证据去判断究竟是哪一种在起作用。比如,一种可能性是模拟跟我们入睡以后做的某种事情很相似。在快速眼动(REM)睡眠期,人们会做栩栩如生的梦,其中很大

275

一部分涉及身体运动的内容，这与想象、回忆以及语言使用一样，是通过启动大脑中的感知与运动系统来实现的。但是，除去某些特定的病态情形，处于 REM 睡眠期的人通常并不会真的做出梦中的动作，这是由某种被称为"REM 肌张力缺失"（REM atonia）的现象造成的，当人处在 REM 睡眠期时，负责控制肌肉激发的运动神经元并没有被激活。至于 REM 肌张力缺失现象背后的具体生化成因到底是什么，至今依然存有激烈的争议。[5] 但不管成因是什么，它们或者其他与之相似的机制可能还最终赋予了人类一种能力，使人类得以将运动和感知系统用于理解语言而又不至于同时做出模拟的动作或幻想出模拟的情景。其基本思路是：运动神经元是传递一大波神经激活到肌肉的最后一站，通过抑制运动神经元的激活，我们就能随心所欲地使用运动系统，而不会使身体做出真实的动作。这就使模拟得以"离线"进行，用于我们想要思考运动而又不是真要运动的任务。这一思路也适用于感知。

说到底，我们还没完全搞清楚，进化是怎样改变人类的大脑，使它变得有能力应对它要承担的大量的、无所不在的模拟需求的。也许这些改变早就在人类祖先身上以非常有限的方式开始萌芽，时至今日依然以非常有限的方式在非人类的灵长目动物身上有所体现。[6] 或者大量使用具身模拟是一种跟语言共同进化的能力，因此作为人科这一支的新发展而一路传承下来。但我们已经确切地知道，我们会大量使用模拟，纵贯语言以及其他更加高级的认知功能，这些功能都是我们人类独有而在其他动物身上不曾见过的。由此看来，可能正是因为我们会广泛地使用模拟，这才使得我们人类变得独一无二。

数学与语言的一致性

人类重新定义运动和感知系统的目的并非只为理解语言而已。我们已经得知，模拟对一系列不同的认知功能也是至关重要的，比如记忆与想象，在我们看来这些认知功能是我们得以成为人类的一部分内在天赋条件，但这只是开始，即使是最牵强、最不可能与模拟相关的人类认知领域看上去也是由模拟塑造的。以数学为例，我们喜欢把数学视为抽象复杂认知的一个登峰造极的领域，柏拉图甚至说过，数学是"最高形式的纯粹思想"（highest form of pure thought）。但正如你此刻大概已经猜到那样，近年来大量的证据表明：数学跟语言一样，也会用到从进化上看相对较为古老的系统，比如用于感知和运动的系统。人们在做数学题的时候，看上去也会用到大脑内部负责理解空间的区域。[7]

有不同类型的证据可以证明上述观点，其中最常被引用的一种被称为"空间－数字联合反应编码"（Spatial-Numerical Association of Response Codes，SNARC）。[8]别被这个冗长的名字吓住了，这一术语指的是，研究发现人们对出现在自己身体右侧的较大数字和位于身体左侧的较小数字有较快的反应。不管数字是出现在他们前面的两侧，还是出现在他们视野中间而他们需要按位于自己左右两边的按钮来给反应，结果都是这样。空间与数字的这一联系启发一些研究人员得出结论：人们思考数字时要用到一根心理数字线。当你请被试任选一个数字，如果要选的数字较小，他们往往看向左边，而如果要选的数字比较大，他们就会看向右边。[9]

更叫人叹为观止的研究是与患有"偏侧空间忽视症"（hemispatial neglect）的患者合作完成的。这种病症是大脑一侧半球受伤导致的，患者失去了观察自己所在空间中某一侧的能力。患有偏侧空间忽视症的患者难以感知和处理位于自己身体某一侧的刺激物，于是他们只能吃到放在自己面前的盘子中可被观察的一侧的食物，而且，如果请他们将眼前的一根线一分为二，他们确定的中点往往严重偏向未被忽略的一侧。于是我们可能会问，按照解离研究的思路，偏侧空间忽视症是不是也会影响人们对数字进行推理的过程。若是这样，这就意味着负责空间认知的认知系统从功能上看是跟数学相关的。令人感到惊奇的是，偏侧空间忽视症患者看上去也出现了某种忽略数字的症状。[10] 如果你请这些患者说出位于数字 2 与 6 正中间的数字，他们可能会向未被忽略的一侧寻找这个数字，因此，左侧空间忽视症患者（这比右侧空间忽视症更常见）就很有可能回答 5，而正确答案是 4。我们用于在空间感知和行动的同一套脑回路，看上去也会被用于完成关于数字的判断。

随着我们在更加高级的人类认知功能列表一路看下来，这个列表包括推理、解决问题、做决策等，我们可能很快就会发现，这些功能也是这样，即这些功能能够组合起来，也至少要用到一部分相对古老的、较低等的系统，只不过这次有了新的用法。当被试要判断两个抽象概念的相似性时，比如"担当"与"正义"，他们的反应是：两个概念出现的空间距离越近，它们也就越相似。[11] 如果请被试判断一位拿着一个物体的政治领导人有多重要，他们的反应是：那个物体越重，他们就认为那位领导人越重要。[12]

也许，使用负责感知和运动的系统甚至属于人类认知的一项标志性特征。有可能，随着我们变得越来越聪明，我们就越擅长运用我们那已经得到精心调整的感知与运动系统，使其得以用于其他目的，而语言理解这一能力只是其中特别引人注目的一个例子。

沟通是为了什么

意义的新科学要求我们重新思考，关于语言的众多真相以及我们曾经认为不证自明的心智。其中之一就是"何为沟通"这一根本问题。非专业人士对沟通的运作方式的看法，即思想语言假说的基础，基本上可以概括为：我们会在自己的头脑中想到一些想法，然后将其转换为语言，再通过语言传递给其他人，这样对方就能从中提取信息，并将信息存储到自己的头脑中去。这里包括好几个假设条件。

- 首先，说话者想要编码的信息是离散的且均是可描述的。

- 其次，对于说话者想要表达的信息，在语言学上存在一整套最佳选择，说话者可以找到这个选择，从而唯一地确定说话者想要传递的信息。

- 最后，如果听者激活了正确的解码过程，他就能把这些字词转换为正确的信息。沟通成功！

这一观点可能有一些可取之处，但关于具身模拟的一些证据让事情变得更加复杂。作为说话者，我们想要传递的信息很可能不是离散的，相反，它们是动态的、连续的感知与动作流，可能是做和感知，也可能是心理模拟。作为说话者，我们不得不把所有这些杂乱、无定型、不具体、连续的东西糅合起来，塞进我们的语言为我们准备的由离散的字词和语法结构组成的狭窄孔径。因此，第一，这一编码进程必然是有损耗的：短短几句话根本无法准确捕捉我们想要表达的感知、运动或情感经历的广度和深度。第二，也是非确定性的：我们可能会用两个不同的单词描述同一个想法，有时甚至会在同一个句子里这么做。第三，还是易变的：我们经常只是重复我们刚刚说过的字词或语法，我们还喜欢模仿对话者的说话方式，而不是选择从理论上看最完美的字词用在一个特定的句子。这样一来，我们想要传递的信息从一开始就不能清晰描绘，也不是唯一的、可完美用字词打包呈现的。

在听者这边，我们知道，想要解码一个句子，至少有一部分的工作是构建具身模拟，但随着一个语句出现的单词和语法对我们所构建的具身模拟的约束是极其不充分的，因此我们必须做大量的假设，深挖我们关于这个世界的知识，这样才能找到门道，理解像"北极熊藏起自己的鼻子"这样精确而又简单的句子。

我们之前还讨论过，人们调用不同资源用于理解的方式可能有着天壤之别，这是由不同的认知风格或经历导致的，而这种认知风格和经历上的差异又源于同一文化内部或不同文化之间在如何运用自己的身体以及如何感知事物等方面的不同。人们可能早已学会从字词到模拟的不同联系这一点就不用说了。这实实在在地表明：哪怕我们自以为选对了每一个字，是标记某一个具体模拟的唯一组合，我们也没办法保证听者在解码过程中一定会用这些词，并按我们希望的方式去行动。

就在我写作本书时，我意识到，原来在我不断地接触英语的过程中，不知为何，我渐渐相信"cut from whole cloth"[①]这个短语，从意义上看非常接近另一个短语"built from scratch"（从头做起）。因此，在我自己关于英语的认知里，若是用前者描述的事物，就会跟那些由现存的部分构成的事物（比如人类的语言能力）形成鲜明对比。但是，很显然，对于英语世界的其他人来说，这个短语就有不同的意义，比如"made up, as a lie"（胡说八道），还有人在被我问到时会回答说他们从没听过这么一个短语。

如果我们甚至都不能就我们要用到的字词到底是什么意思达成共识，或者，即使我们达成了共识，我们也未必就一定会调用相同的认知过程来让这些字词跃然眼前，那么在这种情况下，我们到底是如何进行沟通的呢？设想一下，一个说话者想要传递一些信息，考虑到当时面临的时间上的压力，并且要在听者走神以及失去耐性之前策划并组织好一个语句，因此，说话者需要做到只选择正确的词并在听者脑海里引出符合说话者意图的模拟，然而，这几乎是不可能的。

但我们还是有办法进行沟通，因此这一模型必然是错的。只要你想一想人们是如何使用语言的，沟通的实际目的是什么，以及沟通是怎样更广泛地出现在人际互动之中的，一种解释就会自然浮现出来。

[①] 字面意思为"从整块布料上裁下一块"。——编者注

什么是成功的沟通？很显然，由于我们无法看穿别人的想法，我们可以用到的信息就只能是间接的。与我交谈的人有没有做我想要他做的事？他的举止像是听明白了我说的话吗？他的口头回应方式是不是暗示他明白了我的意图？关键是，这些信息实际上就是我们对"成功的沟通"的定义，但尽管这样，说话者头脑里设想的那个场景，不一定总能在听者头脑里精确地复制出来，这是好事，因为哪怕真能做到，我们也看不出来，恰恰相反，这里需要的是在说话者的意图与听者的解读之间有足够的可比性。如果我作为说话者选择的词语促使你调用某些认知过程，不管具体包括什么进程，使你在行为上表现出好像听懂了的样子，那么，我之前所做的或在编码过程中所做的，与你在解码过程中或解码之后所做的相比，两者之间到底有多相似就变得无关紧要了。编码和解码这两个过程确实有必要在功能上达到足够程度的对等，但没有理由要求它们达到互为镜像的地步。

接下来，我们要解释为什么我们可以构建出不同的模拟去理解相似的语言，而又不至于让沟通完全失败。随着我们进一步深入探讨，我们能够找到一些行为指示器，表明视觉型读者与言语型读者理解一个语句的方式是不同的，但在多数情况下，就我们要用语言完成的多数目的而言，我们并不能从表面上看出其中存在的区别，因此，这看上去并不重要。要想成功沟通，你没必要做到全对，只要足够接近全对就可以了。

当然，有时候这个系统也会出状况。比如，你以为"在长椅上等待"指的是坐在长椅上，而我的理解是蹲在上面，这就导致了，当我告诉你，"I got bubble gum on my backside while I was waiting for you on the corner"（我在拐角处等你的时候背上粘了口香糖），你可能以为我坐在了口香糖上，而我想说的其实是有人经过时玩了个恶作剧。可见，沟通失败的情形确实相当常见。参与沟通的人们如果在不同领域的经历存在程度或类型上的差别（比如冰球专家与新手），那么，他们对于说话者描述的事件就可能做出并不完全对等的模拟，而这有可能导致沟通出现障碍。

但是，就跟我们这最后一章讨论的许多开放式问题一样，这一点也有待实验去检验。好消息是，我们当下处于一个认知科学开始认真钻研意义的时代，而这一课题就像北极熊好不容易得来的一顿海豹肉大餐一样，可供探索的课题也是源源不断。

后记

为什么你做不到边从100倒数到1，边记住一个新电话号码

几乎从电话和汽车一问世就有人想要一边开车一边打电话，现在我们当然知道这很不安全。一边开车一边说话只会让你手忙脚乱、顾此失彼，比如，不能及时踩刹车[1]或握好方向盘[2]，甚至无法好好聊天[3]！尽管发短信和其他一些会分散注意力的行为名列交通事故的主要罪魁，但其实哪怕用免提设备打电话也能让你变身马路杀手[4]。

你大概见过典型的一边开车一边打电话的行为，那看上去就像一个因滥用安眠药而变得昏昏欲睡的人时不时地被施以电击疗法。你会看到有人开到一个写着"停"的指示牌前，车子完全停稳，很快他得到了通行权，但诡异的是，他就停在那儿一动不动，你就想："我要不要绕过去？他是不是睡着了？"这时，突然之间，他启动了车子，并把车开进十字路口，然而，刚好另一辆车正从另一个方向开过来，因此他不得不猛踩刹车。你目睹了这整个过程，心想："这家伙在搞什么？"你当然知道他在"搞"什么——一部手机。

美国的立法者很早就意识到了这个问题。到2011年年底我开始写作本书时，美国已有35个州对至少一部分移动设备下了禁令，禁止在驾驶期间

使用这些设备。在一系列汽车、火车和其他大型物体相撞的致命事故被广泛报道之后，美国国家公路交通安全管理局现在建议各州立法禁止在驾驶期间使用任何移动设备，如发短信或打电话——当然，紧急情况除外。

一般来说，我们很难做到一边开车一边打电话。问题是，为什么会这样？打电话怎么就会干扰到我们观察眼前的世界、控制我们的身体呢？

你可能觉得这不是一个特别值得关注的问题，毕竟，有很多事情是我们无法同时做好的。比如，你可能做不到一边拍脑袋一边挠肚皮；你大概也做不到一边唱国歌一边记起某首儿歌的具体旋律；你也做不到一边从100数到1，一边记住你刚刚听到的一个新的电话号码。

但是请注意，这三组不兼容的事情有一个共同点：拍脑袋和挠肚皮都是手臂运动；唱歌和回想旋律都要求你按特定顺序记起一连串的词；而数数和记忆数字都涉及思考数字。这些看似不同的活动之所以会互相干扰，是因为它们都要用到大脑的同一个特定区域，分别是负责胳膊运动、回忆字词以及表示数字的区域，并要让这一区域同时做两件不同的事情。我们大脑的各个部位就跟我们身体的各个部位一样：你不能一边咀嚼一边吹口哨，因为这两个动作完全不兼容，同样的道理，你不能用大脑中的同一个区域同时执行两种操作。

但有一些事情却是很容易就能同时做到的。比如，你可以一边走路一边嚼口香糖，一边做俯卧撑一边说出你去过的美国各州的名字，当然，这主要取决于你的上半身是否足够强壮、长期记忆是否足够好，就算一边背诵美国的《效忠宣誓》(*Pledge of Allegiance*) 一边挠后背也是不费吹灰之力。这些事情之所以很容易就能同时进行，是因为它们用到的大脑区域并不相同。

我们再回到前面一边开车一边打电话的问题。驾驶经验丰富的老司机也

后记　为什么你做不到边从 100 倒数到 1，边记住一个新电话号码

一直很困惑：一边开车一边聊天怎么就这么难。毕竟，要说用到手机，我们通常不就是张嘴说话以及竖起耳朵倾听吗？至于开车，用到的是眼睛、双手和双脚，看上去这两件事并没有太多的重合，应该不会造成干扰，但偏偏就是有干扰。到底是为什么？

我接下来要说的内容，应该并不出人意料。我认为，对于你在别人一边开车一边聊天时观察到的干扰，具身模拟至少要负一定的责任。归根结底，任何语言，无论是字面上的还是隐喻的，如果涉及运动和感知的模拟，就很可能会干扰你在开车时用于注视道路的视觉感知、用于把握方向盘的手部动作以及用于控制车速的脚部动作。当然，可能还有其他因素，让一边开车一边说话变得这样困难。有可能，一部分原因恰恰在于你需要全神贯注才能同时应对这两项任务。又或者，因为你有时候甚至把打电话看得比开车还重要，尤其对于年轻人来说。但现在已经有一些研究表明，不是所有的语言对开车的影响都是一样的，与视觉和空间相关的语言对开车的干扰超过了其他类型的语言。[5] 这大约可以理解为，具身模拟是导致一边开车一边说话变得非常困难的部分原因。

我要提到这个例子的理由是，具身模拟并不仅仅出现在条件限定严格且有对照组的实验里。制造意义是我们在日常生活中反复在做的事，有时候，如果我们做的方法不对或者做的时间不对，就有可能产生非常严重的后果。我相信，随着关于意义的新科学日益成熟，我们可以看到更多关于意义的各种不同应用的研究，从驾驶舱、教室一直延伸到更广阔的世界。

285

致 谢

如果说有谁要为你此刻捧在手里的这本书挨批评的话，这个人就是乔治·莱考夫。初遇乔治的时候，我还只是一个专业待定而又容易冲动的17岁本科生，是他引领我一路拿下三个学位。毫不夸张地说，他不仅为我这本书中几乎所有的内容奠定了知识基础，而且，他就是我最终选择语言学这个专业的理由。乔治的为人师表，体现在孜孜不倦的职业追求、潜心探寻伟大的思想、攻克棘手难题的才华，以及无论何时何地都保持宽厚体贴的君子风度。他是一个高尚的人，也使我有机会变成一个更好的学者、更好的人。若说这本书包含任何有价值的内容，那在很大程度上要归功于乔治，这倒不是说我预测乔治会认同我在这本书里提到的每一个观点，恰恰相反，他可能会对其中的一些内容表示强烈反对，但这就是我从乔治那儿学到的重要一课：学习的起点在于分歧。我希望这本书也能成为日后许多富有成果的研究的起点。

同时，在我琢磨应该怎样研究语言的过程中，我还非常幸运地得到了一些其他睿智导师的及时点拨。Jerry Feldman 向我示范了一位高瞻远瞩的思想家也要兼备技术工匠敏锐捕捉细节的本事，并关心两者之间的关系。多年以来，他一直帮助我思考计算与实现方面的问题。John Ohala 是我的另一位早期导师，他对这本书可能没多大兴趣，因为他的研究方向在语言的另一端：关于人类怎样感知与制造声音。但我就是在他的指导下才认识到实验室研究的价值并投入了相当多的实践，我衷心希望自己的工作有朝一日也能达到他的高水准。Dan Slobin 也对我的研究方向有过长期的指导，并向我示范了关注语言学细节完全有可能破解语言与认知的多样性和系统性。

我还要感谢拉里·巴萨卢、罗尔夫·扎瓦恩、亚瑟·格伦伯格、史蒂芬·科斯林、雷·吉布斯、莱拉·博罗迪茨基以及弗里德曼·保维穆勒，他们都是这个新兴领域的领军人物，是他们指引了我的思考方向。如果没有他们慷慨地提供反馈意见，有些案例我估计是说不清楚的。他们都是鼓舞人心的榜样，他们面对的难题我可不敢贸然设想自己能够解决，但若说站在这些巨人的肩上继续钻研，我是乐意之至。

科学是一个合作的过程，我在这本书里提到的大多数研究都是跟同事们合作完成的。特别感谢以下同事，为他们的勤奋、耐心与洞察力：Nancy Chang、Amy Schafer、Rafael Núñez、Seana Coulson、Srini Narayanan、Nate Medeiros-Ward、Dave Strayer、Frank Drews，以及沙恩·林赛和提尼·马特洛克。如果能遇上可以弥补自身不足的队友，那么，做出好研究也就指日可待了。

还有许多学生通过挑战我的想法，将我带入他们的视角以及仔细阅读一些章节的初稿帮我理清头绪。我特别要感谢佐藤奈美、Heeyeon Dennison、Ting Ting Chan Lau、Kathryn Wheeler、Nian Liu、Jinsun Choe、Bodo Winter、Meylysa Tseng、Wenwei Han、Tyler Marghetis、Ross Metusalem 以及 Tristin Davenport。Clarice Robenalt 负责整理参考文献、创建索引，真是帮了大忙，现在她对本书内容的了解估计超过了我。

本书有很多章节的初稿是在我的写作团队的打磨中成型的。对于志向

致 谢

远大的作者,不管你要写的是诗歌、科学论文还是关于语言的书籍,我都衷心推荐协商写作法。我的写作搭档 Ashley Maynard、Lori Yancura 与 Katherine Irwin 为这本书的核心内容确定了风格与表现形式。他们不断提醒我,不是每个人都精通这个主题,并提出了非常宝贵的建议,确保非专业读者也能看得明白。我们的合作充满了乐趣。

进入写作后期,好几位朋友和同事都慷慨地就初稿提出了看法,包括 Adam Ruderman、Madelaine Plauché、Richard Carlson、Marta Kutas、Sian Beilock、David Kemmerer 以及雷·吉布斯,我对他们心怀感激。书中若仍有任何错误,自然是我自己的责任,多亏有这些朋友的慷慨相助,想必书中的错误已经非常少了。

许多读者可能会想,怎么会有人想要出版这样一本书呢,我也想过这个问题。很大程度上这要归因于 Katinka Matson 和她在 Brockman 的同事,她们决定拿一份不知天高地厚的质量也不怎么样的选题报告一试,并从此踏上了夜以继日帮我将它打磨出来的征途。

还有 Basic Books 公司的 T. J. Kelleher 与 Tisse Takagi。他们帮我整理了构思,形成一部条理清晰、前后连贯的书稿。还有 Collin Tracy 与 Carrie Watterson,前者承担了监制工作,后者做了仔细的文本编辑,我对他们也是心怀感激。

最后,我还要感谢我的家人。写书是我这辈子做过的最痛苦的事,毕竟我是一个有过大量痛苦经历的人,包括玩雪地滑板摔断胳膊以及一次性看完科幻迷你剧《太空堡垒卡拉迪加》(*Battlestar Gallactica*)第四季。假如没有我的父母、祖父母、兄弟姐妹以及我最重要的伴侣 Frances 的爱与支持,我是无论如何完成不了这本书的。感谢你们,是你们让我在忘我地沉浸于思想世界之际还能及时回归现实世界。

注 释

01　北极熊的鼻子

1. Spectator,1901,p.984;Lopez,1986.

2. 我就承认了吧，这不是我从书上看来的，而是从马特·达蒙（Matt Damon）在电影《告密者》(*The Informant!*)的内心独白中得知的。

3. 甚至还有两个术语用于描述这两个部分，分别是内涵（intension）与外延（extension），以及所指（signified）与参照（reference）。

4. Glenberg,& Robertson,2000.

5. 这种说法相当老套了。最近一次被提起是史蒂芬·平克在1994年的相关研究里，最早可以追溯到伯特兰·罗素（Bertrand Russel）在1903年关于逻辑系统的研究。

6. Searle,1999.

7. 以及 Ron Langacker、Giles Fauconnier 与 Adele Goldberg。

8. 比如 Merleau-Ponty、Andy Clark 与 Mark Turner。

9. 比如 Francisco Varela 与 Arthur Glenberg。

10. 拉里·巴萨卢在 1999 年发表于《行为与脑科学》(*Behavioral and Brain Sciences*) 杂志的论文给出了这个故事最具影响力的版本。

11. 镜像神经元的发现（我们会在第 4 章提到）促使帕尔马大学的 Gallese、Rizzolatti 及其同事在这篇论文探讨意义是如何起作用的：Gallese, Fadiga, Fogassi, & Rizzolatti (1996)。

12. 参见 1997 年 David Bailey 和 Srini Narayanan 的两篇学位论文。

13. Stirling, 1974.

02　把注意力集中在球上

1. Hartgens & Kuipers, 2004.

2. Driskell, Copper, & Moran, 1994; Weinberg, 2008.

3. Woolfolk, Parrish, & Murphy, 1985.

4. Perky, 1910.

5. Farah, 1985.

6. Craver-Lemley & Arterberry, 2001.

7. Farah, 1989.

8. Segal, 1972.

9. Finke, 1989.

10. Shepard & Metzler, 1971.

11. 图 A、图 B 中的两个物体是相同的，图 C 中的两个物体互为镜像。

12. Cooper & Shepard,1973.

13. Cooper,1975.

14. Kosselyn,Ball,& Reiser,1978.

15. Olin,1910.

16. Penfield,1958.

17. Kraemer,Macrae,Green,& Kelley,2005.

18. Halpern & Zatorre,1999;Wheeler,Petersen,& Buckner,2000.

19. Porro et al.,1996.

20. Ehrsson,Geyer,& Naito,2003.

21. Lotze et al.,1999.

22. Roediger,1980.

23. Maguire,Valentine,Wilding,& Kapur,2003.

24. Wheeler et al.,2000.

25. Nyberg et al.,2001.

26. Solomon & Barsalou,2004.

27. Pecher,Zeelenberg,& Barsalou,2003.

03　别想那只大象

1. 在本书中，我主要聚焦于人们在语言理解过程中如何制造意义，因为对意义的理解过程的研究在数量上远远多于对意义的制造过程的研究。造成这一现象的原因是：在绝大多数情况下，将语言展示给被试而后测量他们的反应，比让被试思考特定事物而后测量他们说了什么更容易，不仅有更多工具可用，而且对了解意义理解背后的认知过程也更具启发性。

2. Lakoff,2004.

3. Stanfield & Zwaan,2001.

4. Zwaan,Stanfield,and Yaxley,2002.

5. 同上。

6. Wilcox,1999.

7. Vandenbeld & Rensink,2003.

8. Aginsky & Tarr,2000.

9. Connell,2007.

10. Bergen,Lindsay,Matlock,& Narayanan,2007.

11. 同上。

12. 原理是这样的：首先，一道光（通常是红外线）被导向被试的眼睛，再用高速摄像机记录从对方眼睛反射出来的光线，由此可以通过计算眼睛上特定位置的变化而得出眼睛的运动。红外线会让瞳孔变白，而瞳孔会随着人的目光移动，但红外线会在覆盖眼球的透明角膜上直接反射，当眼球转动时，这种反射是不会变化的，因而可以作为基准，计算瞳孔与头部的相对位置。其他设备（通常用磁铁固定在头戴设备上）负责侦测被试头部相对于外部引起被试关注的物体的方位，再用软件综合关于头部的位置和方向以及眼睛相对于头部的指向等表征，确定被试目光所指的方向，从而整合得出眼睛在视野范围的移动记录。

13. Spivey & Geng, 2001.

14. 如果对参与实验的被试说谎而导致他们有可能受伤，是不符合伦理的，但很多风险极小的实验都在合乎道德的前提下编造了类似的无害且得体的骗局。

15. Johansson, Holsanova, & Holmqvist, 2006.

16. Richardson, Spivey, Barsalou, & McCrae, 2003.

17. Zwaan, Madden, Yaxley, & Aveyard, 2004.

18. Burgund, & Marsolek, 2000.

19. Bergen & Chang, 2005; Feldman, 2006; Lakoff, 1987; Zwaan, 2004; Zwaan & Madden, 2005.

20. Palmer, Rosch, & Chase, 1981.

21. Blanz, Tarr, & Bülthoff, 1999.

22. Edelman & Bülthoff, 1992; Tarr, 1995; Tarr & Pinker, 1989.

23. Cutzu & Edelman, 1994.

24. Borghi, Glenberg, & Kaschak, 2004.

25. Yaxley & Zwaan, 2007.

26. Horton & Rapp, 2003.

27. Winter & Bergen, 2012.

28. Zwaan, 2004.

04 超越巅峰

1. Ramachandran, 2006.

2. Gallese, Fadiga, Fogassi, & Rizzolatti, 1996; Rizzolatti, Fadiga, Gallese, & Fogassi, 1996.

3. Iacoboni et al., 1999.

4. Bergen & Wheeler, 2005; Borregine & Kaschak, 2006, Glenberg & Kaschak, 2002; Glenberg et al., 2008; Kaschak & Borregine, 2008; Tseng & Bergen, 2005; Zwaan & Taylor, 2006.

5. Glenberg & Kaschak, 2002.

6. Bergen & Wheeler, 2005.

7. Bergen & Wheeler, 2005.

8. Masson, Bub, & Warren, 2008.

9. Siakaluk, Pexman, Aguilera, Owen, & Sears, 2008.

10. Zwaan & Taylor, 2006.

11. Buccino et al., 2005.

12. Pulvermüller, Haerle, & Hummel, 2001.

13. Hauk, Johnsrude, & Pulvermüller, 2004.

14. Tettamanti et al., 2005.

05 不止字词那么简单

1. Treisman,1996.

2. Hagoort,2005.

3. Pfanz, Aschan, Langenfeld-Heyser, Wittmann,& Loose,2002.

4. Lakoff,1987;Langacker,1987;Talmy,2000.

5. Goldberg,1995.

6. Kaschak & Glenberg,2000.

7. Goldberg,1995.

8. Chomsky,1955.

9. Arnold, Wasow, Losongco,& Ginstrom,2000.

10. Nigro & Neisser,1983.

11. Libby & Eibach,2002,Libby & Eibach,2007.

12. Ruby & Decety,2001;Vogeley & Fink,2003.

13. Zwaan et al.,2004.

14. Chan & Bergen,2005;Chatterjee,2001;Chatterjee,Southwood,& Basilico,1999;Maass & Russo,2003.

15. Brunye, Ditman, Mahoney, Augustyn,& Taylor,2009.

16. Comrie,1976;Dowty,1977.

17. Magliano & Schleich,2000.

18. Madden & Zwaan,2003.

19. Magliano & Schleich,2000.

20. Carreiras, Carriedo, Alonso, & Fernández,1997.

21. Madden & Zwaan,2003.

22. Strohecker,2000.

23. Borghi et al.,2004;Denis & Kosslyn,1999;Mellet et al.,2002.

24. Bergen & Chang,2005;Chang,Gildea,& Narayanan,1998;Madden & Zwaan,2003.

25. Bergen & Wheeler,2010.

26. Bergen & Wheeler,2005;Borreggine & Kaschak,2006;Glenberg & Kaschak,2002;Tseng & Bergen,2005.

27. Svensson,1998.

28. Boroditsky,Schmidt,& Phillips,2003.

06　时光飞逝如箭，果蝇喜欢香蕉？

1. Trueswell,Tanenhaus,& Garnsey,1994.

2. Altmann & Kamide,1999.

3. Zwaan & Taylor,2006.

4. Taylor,Lev-Ari,& Zwaan,2008.

5. Sato,Schafer,& Bergen,2012.

6. Zwaan et al.,2002.

7. Allopenna,Magnuson,& Tanenhaus,1998.

8. Huettig & Altmann,2004.

9. Dahan & Tanenhaus,2005.

10. Zwaan & Taylor,2006.

11. Townsend & Bever,2001.

12. Kaup,Yaxley,Madden,Zwaan,& Lüdtke,2007.

13. Giora,Balaban,Fein,& Alkabets,2004.

14. Kaup,Lüdtke,& Zwaan,2006.

15. 把过去15年时间都用于研究意义之后会发生什么？可能会发生这样的事：那天我要坐飞机去旧金山，手提行李中有一小罐自制的柑橘果酱。没想到机场安检人员把我拦下来，说这罐果酱不能带上飞机，因为按照相关规定禁止一切啫喱、液体或气雾剂越过安检线。我礼貌地问他："柑橘果酱属于哪一类？是啫喱、液体还是气雾剂？因为它在我看来更像水果。"他的回答是："我不想在这儿跟你讨论语义学！"当时我真想说："可我就是干这个的呀！"

07　冰球选手知道什么

1. Holt & Beilock,2006.

2. Beilock,Lyons,Mattarella-Micke,Nusbaum,& Small,2008.

3. 像这样从不同人群抽样的设计，从技术上说属于"准实验"（quasi-experiment），因为实验者实际上并没有操纵相关自变量。关于个体差异的研究，常常受困于这一难题，尤其在这些差异看上去跟长期经历有关的时候。

4. Wassenburg & Zwaan,2010.

5. Galton,1883.

6. Richardson,1977.

7. Soloman & Barsalou,2004.

8. Carmichael,Hogan,& Walter,1932.

9. Shergill et al.,2002.

10. Aziz-Zadeh,Cattaneo,Rochat,& Rizzolatti,2005.

11. Jorgensen,Lee,& Agabont,2003.

12. Blajenkova,Kozhevnikov,& Motes,2006.

13. Adapted from Kozhevnikov,Kosslyn,& Shephard,2005.

14. 找一把雨伞试试看。

15. 这段文字是我直接复制过来的。坦白地说，我没看完整段话，我真看不下去，这是不是我变成言语型读者的原因？

16. Dils & Borodistky,2010.

17. Winawer,Huk,& Boroditsky,2010.

08　失落于翻译

1. Mauss,1936.

2. Dennison & Bergen,2010.

3. Daniels & Bright,1996.

4. United Nations Development Program,2009,Table H.

5. Chatterjee et al.,1999.

6. Maass,& Russo,2003.

7. Whorf,1956.

8. Majid,Bowerman,Kita,Haun,& Levinson,2004.

9. Boroditsky & Gaby,2010.

10. Kay,Berlin,Maffi,Merrifield,& Cook,2010.

11. Boroditsky,2011.

09　不断敲进你的脑袋

1. Lakoff,1993;Lakoff & Johnson,1980.

2. White's Residential and Family Services,2009,retrieved October 5, 2011.

3. Lightbeam,2005,retrieved October 5,2011.

4. Ramsey,2011.

5. Kissell,2010,retrieved October 5,2011.

6. Wallström,2010,retrieved October 5,2011.

7. Tony Blair Faith Foundation,2011,retrieved October 5,2011.

8. Gibbs,Bogdanovich,Sykes,& Barr,1997.

9. Wilson & Gibbs, 2007.

10. Stefanowitsch, 2004.

11. Tseng, Hu, Han, & Bergen, 2005.

12. Aziz-Zadeh & Damasio, 2008.

13. Raposo, Moss, Stamatakis & Tyler, 2009.

14. Boulenger, Hauk, & Pulvermüller, 2009.

15. Bowdle, & Gentner, 2005.

16. Desai, Binder, Conant, Mano, & Seidenberg, 2012.

17. Bergen et al., 2007.

18. Glenberg & Kaschak, 2002.

19. Casasanto & Boroditsky, 2008.

20. 仔细想一下这个说法，你大概也会给出标准的反对意见：提到从圣迭戈到洛杉矶的旅行，你可以很顺畅地将其描述为"一段两小时的车程"，这不就是用时间语言描述距离的例子吗？但这其实是一个模糊的例子，有两个方面的理由。首先，我们不知道你是在用时间语言谈论距离，还是按照字面意思描述这段旅途所花费的时间，我猜你通常属于后者。即使你真的尝试用时间语言来描述一段距离，我们也不能确认这到底是隐喻还是转喻，后者我们稍后也会谈到。隐喻不仅可以用在两个领域一起出现的时候，比如这个例子，也可以用在并非共同出现的时候。这跟转喻形成对比，因为把某事说成"一段两小时的车程"只在某人当真在开车或想象开车的时候才说得过去。这跟把时间比作空间的隐喻不同，后者哪怕两者之间实际上并没有共同出现也能成立，你可以说 "Spring is around the corner"（春天即将到来），哪怕这里根本就不涉及任何真实的拐角（corner）。因此，即使"两小时的车程"不是指字面意思（但我认为通常就是），也依然有可能不是隐喻。

21. Williams & Bargh,2008.

22. Zhong & Leonardelli,2008.

23. Zhong & Liljenquist,2006.

24. Matlock,2004.

25. Richardson & Matlock,2007.

10 当我们把猪的翅膀捆起来时

1. Lindsay,2003.

2. Kaschak et al.,2005.

3. Glenberg,Sato,& Cattaneo,2008;Meteyard,Zokaei,Bahrami,& Vigliocco,2008.

4. Damasio et al.,2001.

5. Kemmerer,2005.

6. Shapiro et al.,2005.

7. Damasio & Tranel,1993.

8. Shapiro,Pascual-Leone,Mottaghy,Gangitano,& Caramazza,2001.

9. Damasio,Grabowski,Tranel,Hichwa,& Damasio,1996.

10. Narayanan, 1997.

11　创造像我们一样聪明的机器

1. 这一语义学研究方向上的转变表现在很多方面，与你最相关的是互联网的工作原理。当搜索引擎在 20 世纪 90 年代早期出现时，只以网页形式为基础进行搜索，你在搜索引擎中输入一些关键词，它们就会照葫芦画瓢一般去搜索含有这些关键词且在形式上跟输入完全一致的网页。但在之后的 10 年里，搜索发生了一点变化。如果搜索引擎不仅能按照这些关键词的形式去搜索，还能根据这些形式背后的意义进行搜索，那会怎样？比如，搜索引擎若能知道一个网页包含什么内容，以及你可能需要什么，又会如何呢？这就很有可能极大地提升搜索的效率。麻省理工学院计算机科学家蒂姆·伯纳斯-李（Tim Berners-Lee）被认为是万维网的创立者，他把这个想法称为"语义网"（semantic web）。语义网的发展一直很缓慢，部分原因在于，形式是容易获取、分类与处理的，但意义就难多了。要按关键词的形式在网页上搜索跟它们一模一样的字母组合很容易，但要按这些字母组合的意义去搜索就变得非常困难，这项更具挑战性的任务也正是计算机信息处理技术的发展方向。我们有理由相信在我们的有生之年也许能看到成果，互联网已经转向了意义。

2. Pilley & Reid, 2011.

3. Kellogg & Kellogg, 1933.

4. 看上去很多人都被下面这个富有说服力的直觉搞得心神不宁：我们跟其他动物是如此不同，理论上我们根本就不可能是由某种一揽子突变进化而来的。这一直觉在创世神话中发挥着作用，从传统和宗教的思想到科幻作品《星际迷航》与《太空堡垒卡拉迪加》都有它的身影。不过，尽管这些作品把人类说成是由造物主创造的或远古时期到访地球的太空探险者带来的，但有很多证据表明，我们跟已知的其他生物一样，都是经过同样漫长、缓慢、渐进、机械的方式进化而来的。

5. Brooks & Peever, 2008.

6. Barsalou,2005.

7. Fias & Fischer,2005.

8. Dehaene,Bossini,& Giraux,1993;Fias,Brysbaert,Geypens,& d'Ydewalle,1996.

9. Loetscher,Bockisch,Nicholls,& Brugger,2010.

10. Umiltà,Priftis,& Zorzi,2009.

11. Casasanto,2008.

12. Jostmann,Lakens,& Schubert,2009.

后记　为什么你做不到边从100倒数到1，边记住一个新电话号码

1. Alm & Nilsson,1995;Lamble,Kauranen,Laakso,& Summala,1999; Lee,McGehee,Brown,& Reyes,2002;Levy,Pashler,& Boer,2006;Strayer,Drews,& Johnston,2003.

2. Brookhuis,de Vries,& de Waard,1991.

3. Becic et al.,2010.

4. Strayer & Drews,2003;Strayer,Drews,& Crouch,2006;Strayer et al.,2003.

5. Atchley,Dressel,Jones,Burson & Marshall,2011;Bergen,Medeiros-Ward,Wheeler,Drews,& Strayer,2012.

未来，属于终身学习者

我这辈子遇到的聪明人（来自各行各业的聪明人）没有不每天阅读的——没有，一个都没有。巴菲特读书之多，我读书之多，可能会让你感到吃惊。孩子们都笑话我。他们觉得我是一本长了两条腿的书。

——查理·芒格

互联网改变了信息连接的方式；指数型技术在迅速颠覆着现有的商业世界；人工智能已经开始抢占人类的工作岗位……

未来，到底需要什么样的人才？

改变命运唯一的策略是你要变成终身学习者。未来世界将不再需要单一的技能型人才，而是需要具备完善的知识结构、极强逻辑思考力和高感知力的复合型人才。优秀的人往往通过阅读建立足够强大的抽象思维能力，获得异于众人的思考和整合能力。未来，将属于终身学习者！而阅读必定和终身学习形影不离。

很多人读书，追求的是干货，寻求的是立刻行之有效的解决方案。其实这是一种留在舒适区的阅读方法。在这个充满不确定性的年代，答案不会简单地出现在书里，因为生活根本就没有标准确切的答案，你也不能期望过去的经验能解决未来的问题。

而真正的阅读，应该在书中与智者同行思考，借他们的视角看到世界的多元性，提出比答案更重要的好问题，在不确定的时代中领先起跑。

湛庐阅读App：与最聪明的人共同进化

有人常常把成本支出的焦点放在书价上，把读完一本书当作阅读的终结。其实不然。

时间是读者付出的最大阅读成本

怎么读是读者面临的最大阅读障碍

"读书破万卷"不仅仅在"万"，更重要的是在"破"！

现在，我们构建了全新的"湛庐阅读"App。它将成为你"破万卷"的新居所。在这里：

● 不用考虑读什么，你可以便捷找到纸书、电子书、有声书和各种声音产品；

● 你可以学会怎么读，你将发现集泛读、通读、精读于一体的阅读解决方案；

● 你会与作者、译者、专家、推荐人和阅读教练相遇，他们是优质思想的发源地；

● 你会与优秀的读者和终身学习者为伍，他们对阅读和学习有着持久的热情和源源不绝的内驱力。

从单一到复合，从知道到精通，从理解到创造，湛庐希望建立一个"与最聪明的人共同进化"的社区，成为人类先进思想交汇的聚集地，与你共同迎接未来。

与此同时，我们希望能够重新定义你的学习场景，让你随时随地收获有内容、有价值的思想，通过阅读实现终身学习。这是我们的使命和价值。

本书阅读资料包

给你便捷、高效、全面的阅读体验

本书参考资料　　　　　　　　　　　　　　　　　　湛庐独家策划

- ✓ **参考文献**
  为了环保、节约纸张，部分图书的参考文献以电子版方式提供

- ✓ **主题书单**
  编辑精心推荐的延伸阅读书单，助你开启主题式阅读

- ✓ **图片资料**
  提供部分图片的高清彩色原版大图，方便保存和分享

相关阅读服务　　　　　　　　　　　　　　　　　　终身学习者必备

- ✓ **电子书**
  便捷、高效，方便检索，易于携带，随时更新

- ✓ **有声书**
  保护视力，随时随地，有温度、有情感地听本书

- ✓ **精读班**
  2~4周，最懂这本书的人带你读完、读懂、读透这本好书

- ✓ **课　程**
  课程权威专家给你开书单，带你快速浏览一个领域的知识概貌

- ✓ **讲　书**
  30分钟，大咖给你讲本书，让你挑书不费劲

湛庐编辑为你独家呈现
助你更好获得书里和书外的思想和智慧，请扫码查收！

（阅读资料包的内容因书而异，最终以湛庐阅读App页面为准）